HISTOIRE UNIVERSELLE

PAR

AGRIPPA D'AUBIGNÉ

[Double de la Salle
0,221]

1º La 21
20
C

IMPRIMERIE DAUPELEY-GOUVERNEUR

A NOGENT-LE-ROTROU.

HISTOIRE UNIVERSELLE

PAR

AGRIPPA D'AUBIGNÉ

ÉDITION PUBLIÉE POUR LA SOCIÉTÉ DE L'HISTOIRE DE FRANCE

PAR

Le Baron Alphonse DE RUBLE

TOME DEUXIÈME
1560-1568

A PARIS
LIBRAIRIE RENOUARD
H. LAURENS, SUCCESSEUR
LIBRAIRE DE LA SOCIÉTÉ DE L'HISTOIRE DE FRANCE
RUE DE TOURNON, N° 6

MDCCCLXXXVII.

EXTRAIT DU RÈGLEMENT.

Art. 14. — Le Conseil désigne les ouvrages à publier, et choisit les personnes les plus capables d'en préparer et d'en suivre la publication.

Il nomme, pour chaque ouvrage à publier, un Commissaire responsable, chargé d'en surveiller l'exécution.

Le nom de l'éditeur sera placé à la tête de chaque volume.

Aucun volume ne pourra paraître sous le nom de la Société sans l'autorisation du Conseil, et s'il n'est accompagné d'une déclaration du Commissaire responsable, portant que le travail lui a paru mériter d'être publié.

Le Commissaire responsable soussigné déclare que le tome II de l'édition de l'Histoire universelle d'Agrippa d'Aubigné *préparée par* M. le Baron Alphonse de Ruble *lui a paru digne d'être publié par la* Société de l'Histoire de France.

Fait à Paris, le 15 octobre 1887.

Signé : Lud. LALANNE.

Certifié :

Le Secrétaire de la Société de l'Histoire de France,

A. DE BOISLISLE.

AU LECTEUR.

Soit adverti le lecteur que ces deux premiers livres, estans purement abrégez, n'eussent peu recevoir sans confusion les marques des années, lesquelles nous attacherons ci-après au principal cours de l'histoire, sans y faillir, mais non pas aux derniers chapitres des affaires étrangères, pource que les pages pourroyent contenir diverses années[1]. *Nous cotterons pourtant le temps aux entrées ou aux issues des affaires plus remarquables. C'est de quoi nous avons voulu, ceux qui nous lisent, estre advertis.*

1. Var. de l'édit. de 1616 : « ... *années,* et cela apporteroit confusion. *Nous...* »

LES HISTOIRES

DU

SIEUR D'AUBIGNÉ

LIVRE TROISIÈME.

Chapitre I.

Des occasions de s'esmouvoir données aux réformez.

Voici les effects et les fruicts des causes et semences que nous avons touchées. Toute la France se sentoit du colloque de Poissi : les réformez, eslevez de leur droict, estimoyent toutes doubtes effacées, ne chantoyent que la victoire de leurs ministres, et, tenans dans le poing l'Édict de janvier, s'estendoyent par delà ses bornes, partageoyent les temples par heures avec les prestres, desquels les uns consentoyent à cela par crainte, les autres par ignorance de leurs afaires, les autres prests à changer de robbe.

Des temples on prescha dans les halles, cette gayeté de cœur provenant en partie des propos ordinaires de la roine mère. Ce n'estoyent que chansons à la louange du roi, anagrames de Charles de Valois : « Va chasser « l'idole, chassa leur idole[1], » et telles joyes populaires

---

[1]. Cette chanson est imprimée dans l'*Estat de religion et république* de La Place, édit. Buchon, p. 201.

qu'on voit ordinairement dégénérer en lamentations. On contoit les consentements des docteurs choisis; vous voyez imprimer : « Botiller, Salignac, d'Espence[1], « pour servir Dieu, quittent la panse[2]. » Quelque autre se jouoit de la response de Bèze à celui qui argumentoit par les vitres de S. Benoist, pour prouver l'antiquité des images[3]; on exaltoit la response que l'argument estoit de verre[4].

Les catholiques, convertissans en fiel ces gayetez de cœur, commencèrent par toute la France[5] de pesans et dangereux desseins contre les autres. A la cour, le connestable, qui ne pouvoit trouver estat pareil au sien en un parti nouveau, ployoit sous ceux de Guise, blâmoit ce qu'il n'osoit suivre et mettoit le tort du costé de la foiblesse.

1. Bouteiller, Salignac et Despence étaient des docteurs catholiques qui avaient pris part au colloque de Poissy.

2. Voici le huitain dont d'Aubigné ne cite que deux vers :

> Messieurs de Valence et de Seez
> Mettent les papistes aux ceps;
> Salignac, Bouteiller, Despence
> Pour servir Dieu quittent la pance;
> Marlorat, Beze et Martyr
> Font mourir le pape martyr;
> Saules, Merlin et de Spina
> Sont merris qu'encores pis n'a.
> (*Mémoires de Condé*, t. I, p. 54.)

3. Var. de l'édit. de 1616 : « ... *images;* c'estoit à qui diroit les meilleurs mots sur cet argument *de verre.* »

4. L'assemblée où de Bèze fit cette réponse se composait de docteurs catholiques et de ministres. Elle s'ouvrit le 27 janvier 1562, à Saint-Germain, en présence de la reine. A la suite de la réunion, les réformés publièrent un *Advis touchant les images* qui est imprimé dans les *Mémoires de Condé*, t. III, p. 101. On conserve dans les coll. Moreau (vol. 740, f. 46) et Dupuy (vol. 309, f. 25) deux relations inédites de ce nouveau colloque.

5. Var. de l'édit. de 1616 : « ... *France* de furieux *desseins*... »

Le roi de Navarre, sur la promesse de la couronne de Sardaigne faicte par le roi d'Espagne[1], se révolte, célèbre son changement en une procession générale[2], afin d'estouffer les hontes secretes et reproches domestiques par le front d'un acte public. Peu de jours après, le connestable, pour se monstrer partisan, fait armer 6,000 hommes et avec un bel ordre alla brusler[3] les chaires et les sièges du Patriarche et puis de Popincourt[4]. Voilà les réformez à rimer contre le premier, sur « Caillette qui tourne sa jaquette, » et appelloyent l'autre « Le capitaine brusle-ban. » Ces premières offenses, amorces des secondes, esmeurent le Triumvirat[5] et leurs nouveaux adjoincts à rompre ouvertement l'Édict de janvier.

1. Le roi d'Espagne avait promis au roi de Navarre de lui donner l'île de Sardaigne en attendant le royaume de Tunis comme dédommagement de la Navarre espagnole. Nous avons réuni des documents nouveaux sur cette négociation dans *Antoine de Bourbon et Jeanne d'Albret,* t. IV, p. 44 et suiv.

2. Cette procession eut lieu le dimanche des Rameaux, 22 mars 1562, et consacra l'accord du roi de Navarre et des chefs catholiques. Sur cette démonstration, qui fut un véritable événement, voyez les *Mémoires de Condé,* t. I, p. 77, et II, p. 27; les *Archives curieuses* de Cimber et Danjou, t. VI, p. 59, et la *Revue rétrospective,* t. V, p. 87.

3. Cette exécution fut faite le 4 avril 1562, deux jours avant la rentrée du roi à Paris.

4. Le prêche du Patriarche ou de Jérusalem était situé entre les portes Saint-Marcel et Saint-Jacques; le prêche de Popincourt, près de la porte Saint-Antoine. C'étaient les deux seuls prêches de Paris. Voir Félibien, *Hist. de Paris,* t. II, p. 1078.

5. Le *Triumvirat,* dont d'Aubigné parle pour la première fois, était une association entre le duc de Guise, le connétable de Montmorency et le maréchal de Saint-André pour le triomphe du parti catholique. Elle avait été scellée le 6 avril 1561, jour de Pâques, dans la chapelle de Fontainebleau, par la communion

Pour cest effect il falut haster le duc de Guise, lequel, passant à Vassi[1] avec le cardinal son frère[2], et toutes leurs familles, trouva l'assemblée des réformez, qui, peu de jours auparavant, avoyent fait la cène en mesme lieu au nombre de trois mille. Les moines menèrent les lacquais agacer ceste troupe; après les lacquais, la populace, se voyant fortifiée des gens de cheval et de pied, s'eschauffe. L'évesque de Challons[3] y estoit allé quelques jours auparavant pour les convertir par disputes, et en estoit revenu honteux et moqué, ou pour son ignorance ou autrement. Cestui-ci enflamma le cœur du cardinal de Guise[4]; le cardinal celui de la Brosse[5], qui y donne avec deux compagnies de gendarmes, fait sonner la charge par trois trompettes; tout cela ensemble met en pièces tout ce qui ne se put sauver par les fenestres[6] de la grange où le presche se faisoit, et par les murailles de la ville. Les prestres

solennelle des trois triumvirs. Voir La Place, *Estat de religion et république,* édit. Buchon, p. 123.

1. Le dimanche 1er mars 1562.
2. Louis de Lorraine, dit le cardinal de Guise.
3. Jérôme Bourgeois, évêque de Châlons, avait été envoyé à Vassy, au mois de décembre précédent, par la duchesse douairière de Guise, Antoinette de Bourbon, qui habitait le château de Joinville.
4. Presque tous les historiens protestants constatent, contrairement à d'Aubigné, que le cardinal de Guise blâma le massacre de Vassy. Voyez de Bèze, 1881, t. I, p. 391. D'Aubigné a reproduit cette accusation dans les *Tragiques,* édit. Réaume et Caussade, t. IV, p. 208.
5. Jacques de la Brosse, lieutenant de la compagnie du duc de Guise, tué à la bataille de Dreux le 19 décembre 1562. Voir sur ce capitaine les notes de Le Laboureur (*Mémoires de Castelnau,* t. II, p. 89).
6. Var. de l'édit. de 1616 : « ... *fenestres* et par les *murailles*... »

estoyent diligens à monstrer aux soldats ceux qui se desroboyent par les toicts des maisons. On accuse de mesmes choses les princes et les dames de leur train.

Je lairrai aux histoires expresses de telles pièces à compter les actes tragiques de ce jour, me contentant de dire que 300 personnes et d'avantage esteinctes donnèrent le premier exemple aux uns pour tuer impunément, aux autres pour n'espérer point de miséricorde.

Ceste licence donna le bransle à Cahors[1], à Sens[2], à Auxerre[3] et à Tours[4] de traicter de mesme façon de mille à douze cents personnes. De ces derniers furent à Tours enfermez 300 dans l'église de la Riche aux faux-bourgs, affamez par trois jours, puis liez deux à deux et menez à l'escorcherie, et sur un sable de la rivière assommez de différentes façons. Les petits enfans s'y vendoyent un escu. Une femme de beauté

---

1. Le massacre de Cahors eut lieu le 16 novembre 1561. Voir les *Commentaires de Monluc*, t. II, p. 343 et note. D'Aubigné en parle dans les *Tragiques*, édit. Réaume et Caussade, t. IV, p. 210.

2. Le massacre de Sens eut lieu le 12 avril 1562. Claude Haton le raconte avec détails (*Mémoires*, t. I, p. 189 et suiv.). Voyez les *Tragiques*, t. IV, p. 209. Voyez aussi un article publié par M. Maury dans le *Journal des Savants* de 1870, à l'occasion de l'*Histoire des guerres du Calvinisme dans l'Auxerrois* par M. Challe. Le prince de Condé demanda en vain à la reine la répression de ce forfait (Lettre dans les *Mémoires de Condé*, t. III, p. 300).

3. Le massacre d'Auxerre eut lieu le 9 octobre 1561. Voir l'*Histoire ecclésiastique* de de Bèze, t. I, p. 416, édit. de 1881.

4. Le massacre de Tours eut lieu le 11 juillet 1562, après que le roi de Navarre, aidé du *Triumvirat*, se fut emparé de la ville. D'Aubigné oublie de rappeler que, le 2 avril précédent, les protestants avaient pillé toutes les églises de Tours. Sur ces deux faits voyez de Thou, liv. 30, et le *Procès-verbal du pillage de Saint-Martin de Tours* publié par M. de Grandmaison, in-8°, 1863.

excellente, ayant fait pitié à celui qui la menoit tuer, un autre l'entreprit et, pour monstrer la fermeté de son courage, la despouilla nue et prit plaisir avec d'autres à voir périr et fener ceste beauté par la mort[1].

De quelques femmes enceinctes qui accouchèrent en mourant, un enfant jetté dans la rivière fut porté sur l'eau la main droicte levée en haut, autant que les veues le peurent conduire.

Le président de Tours[2] fut lié à des saules comme on va au Plessis et lui fut, vivant, le ventre ouvert pour cercher dans ses boyaux de l'or qu'ils y pensoyent caché. De là vindrent en moindre, mais tous marquez d'insignes cruautez, les massacres d'Aurillac, Nemours, Grenade, Carcassonne, Villeneufve d'Avignon, Marsillargues, Senlis, Amiens, Abbeville, Meaux, Challons, Troye, Bar sur Seine, Espernai, Nevers, Chastillon sur Loire, Gien, Moulins, Yssoudun, le Mans, Angers, Cran, Blois, Mer et Poictiers[3]. J'adjousterois bien Rouan et autres qui suivent ce temps là, mais il y faut une distinction : asçavoir que les premiers massacres donnèrent cause à la prise des armes, et ceste prise d'armes donna la cause aux derniers.

Pourtant tout ce qui est dict des villes susnommées ne se confond point avec ce qu'on trouvera ci après aux mesmes villes parmi la ferveur des armes.

---

1. Voyez les *Tragiques,* édit. Réaume et Caussade, t. IV, p. 210.
2. Il se nommait Jean Bourgeau. Voir l'*Hist. ecclés.* de de Bèze, 1881, t. II, p. 135, et de Thou, 1740, liv. 30. Voyez aussi les *Tragiques,* t. IV, p. 211.
3. D'Aubigné a pris cette énumération dans l'*Histoire ecclésiastique* de de Bèze, liv. IV et V.

Chapitre II.

Délibérations et résolutions des princes réformez pour la prise des armes.

De tous ces massacres fut faicte une notable plainte au roi à Meaux[1] par Francourt[2] et Bèze députez[3], lesquels s'estendans sur les diverses sortes de morts qu'ils faisoyent voir à plus de 3,000 personnes, poignardées, lapidées, précipitées, estranglées, assommées, bruslées, esteintes de faim, enterrées vives, noyées et estouffées, et de tout cela cottans des exemples exprès.

Le Conseil du roi demeura en silence, ou par commisération, ou par estonnement : le roi de Navarre fut seul qui prit la parole pour maintenir ces choses bien et justement faictes (comme les grans changements obligent aux extrémitez). Le mesme dépescha avec le connestable pour haster le duc de Guise[4], au devant duquel marchèrent ceux de Montmorenci, le prévost des marchans et l'Université ; et à leur exemple

---

1. A Monceaux en Brie, et non pas à *Meaux*. Voir la note 3.
2. Gervais Barbier de Francour, gentilhomme du prince de Condé, puis chancelier de la reine de Navarre, tué à la Saint-Barthélemy (La Popelinière, 1581, t. II, f. 66).
3. Voir l'*Histoire ecclésiastique*, 1881, t. I, p. 490; *Négoc. du card. de Ferrare*, p. 112 ; lettre de Sainte-Croix dans les *Archives curieuses*, t. VI, p. 51. C'est alors que de Bèze dit au roi de Navarre : « C'est à l'église de Dieu d'endurer les coups et non « pas d'en donner ; mais aussi vous plaira-t-il souvenir que c'est « une enclume qui a usé beaucoup de marteaux. »
4. Le connétable lui-même et le maréchal Saint-André vinrent au-devant du duc de Guise au château de Nanteuil (Lettre de Sainte-Croix dans les *Archives curieuses*, t. VI, p. 47).

le peuple cria par les rues : Vive Guise, comme on crie : Vive le Roi[1].

Le prince de Condé, voyant Paris saisi par ses ennemis et n'ayant de forces que 300 gentilshommes et autant de soldats, quelques escholiers et bourgeois sans expérience, qui n'estoit pas pour résister aux moines seulement[2]; d'ailleurs, voyant déclarer contre lui le Parlement, la Maison de ville, l'Université[3], il se falut résoudre à quitter Paris[4].

D'autre costé s'estoyent assemblez à Chastillon-sur-Loin, près l'amiral, le cardinal et d'Andelot ses frères, Jenlis, Boucard, Briquemaut[5] et autres, pour le presser de monter à cheval. Ce vieil capitaine trouvoit le passage de ce Rubicon si dangereux qu'ayant par deux jours contesté contre ceste compagnie et par doctes et spécieuses raisons rembarré leur violence, et les ayant estonnez de ses craintes, il n'y avoit comme plus d'espérance de l'esmouvoir, quand il arriva ce que je veux donner à la postérité, non comme un intermeze[6] de

---

1. Le duc de Guise entra à Paris le 16 mars. Tous les historiens racontent de la même façon son triomphe. La Popelinière est celui qui donne le plus de détails (1581, t. I, f. 287). Voyez aussi les lettres de Sainte-Croix dans les *Archives curieuses*, t. VI, p. 55; les *Mémoires* de Claude Haton, t. I, p. 208, et la lettre d'un témoin oculaire publiée dans le *Bulletin de la Soc. de l'hist. du protest. français*, t. XIII, p. 15.

2. Cette appréciation est confirmée par François de la Noue, qui ajoute de curieux détails (*Mémoires*, coll. Petitot, t. XXXIV, p. 128).

3. Var. de l'édit. de 1616 : « ... *l'université*, tous lesquels avec le clergé constituent la ville, *il se fallut...* »

4. Condé sortit de Paris et se retira à Meaux le 23 mars 1562.

5. François de Hangest de Genlis. — Antoine de Boucart. — François de Bricquemaut.

6. *Intermèze*, intermède ; c'est l'italien *intermezzo* francisé.

fables, bien séantes aux poètes seulement, mais comme une histoire que j'ai apprise de ceux qui estoyent de la partie.

Ce notable seigneur, deux heures après avoir donné le bon soir à sa femme, fut resveillé par les chauds souspirs et sanglots qu'elle jettoit : il se tourne vers elle et, après quelque propos, il lui donna occasion de parler ainsi : « C'est à grand regret, Monsieur, que je trouble vostre repos par mes inquiétudes, mais, estans les membres de Christ deschirez comme ils sont, et nous de ce corps, quelle partie peut demeurer insensible? Vous, Monsieur, n'avez pas moins de sentiment, mais plus de force à le cacher. Trouverez-vous mauvais de vostre fidelle moitié si, avec plus de franchise que de respect, elle coule ses pleurs et ses pensées dans vostre sein? Nous sommes ici couchez en délices et les corps de nos frères, chair de nostre chair et os de nos os, sont les uns dans les cachots, les autres par les champs à la merci des chiens et des corbeaux. Ce lict m'est un tombeau, puis qu'ils n'ont point de tombeaux; ces linceulx me reprochent qu'ils ne sont pas ensevelis; pourrons-nous ronfler en dormant, et qu'on n'oye pas nos frères aux souspirs de la mort? Je remémorerois ici les prudens discours desquels vous fermez la bouche à Messieurs vos frères; leur voulez-vous aussi arracher le cœur et les faire demeurer sans courage comme sans response? Je tremble de peur que telle prudence soit des enfans du siècle et qu'estre tant sage pour les hommes ne soit pas estre sage à Dieu, qui vous a donné la science de capitaine. Pouvez-vous en conscience en refuser l'usage à ses enfans? Vous m'avez advoué qu'elle vous resveilloit quelques fois ; elle est le truchement de Dieu. Craignez-vous que Dieu vous face coulpable en le suivant? L'espée de chevalier que vous portez est-elle pour opprimer les affligez ou pour les arracher des ongles des tyrans? Vous avez confessé la justice[1] de leurs armes puisque forcées. Pourroit bien vostre cœur quitter l'amour du droict pour la crainte du succès? C'est Dieu qui osta le sens à ceux qui lui résistèrent, sous couleur d'espargner le sang : il sçait sauver l'âme qui se veut perdre et perdre l'âme qui se veut garder. Monsieur, j'ai sur le cœur tant de sang versé des nostres ; ce sang et vostre femme crient au ciel vers Dieu et en ce lict contre vous, que vous [vous] ferez meurtrier de ceux que vous n'empeschez point d'estre meurtris. »

L'admiral respond : « Puis que je n'ai rien profité par mes raisonnements de ce soir, sur la vanité des esmeutès populaires, la doubteuse entrée dans un parti non formé, les difficiles commencements, non contre la monarchie, mais contre les possesseurs d'un Estat qui a ses racines envieillies, tant de gens intéressez à sa manutention, nulles attaques par dehors, mais générale paix, nouvelle et en sa première fleur, et qui pis est faicte entre les voisins conjurez et faicte exprès à nostre ruine ; puisque les défections nouvelles du roi de Navarre et du connestable, tant de force du costé des ennemis, tant de foiblesse du nostre ne vous peuvent arrester, mettez la main sur vostre sein, sondez à bon escient vostre constance, si elle pourra digérer les desroutes générales, les opprobres

---

1. Var. de l'édit. de 1616 : « ... *justice* des armes contre eux. *Pourroit...* »

de vos ennemis et ceux de vos partisans ; les reproches que font ordinairement les peuples quand ils jugent les causes par les mauvais succès ; les trahisons des vostres, la fuite, l'exil en païs estrange ; là les choquements des Anglois, les querelles des Allemans, vostre honte, vostre nudité, vostre faim et, qui est plus dur, celle de vos enfans. Tastez encore si vous pouvez supporter vostre mort par un bourreau, après avoir veu vostre mari traîné et exposé à l'ignominie du vulgaire ; et pour fin, vos enfans infames, valets de vos ennemis, accreus par la guerre et triomphans de vos labeurs? Je vous donne trois sepmaines pour vous esprouver, et quand vous serez à bon escient fortifiée contre tels accidents, je m'en irai périr avec vous et avec nos amis. »

L'admirale répliqua : « Ces trois sepmaines sont achevées ; vous ne serez jamais vaincu par la vertu de vos ennemis ; osez de la vostre et ne mettez point sur vostre teste les morts de trois sepmaines. Je vous somme au nom de Dieu de ne nous frauder plus, ou je serai tesmoin contre vous en son jugement. »

Chapitre III.

Prise d'armes de plusieurs villes et entre autres d'Orléans, avec expéditions pour la guerre.

D'un organe bien aimé et d'une probité esprouvée les suasions furent si violentes qu'elles mirent l'admiral à cheval, pour aller trouver le prince de Condé et autres principaux chefs du parti à Meaux[1], où il y eut

1. Coligny et d'Andelot arrivèrent à Meaux le 27 mars avec

grand conteste à deviner par où il faloit entamer une besongne si nouvelle. Les uns regrettoyent Paris et accomparoyent la sortie du prince à celle de Pompée hors de Rome[1]. A ceux-là on opposoit la révolte du roi de Navarre[2] et les dernières animositez du peuple.

Les autres vouloyent qu'on courust à la personne du roi, qui n'estoit pas encor à Paris. Cela sembloit doubteux et odieux; quelques uns asseuroyent que la roine menoit à regret le roi dans l'absolue puissance des Guisars; quelqu'un respondit que toutes les régentes règnent précairement, et partant les plus fines, comme la roine Catherine, obligent tousjours le plus redoutable et ne se bandent jamais contre l'Estat présent qu'après l'avoir affoibli. Là dessus fut apporté l'exemple de la douairière d'Escosse, qui avoit régné en practiquant telles voyes, ruinée quand par caprice elle voulut espouser la nouveauté. Il y en eut d'advis de gaigner Heidelberg[3], pour venir puissamment au secours de ceux qui se seroyent armez par les provinces. On ferma la bouche à ceux-là par ceste raison que les estrangers sont assez difficiles à faire secourir un parti formé, sans les convier à donner le bransle.

Le conseil qui voulut venir à la prise des villes pour

---

une troupe armée (Lettre de de Bèze, Baum, *Theodor Beza,* preuves, p. 176). Le même jour, Coligny écrivit à la reine, pour nier sa prise d'armes, une lettre qui a été publiée par M. le comte Delaborde (*Gaspard de Coligny,* t. II, p. 48) et réimprimée dans *Lettres de Catherine de Médicis,* t. I, p. 285, note.

1. La comparaison de Condé avec Pompée fit fortune. Voir la lettre de Pasquier dans ses *OEuvres complètes,* t. II, col. 96, et la lettre de de Bèze dans *Theodor Beza,* par Baum, preuves, p. 176.

2. C'est-à-dire la défection du roi de Navarre.

3. Heidelberg, résidence de l'électeur palatin Frédéric III, principal appui des réformés.

là faire amas et former le parti fut suivi et résolu de commencer par celle d'Orléans, où le prince envoya d'Andelot, lequel, entré en la ville desguisé, en tramant son entreprise avec ceux de la ville, sçeut que Monstreu[1], gouverneur, adverti par le roi de Navarre, faisoit couler la compagnie de Cipierre[2] et préparoit les catholiques à leur défense[3], ayant despesché un courrier en cour pour se faire secourir.

Le prince part[4] accompagné de mille gentilshommes, de 500 argoulets, comme on appelloit en ce temps-là, passe à la veue des rempars de Paris, se renforce de 300 chevaux au pont Saint Clou[5], de 200 entre Estampes et Angerville[6]. Puis, ayant sçeu près d'Artenai qu'il y avoit combat en la ville d'Orléans[7], les plus avancez se mettent à toute bride et tout le reste les suit sans ordre, tellement que plusieurs, allans le chemin de Paris, voyoyent chapeaux et manteaux

1. Innocent Tripied, seigneur de Monterud, lieutenant de roi sous le gouvernement de Charles de Bourbon, prince de la Roche-sur-Yon, devint plus tard lieutenant à Bourges. On conserve quelques lettres de ce capitaine, relatives aux événements de l'année 1562, dans le vol. 15876 du fonds français.

2. Philibert de Marcilly de Cypierre, lieutenant de roi dans l'Orléanais, gouverneur de Charles IX, mort le 8 septembre 1565. Le Laboureur a fait son éloge (*Mémoires de Castelnau*, t. I, p. 508).

3. Var. de l'édit. de 1616 : « ... *défense*, despesché un courrier à Meaux *pour se faire...* »

4. Le prince de Condé partit de Meaux le jour de Pâques, 29 mars 1562.

5. Condé campa à Saint-Cloud le 29 mars et se présenta le lendemain sous les murs de Paris.

6. Condé campa à Angerville le soir de la première étape.

7. D'Andelot, arrivé secrètement la veille à Orléans, combattait et négociait à la fois avec Monterud aux portes de la ville. Voir les *Mémoires de Soubise*, édit. Bonnet, p. 55, et La Popelinière, 1581, t. I, f. 288.

par terre qu'on ne daignoit amasser, les prenoyent ou pour fols venans de Saint-Mathurin, ou pour gens qui jouoyent à l'abbé de Maugouverne, jusqu'à ce que, trouvans une si grosse troupe, on jugea que, bien qu'il y eust beaucoup de fols en France, ils ne pouvoyent tant ensemble s'unir à un dessein[1]. Un bon ordre n'eust pas vallu ce désordre, pource que les plus hastifs n'arrivèrent point trop tost à la porte de Saint-Jean, ouverte à coups de coignées à la faveur de 300 hommes qu'on avoit fait couler par les jardins en une maison là auprès.

Le peuple, voyant le gouverneur armé à l'Estape et au Martroi[2], bransloit pour la pluspart à se jetter de son costé, mais, quand ils virent la première cavallerie entrée, ce fut à crier : « Vive l'Évangile » et à s'avancer en foule au-devant du prince chantans : « Or « peut bien dire Orléans maintenant, etc. » On laissa sortir le gouverneur et ceux qui voulurent s'en aller avec lui. Là se rendirent plusieurs seigneurs et dames de divers endroits : la princesse de Condé[3] et son filz aisné qui faillirent à estre assommez de pierres au village de Vaudré[4]. Le mal et le travail de ceste attaque

---

1. Il est à remarquer que Mergey et La Noue racontent la marche de l'armée de Condé sur Orléans de la même façon et presque dans les mêmes termes que d'Aubigné (*Mémoires de Mergey*, publiés en 1619, coll. Petitot, t. XXXIV, p. 46. — *Mémoires de La Noue* (*Discours politiques et militaires*, publiés en 1587), ibid., p. 132).

2. Places publiques d'Orléans.

3. Éléonore de Roye, princesse de Condé depuis le 22 juin 1551, morte le 23 juillet 1564. M. le comte Delaborde a écrit sa vie, in-8°, 1876.

4. En passant à Vauderay, près de Lisy-sur-Ourcq (Seine-et-Marne), les gens de la princesse rencontrèrent une procession et

[1562]   LIVRE TROISIÈME, CHAP. III.   17

la fit accoucher devant le temps à Gandeluz[1] de deux jumeaux, desquels l'un mourut peu de temps après, l'autre a depuis esté le cardinal[2] de Bourbon.

Madame de Roye[3] gaigna l'Allemagne avec les autres enfans, où elle ne fut pas inutile aux négociations des protestans pour diviser[4] le parti. Le conseil couchoit tousjours de l'Édict de janvier, et par là Paris et plusieurs autres villes[5] réformées voulurent continuer leurs presches, mais la populace, incapable de dissimulation, leur fit tant de charges de tous costez qu'ilz chassèrent gens de guerre et autres aux villes partisanes.

Jusques là la roine mère amenoit le roi à regret en

refusèrent de se découvrir. Aussitôt les villageois assaillirent le cortège et le dispersèrent à coups de pierre (La Popelinière, t. I, f. 289). Le comte Delaborde a complété ce récit par une lettre de de Bèze (*Éléonore de Roye*, p. 115. — *Gaspard de Coligny*, t. II, p. 62).

1. Gandelu (Aisne). La princesse se rendait à Muret (Aisne), où la maison de Bourbon-Condé possédait une seigneurie.

2. Charles de Bourbon, dit le cardinal de Vendôme, puis de Bourbon, archevêque de Rouen en 1590, mort à l'abbaye de Saint-Germain-des-Prés le 30 juillet 1594.

3. Madeleine de Mailly, comtesse de Roye, sœur utérine de l'amiral de Coligny, belle-mère du prince de Condé, dévouée à la Réforme et l'un des agents les plus actifs du parti huguenot. Le Laboureur a fait son éloge (*Mémoires de Castelnau*, t. I, p. 381).

4. Les deux éditions portent *pour diviser le parti*, mais nous croyons à une faute d'impression. Il faut certainement lire *deviser*, arranger, ordonner, organiser. Jamais la dame de Roye n'a été accusée de *diviser* le parti huguenot. A la fin d'août, elle se retira à Strasbourg avec les plus jeunes enfants de Condé, afin de négocier avec les princes protestants allemands (Delaborde, *Éléonore de Roye*, p. 130 et suiv.).

5. Var. de l'édit. de 1616 : « ... *villes*, où il y avoit églises *réformées*... »

la puissance d'autrui[1], mais le triumvirat d'accord et le conseil nouvellement composé des plus violents ennemis des réformez et des Bourbons traîna la cour au bois de Vincennes[2] et à Paris[3], où le roi fit son entrée, contrainct de chasser le chancelier de l'Hospital[4], pource qu'il maintenoit la roine à balancer des deux costez.

A Orléans, on despeschoit lettres à toutes les églises de France[5] pour lever hommes et argent, déclaracions et manifestes[6] sur la cause des guerres et justice des armes, à la cour de Parlement contre ceux de Guise[7], sur la prétendue prison du roi et de la roine sa mère,

1. Sic, *Mémoires de Tavannes*, édit. Buchon, p. 271.
2. Le roi et la reine quittèrent Fontainebleau le 31 mars 1562, arrivèrent à Melun le 1ᵉʳ avril et le 5 au château de Vincennes. De Thou a commis, dans le récit de ce voyage, de légères erreurs de date que nous avons relevées dans *Antoine de Bourbon et Jeanne d'Albret*, t. IV, p. 133.
3. Le roi fit son entrée à Paris le 6 avril. Le cérémonial est raconté dans deux pièces du temps, f. fr., vol. 18528, f. 28 et 30.
4. Le chancelier fut exclu du conseil à la suite d'une réponse que raconte Pasquier (*OEuvres complètes*, t. II, col. 97). A sa place, le *Triumvirat* appela au conseil Claude Gouffier de Boisy, grand écuyer; Honorat de Savoie, comte de Villars, beau-frère du connétable; Philippe de Lenoncourt, évêque d'Auxerre, et François d'Escars, ces deux derniers favoris du roi de Navarre.
5. Le prince de Condé adressa, le 7 avril, aux églises réformées, une circulaire qui est imprimée dans les *Mémoires de Condé*, t. III, p. 221.
6. Le premier manifeste du prince de Condé est daté du 8 avril. Il est imprimé dans les *Mémoires de Condé*, t. III, p. 222.
7. Le manifeste de Condé fut apporté au Parlement de Paris, le 13 avril, par l'huissier David. Voyez un curieux récit, extrait des registres du Parlement de Paris, qui a été imprimé successivement dans l'*Hist. de France* de Mathieu, t. I, p. 256, dans les *Mémoires de Condé*, t. III, p. 273, et dans les *Mémoires-journaux de Guise* (coll. Michaud, p. 488).

[1562]   LIVRE TROISIÈME, CHAP. III.   19

à l'empereur Ferdinand[1], à tous les princes de l'empire[2] sur le mesme subject, en Angleterre[3], et toutes ces despesches eurent promptes responses et favorables[4], principalement du comte palatin[5].

Puis le comte de la Rochefoucaut ayant joinct le prince avec les forces de Guienne[6], les mesmes despesches furent redoublées avec plus de hardiesse ; mettans en mesme temps la main à la besongne par la prise de Meun, de Baugenci, Chinon, Bourges, Blois et Tours ; d'où Fequières[7] amena les poudres, qu'il

---

1. Le prince de Condé adressa le 20 avril à l'empereur Ferdinand une lettre qui est reproduite dans les *Mémoires de Condé*, t. III, p. 305.

2. Le prince de Condé écrivit le 10, le 12 et le 20 avril aux princes allemands. Ses lettres sont imprimées dans les *Mémoires de Condé*, t. III, p. 254, 271 et 309.

3. La reine Élisabeth n'avait pas attendu la lettre de Condé pour prendre parti en faveur de la réforme. Voir sa lettre du 31 mars (*Calendars*, 1562, p. 590), traduite et publiée par le duc d'Aumale (*Hist. des Condé*, t. I, p. 351) et par le comte Delaborde (*Gaspard de Coligny*, t. II, p. 36).

4. Condé écrivit même aux puissances catholiques. Le 11 avril, il adressa au duc de Savoie une lettre actuellement conservée en copie dans le f. fr., vol. 10190, f. 151 v°, et, vers le même temps, une autre lettre au roi d'Espagne (Copie du temps, sans date ; Arch. nat., K. 1500, n° 27).

5. Les réponses du comte sont imprimées dans les *Mémoires de Condé*, t. III, p. 272, 308. D'autres lettres sont reproduites dans *Lettres de Frédéric le Pieux*, 1868. Munich, t. I, p. 280.

6. Le comte de la Rochefoucault arriva le 20 avril 1562 à Orléans avec une troupe de gentilshommes. Cette prise d'armes est racontée avec détails dans les *Mémoires de Mergey*, collection Petitot, t. XXXIV, p. 47. — Voyez aussi La Popelinière, t. I, f. 303.

7. Jean de Paz, seigneur de Feuquières, courtisan, puis ennemi des Guises, capitaine protestant et maréchal de camp dans l'armée de Condé, fut accusé de complicité dans l'assassinat du duc

fit passer soubs le pont d'Amboise[1], quoiqu'ennemis, en cajolant Bourdaizières[2] de nouvelles. Cela commença l'arcenal aux Cordeliers[3] à Orléans.

D'autre costé, on fait escrire au roi lettres patentes qui contenoyent sa liberté[4]; on fait respondre la cour de Parlement aux princes[5]; on despesche partout l'Édict de janvier, notamment à Angers[6], saisi par Maibretin[7] et autres chefs, qui pour n'estre pas d'accord, au lieu d'establir leur authorité, firent une mescolance[8]

de Guise. Il mourut au mois de mai 1569, de la fièvre, au siège de la Charité (*Mémoires de Castelnau,* 1731, t. II, p. 223), ou d'une blessure, suivant de Thou.

1. Le transport des poudres de Tours est raconté en termes piquants par La Popelinière (t. I, f. 305 v°).

2. Jean Babou de la Bourdaisière, maître de la garde-robe de Henri II et de François II, ambassadeur à Rome, mort en 1569. Il occupait en ce moment le château d'Amboise comme gouverneur des enfants de la reine avec ces jeunes princes.

3. Le couvent des Cordeliers à Orléans avait été transformé en arsenal et en hôtel des monnaies sous la direction d'Abel Foulon, savant et poète, ancien valet de chambre de Henri II (La Popelinière, t. I, f. 305 v°).

4. Cette déclaration fut plusieurs fois renouvelée. La première, datée du 8 avril 1562, est imprimée dans les *Mémoires de Condé,* t. III, p. 222.

5. Le Parlement de Paris reçut, le 13 avril, le manifeste de Condé du 11 avril (Reg. du Parl. de Paris dans les *Mémoires de Condé,* t. III, p. 279), et y répondit le 21 du même mois. Sa lettre est dans le même recueil (p. 311).

6. Angers fut saisi par le parti huguenot le 5 avril 1562, presque sans coup férir (De Thou, liv. 30). On conserve à la Bibliothèque nationale, dans la collection Anjou et Touraine, vol. 10, n° 4334, un récit détaillé des désordres commis par les réformés au moment de la prise de la ville.

7. Le s. de Mebretin, se disant lieutenant du prince de Condé. Voir l'*Histoire ecclésiastique* de de Bèze, 1882, t. II, p. 107.

8. L'édition de 1616 porte *mescréance,* confusion, contradiction (de l'italien *mescolanza*).

[1562] LIVRE TROISIÈME, CHAP. III.

des deux partis, laissant le chasteau aux catholiques, qui ne faillirent point de donner entrée à Puygaillard[1].

Les réformez, secourus de Saumur et du Pont de Sey nouvellement, empeschèrent Puygaillard de leur oster la Maison de ville. Sur le bruit de l'Édict de janvier font tresves; ces tresves rompues par la mort du ministre du Plessis[2] et autres, renouées plusieurs fois, et autant de fois cassées par quelque meurtre, jusqu'à ce que le duc de Montpensier[3] s'en rendit maistre[4]. Là il y eut plusieurs insolences : une fille qu'on vouloit forcer se précipita dans la rivière; une damoiselle estant présentée au duc de Montpensier, il la reçeut avec risée, lui ordonnant pour juge les soldats qui la tenoyent, qui la menèrent sur le pont, crians : « Voilà la vérité noyée[5]. » Comme aussi d'une bible qu'ils pendirent, ils crioyent : « Voilà la vérité « pendue[6]. »

Le duc de Montpensier au commencement en fit

---

1. A la suite d'une profanation faite le 21 avril dans une église d'Angers, Jean de Léomont, s. de Puygaillard, reprit la ville le 5 mai, malgré la vigoureuse résistance des protestants commandés par Gaspard de Schomberg, étudiant allemand (De Thou, liv. 30).

2. Charles d'Albiac, dit du Plessis (De Bèze, 1882, t. II, p. 111).

3. Louis de Bourbon, duc de Montpensier, dauphin d'Auvergne, né le 10 juin 1513, prit, comme gouverneur de l'Anjou, de la Touraine et du Maine, une part importante aux guerres de religion. Il mourut le 22 septembre 1582.

4. Le 13 mai 1562.

5. C'était, d'après de Bèze, Mlle du Plessis de Cherre, âgée de soixante-dix ans, depuis peu revenue de Genève (*Histoire ecclésiastique*, 1882, t. II, p. 116).

6. On conserve dans le f. fr., vol. 15876, f. 128, un récit des opérations militaires du duc de Montpensier en Anjou jusqu'au 23 juin, adressé par lui-même au roi de Navarre.

mourir quelques 40, se servant du nom des juges; entre ceux-là des plus apparents de la ville. Puis après cela dégénéra en massacres tant en la ville qu'aux champs, dans lesquels furent enveloppez plus de 400 personnes de tous sexes et âges[1]. Ceste fureur s'estendit jusques à Cran[2]. Je renvoye le lecteur qui en voudra sçavoir davantage aux histoires expresses pour ces matières, pour suivre mon dessein à la prise de Rochefort[3], où Marais[4], douziesme[5], renvoyoit l'armée, s'il n'eust esté trahi par son lieutenant[6], et puis il tint compagnie à ceux d'Angers[7].

Le Parlement de Paris cependant, irrité par les prises de villes, brisements des images, employ des reliques en monnoye qu'on batoit à Orléans, et plus encor par les braves responses du prince de Condé, fit une

1. De Bèze raconte ces massacres (*Histoire ecclésiastique*, 1882, t. II, p. 113 et suiv.).

2. Craon, en Anjou, fief de la maison de La Trémoille, fut enlevé à la Chesnaye-Lalier par René Despeaux, seigneur de Gaubert.

3. Le château de Rochefort-sur-Loire, près d'Angers, appartenant à la maison de La Trémoille, qui était tombé aux mains des huguenots, fut assiégé par le capitaine Villeneuve, lieutenant de Puygaillard, le 15 mai 1562, et pris le 4 juillet.

4. Hercule de Saint-Aignan des Marets, d'après de Thou (t. III, p. 173, édit. de 1740), peut-être le même qui avait été fait prisonnier deux ans auparavant à Paris.

5. D'Aubigné veut dire *lui douzième*, mais il exagère les exploits de ce capitaine, qui sont cependant remarquables. D'après de Thou, avec 25 soldats, il tint tête, dans le château de Rochefort, à toutes les forces de Montpensier (liv. 30).

6. D'après de Bèze, il se nommait Pouvert et était aidé par un s. La Guette. Tous deux furent pendus à Angers (*Histoire ecclésiastique*, 1882, t. II, p. 119).

7. Des Marets, conduit à Angers, fut condamné à mort et expira sur la roue.

ordonnance politique le second de may[1], par laquelle il fut commandé à tous catholiques de prendre les armes; et une autre le 17, qui chassoit les réformez de la ville[2]. Nonobstant quoi, dès l'entrée de ceste guerre il y eut tousjours traictez particuliers et publics pour tresves et pour paix. Il est temps de voir que faisoyent les autres parlements.

Chapitre IV.

Les esmotions de Languedoc et de Guienne, notamment de Thoulouse.

Thoulouse s'estoit sentie de la dispute de Poissi; une grande partie des citoyens et des escholiers ayant pris la confession des réformez, requis l'exécution de l'Édict de janvier[3] et l'establissement de leur exercice, avec garde des uns et des autres en armes, à la mode de Paris. Comme il sembloit que les accords et serments prestez de toutes les parts debvoyent laisser Thoulouze en quelque estat paisible, vint la nouvelle du massacre de Cahors[4]. Le peuple entendoit que le

---

1. D'Aubigné fait allusion à une ordonnance du roi, donnée en conséquence de la requête des habitants de Paris, à laquelle le Parlement s'était associé, qui ordonne d'armer les hommes en état de porter les armes. Cette pièce est publiée dans les *Mémoires de Condé*, t. III, p. 422.

2. D'Aubigné se trompe. L'édit qui commandait aux réformés de sortir de Paris, sous peine d'être accusés de rébellion, est daté du 26 mai et du roi de Navarre. Il est imprimé dans les *Mémoires de Condé*, t. III, p. 462.

3. Les capitouls et le viguier de Toulouse firent publier l'Édit de janvier le 6 février 1562.

4. Le 16 novembre 1561. On conserve dans le vol. 15877 du

sang couroit par les rues d'un pied de haut, ce qui arriva peut-estre, pource qu'ils furent tous tuez en mesme lieu; car il n'y mourut point plus de six cents hommes. Il entend mesmes nouvelles de Grenades[1], Carcassonne[2] et autres endroicts, et ces nouvelles portées par quelques prestres, qui avoyent attizé la besongne. Ils osent le mesme de Castelnau d'Arri[3] près d'eux. D'ailleurs, que Montluc et Terride[4], d'un costé et de l'autre, Arpajon[5] venu d'Orléans, faisoyent levées d'hommes. Les chanoines de Saint-Estienne et Saint-Jean de Thoulouze eschauffèrent le peuple aux injures et aux menaces. Les autres souffrirent doucement et sans effroi toutes ces attaques pour la confiance qu'ils avoyent en la foi prestée par leurs concitoyens à la conservation commune; si bien que, peu après, estans sollicitez de marcher par Duras[6] et

f. fr., f. 452, une lettre des consuls de Cahors à la reine, du 13 décembre, qui contient un récit complet de cet événement.

1. Le massacre de Grenade-sur-Garonne eut lieu au commencement de novembre 1561. Une lettre de Burie, du 7 novembre 1561 (f. fr., vol. 15875, f. 293), raconte ce fait avec détails.

2. Le massacre de Carcassonne eut lieu le 19 mars 1562. Voyez le récit de de Bèze (*Histoire ecclésiastique*, 1882, t. II, p. 340).

3. Le massacre de Castelnaudary eut lieu le jour des Rameaux, le 22 mars 1562. Voir de Bèze (t. II, p. 339).

4. Antoine de Lomagne, baron de Terride, fit ses premières armes en Italie, prit une part importante aux guerres civiles du règne de Charles IX, à côté et sous les ordres de Blaise de Monluc, fut battu par Mongonmery en Béarn, en août 1569, et mourut à Eauze peu après. Voyez les *Commentaires de Monluc*, t. III, p. 281.

5. Antoine d'Arpajon, vicomte d'Arpajon, seigneur de Severac, gentilhomme du Rouergue, petit-fils du chancelier du Prat, tué à la bataille de Dreux.

6. Symphorien de Durfort, seigneur de Duras, chef des réfor-

Grandmont[1], chefs des forces de Guienne, ils alléguèrent leurs conventions avec les catholiques pour refus; et, de fait, les capitoux et la maison de ville estoyent en volonté de tenir leurs serments inviolables; mais la Cour et les ecclésiastiques, mesnagez par ceux de Guise, voulurent dresser les compagnies de Clermont[2] et de Bajourdan[3] en leur ville[4], pour à quoi s'opposer les capitoux taschèrent de dresser des compagnies par moitié avec les réformez. Ce qui hasta la ville de recevoir garnison fut l'accusation contre un de leurs principaux, nommé le baron de Lenta[5], qu'on disoit avoir passé à Orléans en revenant de la cour, et là donné parole au prince de Condé.

L'irrésolution des réformez fut grande à la récep-

---

més en Guyenne, lutta pendant toute l'année 1562 contre Blaise de Monluc, perdit la bataille de Ver (17 juillet 1562), se retira à Orléans et fut tué pendant le siège de cette ville le 12 mars 1563 (La Popelinière, t. I, f. 357).

1. Antoine d'Aure, vicomte d'Aster en Bigorre, seigneur de Gramont, gentilhomme ordinaire du roi, lieutenant général en Navarre, tour à tour protestant et catholique, mourut en 1576.

2. Bertrand Isalguier, baron de Clermont, neveu de Blaise de Monluc et cornette de sa compagnie, combattit sous les ordres de son oncle en Guyenne et mourut avant le 5 mars 1564. Voir les *Commentaires de Monluc*, passim, et t. IV, p. 331.

3. Bajordan, capitaine catholique, servit sous les ordres de Blaise de Monluc et de Terride, devint mestre de camp de la légion de Guyenne et fut tué au siège de Montauban le 22 octobre 1562 (*Commentaires de Monluc*, t. III, p. 59).

4. Le 11 mai, le parlement de Toulouse décida de faire entrer dans la ville quatre compagnies sous les ordres des capitaines Bajordan, Montmaur, Clermont et Trebons.

5. Pierre Hunault, baron de Lanta, premier capitoul de Toulouse, avait été député à Orléans par ses coreligionnaires; il prit la fuite après les troubles et fut condamné à mort par le parlement de Toulouse (Lafaille, *Annales de Toulouse*, t. II, p. 230).

tion des garnisons; car ils disputèrent de la justice des armes sur le point d'en user. Le ministre Barrelle[1], moins circonspectueux, rompt ceste glace, assemble les plus eschauffez, fit saisir la Maison de ville[2] par le capitaine Saux[3] et trois autres capitaines réformez, qui, toute la nuict, avec tonneaux et pippes, barricadèrent les rues plus proches, et puis forcèrent les collèges de Saint-Martial et Saincte Catherine, et les escholiers, à leur imitation, celui de Périgort; et puis demeurèrent, dès le commencement d'avril jusques au 13, sans acte d'hostilité, ne demandans sinon que les garnisons sortissent, suivant l'article exprès des promesses publiques.

La cour de Parlement commença par l'élection de huit nouveaux capitoux[4], demande secours aux sieurs de Montluc[5], Terride et aux gouverneurs des places.

1. Jean Cormere, dit Barrelles, cordelier espagnol, ministre protestant, avait été au service de Jeanne d'Albret. Florimond de Remond le cite parmi les plus ardents de son parti (*Histoire de l'hérésie*, 1618, p. 933). C'est lui qui fut chargé de corrompre Monluc au prix d'une somme d'argent (voir le récit des *Commentaires*, t. II, p. 348). Condamné à mort après les troubles de Toulouse, il réussit à s'échapper.

2. Les réformés s'emparèrent de l'hôtel de ville dans la nuit du 11 au 12 mai (Lafaille, t. II, p. 219).

3. Le capitaine Sault ou Saux devint suspect à ses coreligionnaires. Trouvé au cachot après la reprise de l'hôtel de ville, il fut écartelé. On fit courir le bruit qu'il avait avoué le projet des réformés de passer tous les catholiques au fil de l'épée (Lafaille, t. II, p. 241).

4. Les nouveaux capitouls furent désignés le 13 mai. Leurs noms ont été conservés par Lafaille (t. II, p. 228).

5. Blaise de Monluc était alors à Faudoas (Tarn-et-Garonne). Cf. le récit des *Commentaires*, qui diffère un peu de celui de d'Aubigné (t. II, p. 389 et suiv.).

Puis, ayant receu les comtes de Carmain[1] et de Landelle[2], dresse dix compagnies de trois cents hommes chascune, reçeut mille hommes de dehors. Ils crièrent aux armes, sonnent le tocsin[3], se jettent d'abord sur les maisons marquées et quelques unes riches qui ne l'estoyent point. Les premiers des réformez despeschez furent ceux qui se pensoyent couvrir de leurs maisons et de leur innocence : un nommé Garnier ayant tué, à la défense de son logis, bon nombre d'assaillans, fut bruslé avec quatre filles. Les réformés firent quatre compagnies d'escholiers, une desquelles estoit commandée par Poupelinière[4], nostre laborieux historien, et auquel je renvoye ceux qui voudront voir cest acte curieusement desduict. Avec cela, et en tout près de sept cents hommes de deffense, ils receurent avec beaucoup de résolution l'effort de quatre mille hommes, non contents de les arrester, mais à toutes les fois les remenoyent battans à une mousquetade de leurs barricades. De plus tirèrent de leurs pièces dans les rues pour enfoncer les mantelets que les catholiques rouloyent devant eux ; ils firent quelque plateforme de bois dans la Maison de ville, et de cela abbatirent quelques clochers, desquels on les canardoit ; de leurs pièces encores prindrent les couvents des Jacobins, des Béguins, de Sainct-Aurenx[5] et des

1. Gaston de Foix, c^te de Carmain, d'après Lafaille (t. II, p. 228).
2. Laurent de Puybusque, seigneur de la Landelle, un des nouveaux capitouls.
3. Le 13 mai, le combat commença.
4. La Popelinière, témoin oculaire, est, de tous les historiens du temps, celui qui présente le récit le plus détaillé des troubles de Toulouse (t. I, f. 311 et suiv.).
5. L'édition de 1626 porte *Saint-Avreux* ; il faut lire *Saint-Orens*.

Cordeliers, où ils trouvèrent une femme qui portoit l'habit. Le plus furieux combat fut au collège de Périgort, plusieurs fois pris et repris. En peu de jours, les catholiques receurent plus de trois mille hommes de renfort par Bellegarde[1], lieutenant du mareschal de Thermes, et par les troupes de Montluc et Terrides. Les autres n'eurent que cent hommes de secours de l'Isle-Jourdin; Arpajon leur avoit bien mandé qu'il avoit douze cens hommes pour les aller trouver, mais il fut contremandé par Saux, sur quoi Saux fut mis prisonnier par ses compagnons en la Maison de ville. Le vendredi 15, le combat s'eschauffa de tous costez; le jeune Savignac[2] fut tué, le temple Saint-Sorlin[3] gaigné à coups de canon par les assiégez; ce qui fit tenir un conseil en la place Saint-Georges et résoudre de mettre le feu en toutes les rues qui aboutissoyent à la Maison de ville. On mit bonnes gardes pour empescher le peuple d'aller à l'eau, trois cents bonnes maisons estans bruslées[4]. Le spectacle du feu produisit divers effects d'horreur, de frayeur et de fureur. La maison de Bernoye[5], principale de Thoulouse, fut sac-

---

1. Roger de Saint-Lary de Bellegarde fut, sur la recommandation de Blaise de Monluc, nommé sénéchal de Toulouse à la suite de ces événements, au mois de décembre suivant, en place de Bernard de Vabres, seigneur de Castelnau d'Estretefonds (*Commentaires et lettres de B. de Monluc,* t. IV, p. 144). Il fut tué à la bataille d'Arnay-le-Duc en 1570. Voir Secousse, *Mémoires sur le maréchal de Bellegarde,* in-12, 1764.

2. Cots de Savignac, un des trois frères Savignac, fut tué rue de la Pomme (Lafaille, t. II, p. 234). Voyez dans l'*Hist. de France* de La Popelinière le curieux récit de sa mort (t. I, f. 314).

3. L'église Saint-Sernin.

4. Lafaille n'évalue les maisons brûlées qu'à cent (t. II, p. 234).

5. Jacques de Bernui, président au parlement, fils d'un mar-

cagée par ceux qui la gardoyent ; deux damoiselles violées en présence d'une dame de marque leur mère[1] ; la maison regaignée sur l'acte par les reformez, qui tuèrent la pluspart des exécuteurs. Après Bernoye, nul ne fut plus respecté, ni mesme le président Polo[2], un des principaux assaillans, entièrement saccagé.

Telles furent les confusions des assaillans et les désespérées résolutions des attaquez, qu'on fit tresve pour capituler à l'aise, et le lendemain[3] à midi les articles de composition par lesquels toute seurté estoit donnée, soit pour quitter la ville, soit pour demeurer, furent acceptez par les réformés, lassez de combattre et de si peu de vivres[4]. Le matin, jour de la Pente-

chand espagnol établi à Toulouse (Lafaille, t. II, p. 235). Son hôtel, qui existe encore, est occupé par le lycée.

1. Ce fait odieux est certifié par La Popelinière (t. I, f. 314).

2. Antoine de Paulo, président de chambre au parlement de Toulouse. D'après La Popelinière, le précepteur de ses enfants, nommé Delpech, avait appelé et introduit par trahison les pillards dans la maison du président. Après la mort du premier président Massencal, Paulo fut un des trois magistrats recommandés au roi par le parlement pour lui succéder (Reg. Mss. du parlement de Toulouse, 1562).

3. Le 16 mai.

4. La question de savoir s'il y eut ou s'il n'y eut pas une capitulation accordée aux protestants a été fort discutée, et la polémique s'est rallumée en 1862 à l'occasion d'un jubilé centenaire que l'église toulousaine célébra en commémoration de la victoire des catholiques en 1562. *Adhuc sub judice lis est.* Voyez la chronique de Bosquet et les autres pièces publiées dans un recueil spécial imprimé à Toulouse en 1862 ; La Popelinière, t. I, liv. VIII ; l'*Histoire ecclésiastique* de de Bèze, liv. X ; un récit publié dans les *Mémoires de Condé*, t. III, p. 423 ; les *Mémoires de Gaches*, p. 17 ; les *Annales de Toulouse* par Lafaille et par du Rozoy ; les *Commentaires de Monluc*, t. II, p. 398 et suiv. ; la lettre de Mon-

coste, ils firent tous la cène, et puis ayant veu et leu publiquement leurs articles signez et jurez tant par les chefs et capitaines que par le Parlement, sortirent. L'aisné Savignac[1] le premier, et quelques autres, à son exemple, commencèrent la tuerie en criant « Vive la « Croix; » quelques-uns percèrent par les rues et par les fauxbourgs Sainct-Georges. Mais les compagnies de gens d'armes et les communes qui les guettoyent les mirent en pièces en la campagne; les escholiers en sauvèrent quelque partie, recerchée avec telle ardeur que quelques-uns des catholiques en furent pendus. Le meurtre de ceste sédition a esté estimé en tout à 3,700 hommes[2] d'une part et d'autre.

Montluc, arrivé après la besongne faicte[3], pour avoir part à l'histoire, fit brusler le temple des réformez, avec telle ardeur que trois des brusleurs y furent consumez. Et pource que la tuerie et la pillerie duroyent sans fin, les plus advisez, pour descharner[4] leurs gens, après avoir signé une ligue qui leur estoit envoyée par les cardinaux d'Armagnac et de

---

luc du 22 mai 1562 (*Commentaires*, t. IV, p. 132) et surtout l'*Hist. du Languedoc*, liv. XXVIII, et la dissertation IV aux *Preuves* du tome V.

1. Le s. de Savignac, gentilhomme comingeois. La Popelinière le signale pour son ardeur à la poursuite des réformés (t. I, f. 314 v°). Savignac, à la fin de 1568, commandait dix enseignes de gens de pied entretenus par la ville de Toulouse.

2. La Popelinière et, d'après lui, de Thou évaluent à 3,000 le nombre des morts. Perussiis, historien catholique, l'élève à 7 ou 8,000 (*Arch. cur. pour servir à l'hist. de France*, t. IV, p. 436).

3. Monluc entra à Toulouse le lendemain de la fuite des réformés, le 18 mai (Lafaille, t. II, p. 240). Voyez aussi les *Commentaires*, t. II, p. 402.

4. *Descharner*, terme de fauconnerie; ôter la proie.

Strossy[1], trouvèrent invention de faire marcher leurs gens à Limoux, où les affaires se passèrent comme nous dirons.

Limoux, ville de Languedoc, divisée par la Garonne, l'estoit aussi par les deux factions : depuis deux mois ils s'estoyent battus deux fois. Les réformez avoyent chassé de la grande et petite ville les catholiques, quoique secourus de Carcassonne[2]. Depuis ils y retournèrent avec dix compagnies et de 7 à 8 cents bandoliers, partie Espagnols, commandez par Peyrot Loupian[3]. Ceux-là investirent, donnèrent une attaque, où ils furent bien repoussez, et ne peurent empescher 50 soldats de Foix chargez de pouldre d'entrer dedans.

Après le faict de Thoulouse, le mareschal de Foix[4], par authorité de la cour de Parlement, vint assiéger à bon escient et battre de seize pièces de canon[5]. Il y eut assaut et escalade partout et tout repoussé. Mais un habitant de la ville, pour faire sa paix en trahissant ses compagnons, par un trou en sa maison, donna entrée aux assiégeans, lesquels, après avoir agrandi le trou, donné par la brèche, la frappe et l'escalade, se firent maîtres de la ville avec perte des capitaines Pince[6] et

---

1. Georges, cardinal d'Armagnac, archevêque de Toulouse. — Laurent Strozzi, évêque d'Albi.

2. Les catholiques avaient été secourus par le capitaine Pomas, gouverneur de Carcassonne (De Thou, liv. 32).

3. Peyrot Loupian, capitaine espagnol, entra à Limoux le 11 mai. Il fut tué au combat de Saint-Gilles le 27 septembre 1562.

4. Jean de Lévis, seigneur de Mirepoix, sénéchal de Carcassonne et de Béziers, portait le titre de maréchal *de la foi*, et non de *Foix*, obtenu par ses ancêtres dans la guerre des Albigeois.

5. Cette phrase n'est pas achevée ; il faut ajouter *la ville de Limoux*.

6. Le capitaine de Pins, maître de camp de l'armée catholique.

Navailles¹ et de 200 soldats. Tout y fut passé au fil de l'espée : femmes et filles forcées, une entr'autres, de laquelle la mère ayant rachepté par rançon la pudicité, le soldat viola la fille et la foi, tua la mère et la fille l'une sur l'autre. Le mareschal de Foix fit pendre 60 soldats choisis, et eut quatre cent mille livres de butin pour sa part².

Les gouverneurs et lieutenants de Bordeaux et de Rennes eurent fort peu de peine à contenir ces deux Parlements en l'obéissance du roi. Avec aussi peu de peine le peuple de Rouen³ print sa ville.

Le duc de Bouillon⁴, gouverneur de Normandie, envoya vers eux pour leur faire poser les armes; eut pour toute response le reproche des massacres⁵. Étant deslogé du vieux chasteau, print advis de se retirer, après lui le Parlement⁶, pour se ranger auprès du sieur de Villebon⁷ au Pont-de-l'Arche. Ceux de la ville se

1. Le cap. Navailles, de la maison d'Andouins.
2. La ville de Limoux fut prise par Jean de Lévis Mirepoix le 6 juin 1562. Le *Cabinet historique* (1868, p. 61) contient un récit de ce fait d'armes avec plusieurs pièces inédites.
3. Le 15 avril 1562. Le journal de 1562 publié dans la *Revue rétrospective*, t. V, p. 97, donne des détails sur la prise de Rouen. Voyez surtout le *Recueil de pièces* publié en 1841 par M. Potier. La *Normandie chrétienne,* par Favyn, a reproduit l'Inventaire des reliques et du trésor de Saint-Ouen pillés par les réformés, p. 604.
4. Henri-Robert de la Marck, duc de Bouillon, seigneur du tiers parti, réputé favorable à la réforme.
5. La réponse des gens de Rouen au duc de Bouillon, datée du 20 avril 1562, est imprimée dans les *Mém. de Condé,* t. III, p. 302.
6. Le parlement se retira à Louviers le 14 mai 1562 et y fut reconnu officiellement par une déclaration du roi en date du 22 juillet, imprimée dans les *Mémoires de Condé,* t. III, p. 557.
7. Jean d'Estouteville, seigneur de Villebon, ancien prévôt de Paris.

saississent de Caudebec[1], démantellent Darnetal[2], sans espargner les images partout, ameinent aussi deux gallères nouvellement revenues d'Escosse. Le duc d'Aumalle demeura peu à se joindre au duc de Bouillon[3]. Mais ne voyant pas y pouvoir faire ses affaires, en partit le 12 de juin pour aller à Diepe, prinse[4] auparavant par le peuple de même façon que Rouen; Richarville[5], qui en estoit gouverneur, se retira au chasteau d'Arques.

Chapitre V.

Diverses entrevues et parlements, avec la disposition des deux armées.

Venons au cœur de la France et des affaires d'icelle. De tous costez se rendoyent aux uns et aux autres forces nouvelles. Les deux partis traffiquoyent en Allemagne[6] et en Suisse[7], practiquans et la bonne opinion de ces peuples, et quant et quant les levées de leurs secours. La roine travailloit sans cesse pour se conci-

1. Caudebec fut pris peu après le 15 mai 1562.
2. Darnetal fut pris et pillé à la fin de mai 1562.
3. La commission du roi au duc d'Aumale est datée du 5 mai 1562 (*Mémoires de Condé*, t. III, p. 436).
4. Dieppe fut pris sans combat le 22 mars.
5. Riccarville était un capitaine que le duc de Bouillon avait proposé aux Dieppois et qu'ils refusèrent.
6. Le 8 avril, le roi de Navarre, au nom du roi de France, signa, avec le comte de Roggendorf, une première convention pour la levée en Allemagne de 1,200 pistoliers à cheval et de quatre cornettes à pied, de 300 hommes chacune (Arch. des Basses-Pyrénées, E. 585).
7. Le 8 avril, la reine mère demanda un secours aux Suisses (*Lettres de Catherine de Médicis*, t. I, p. 289), et le roi de Navarre écrivit dans le même sens (f. fr., vol. 17981, f. 70).

lier le gré des uns et des autres par traicté de paix, inclinant pourtant à ses affaires. Elle impétra une notable entreveue auprès de Touri[1], où, pour oster aux princes le soupçon de quelque tromperie, il fut dict que de chacun costé on ne pourroit amener que cent gentilshommes[2], la lance sur la cuisse, et que trente chevaux-légers de part et d'autre, six heures devant l'abouchement, courroyent la campagne, en cet endroit, raze comme la mer; et mesmes en ce temps-là, où il n'y avoit point la sixième partie des arbres qui se sont maintenant édifiez auprès des villages et maisons de gentilshommes. Là, cependant que la roine et le roi de Navarre enfiloyent un long pourparler avec le prince et l'admiral, les deux troupes commandées, l'une par le mareschal d'Anville, l'autre par le comte de la Rochefoucaut, faisoyent halte à huict cents pas l'une de l'autre. Les parents et amis d'une part et d'autre s'exhortoyent, les uns de penser à leurs vies et biens, les autres à leur conscience; et puis les casaques cramoisies et blanches se séparèrent, la pluspart, les larmes aux yeux[3].

1. L'entrevue eut lieu le 9 juin à Château-Gaillard, entre Artenay et Toury, à huit lieues d'Orléans. Voyez l'*Histoire ecclésiastique*, t. II, p. 55; La Popelinière, t. I, f. 323; les *Mémoires* de La Noue, liv. I, chap. III; et un récit officiel présenté au parlement et publié, d'après les registres de la cour, dans les *Mémoires de Condé*, t. III, p. 489. Chantonay, dans une lettre à Philippe II, du 13 juin (Arch. nat., K. 1498, n° 3), donne des détails nouveaux que nous avons utilisés dans le chap. XIX du tome IV de *Antoine de Bourbon et Jeanne d'Albret*.

2. Tels sont les termes du passeport donné par le roi de Navarre au prince de Condé le 8 juin (Copie; f. fr., vol. 6618, f. 103).

3. Cette scène a été racontée avec éloquence par François de la Noue (*Mémoires*, liv. I, chap. III), que d'Aubigné copie ici.

Ce parlement estant inutile par la grand force des catholiques, par la résolution des réformez, avec un bon mot pour dire adieu : c'est que la roine ayant dit au prince : « Vos gens sont meusniers[1], mon cousin ; » elle eut ceste response : « C'est pour toucher vos asnes, « Madame. »

Il se tint à Orléans un conseil célèbre au retour[2], où fut agité si on devoit aller cercher la bataille, ou temporiser. Du premier advis fut l'admiral, raisonnant ainsi : « Les délais utiles aux armées royales et bien payées ne le sont pas aux troupes volontaires, comme les nostres, qui sentent la guerre civile et la sédition ; l'estat est, pour le moins par apparence, entre les mains des ennemis, à eux appartient la conservation des choses en leur estre, à nous la mutation. C'est à celui qui conserve, à prolonger toutes choses, comme favorisé du cours de nature ; c'est à celui qui veut destruire ou changer, à tout précipiter, pour opposer les accidents inopinez à l'erreur envieillie de l'ancienne possession. Les intelligences aisées avec les estrangers, la quantité d'hommes, la commodité d'armes, chevaux, grandes villes et forteresses, toutes ces choses sont propres à faire consister nos ennemis. Les nostres ont fait un effort pour se mettre en équipage de guerre ; c'est un extraordinaire, pour un coup qu'ils ne sçauroyent maintenir ; ils bandent sur le traict pour le désir du combat. Prenons ce temps, durant que les offenses des ennemis sont fresches et jouissons bien

---

1. Allusion à la casaque blanche des réformés.
2. Cette délibération des chefs du parti huguenot est racontée par La Popelinière, qui met dans la bouche de Coligny et de Genlis deux discours à la façon de Tite-Live (t. I, f. 317 v° et suiv.).

tost, ou d'une vie victorieuse, ou du soulas de la mort. »

Genlis fut le premier qui s'opposa à cest advis en ces termes : « Je n'ai pour toutes raisons contre tout cela que nostre foiblesse, confessant que ceux qui périront en une bataille auront acquis le repos désiré ; mais, où demeurent nos femmes et nos enfants ? Nous les laissons pour servir de quintaines à la barbarie de nos ennemis, quelques-uns aux aumosnes de leurs parents, ou, pour la pire condition, ils demeurent engagez à renoncer leur Dieu ; que si, pour fournir à une bataille, vous tirez les forces de toutes nos villes, les voilà par l'absence des garnisons toutes révoltées ; attendons nos estrangers qui, sans telle incommodité, nous donneront de quoi prester le collet. »

Ceste opinion, embrassée de tous, laissa les réformez sur la défensive, qui leur fut un grand affoiblissement, tant pour le manquement des moyens à ceux qui vivoyent du leur, que pource que les ravages des uns et des autres attiroyent chacun à la deffense du sien.

Les deux partis ayans hasté leurs levées d'estrangers, celle des Suisses conduicte par le colonel Freulick[1], bien qu'avec plusieurs difficultez, fut la première preste[2]. Cependant le roi de Navarre, déclaré

1. Le capitaine Frœlich commandait les mercenaires suisses enrôlés pour le roi. Le récit de son expédition a été raconté par un de ses capitaines, Antoine Haffner de Soleure, et publié par Zurlauben (*Hist. militaire des Suisses,* t. IV, p. 287).

2. Les compagnies de Frœlich, entrées en France au commencement de juillet, furent ralliées le 28 par le duc de Guise et arrivèrent au camp de Blois le 7 août (Zurlauben, t. IV, p. 287 et suiv.).

général de l'armée, s'achemine vers Chasteaudun[1]. Le prince, qui avoit reçeu de nouveau 4,000 Gascons, commandez par Grammont, et 1,200 hommes de Languedoc, soubs divers capitaines, entr'autres Peyrau et Condorcet[2], prit nouvelle résolution de marcher, et ne fut pas à deux lieues d'Orléans, sans avoir nouveaux ambassades pour la paix[3]. Telles négociations affoiblissoyent les cœurs des réformez, mesmes la facilité de leurs chefs leur desplaisoit, pource que le prince concéda à la roine Baugency[4] pour la commodité du traicté, avec promesse qu'il lui seroit restitué si on ne pouvoit convenir, promesse qui fut faussée quand il fut question de rendre[5].

1. L'armée royale se mit en mouvement le 1er juin sous les ordres du roi de Navarre (Journal de Bruslard dans les *Mémoires de Condé*, t. I, p. 87; — Lettres de Sainte-Croix dans les *Archives curieuses*, t. VI, p. 100; — Journal de 1562 dans la *Revue rétrospective*, t. V, p. 111).

2. François de Fay, baron de Peraut, originaire du Vivarais (*Histoire ecclésiastique*, 1881, t. II, p. 339). — Henri de Caritat, seigneur de Condorcet, gouverneur d'Orange lors du massacre des protestants (*Ibid.*, p. 385 et 410).

3. Le 19 juin, le prince de Condé se mit en campagne avec trente enseignes de gens de pied et 2,000 cavaliers (De Bèze, *Histoire ecclésiastique*, 1881, t. I, p. 536). Il n'avait d'autre but que de faire étalage de ses forces.

4. Le prince de Condé avait proposé à son frère de neutraliser la ville de Beaugency (Lettre de Condé, du 16 juin, au roi de Navarre. Orig.; arch. des Basses-Pyrénées, E. 585). Le 21 juin, les deux princes eurent une entrevue dans cette ville (Lettre du roi de Navarre au card. de Lorraine de cette date. Orig.; f. fr., vol. 3219, f. 125).

5. Une relation anonyme de l'entrevue de Beaugency par un témoin oculaire, datée du 26 juin, confirme le récit de d'Aubigné (Copie du temps; f. fr., vol. 20153, f. 39).

La civilité de ce prince fut aussi trouvée très mauvaise, quand, par le conseil de l'évesque de Valence[1], il offrit que, s'il ne tenoit qu'à quitter le royaume pour empescher la ruine, il en estoit prest avec ses amis. La roine empoigna la parolle au bond, s'obligeant d'envoyer le lendemain par devers lui, pour sçavoir les conditions qu'il demandoit[2], mais il n'y eut chef ni homme de guerre qui soubsignat à ceste promesse quand il la mit sur le bureau en son conseil[3]. Les uns dirent que la France les avoit engendrez et qu'elle les enterreroit. L'admiral mit aux yeux du prince ses premières et plus hautes obligations, soit à Dieu, soit à ses partisans. D'Andelot, ennemi des parlements, demanda qu'on menast les compagnons à demi lieue de ceux qui les vouloyent faire sortir hors de France, et qu'en demie heure de conférence, on verroit à qui demeureroit le logis. Briquemaut allégua « qui quitte « la partie la perd[4]. » Un autre remonstra au prince que sa promesse estoit conditionnelle, premièrement au cas que cela empeschast la ruine du royaume, sans les autres conditions qu'on lui voudroit proposer. Le prince ne fut pas marri d'estre ainsi dédit par ses compagnons, afin que son ambition ne portast pas

---

1. Jean de Monluc, évêque de Valence, était à Orléans depuis le 12 avril et y négociait auprès du prince de Condé par l'ordre de la reine mère (Journal de 1562 dans la *Revue rétrospective*, t. V, p. 96).

2. Cette conférence entre la reine et le prince de Condé eut lieu le 28 et le 29 juin, à l'abbaye de Saint-Simon, près de Talcy.

3. Le récit de ce conseil de guerre est tiré des *Mémoires* de La Noue, chap. IV.

4. La Noue attribue ce mot au s. de Boucard.

l'envie des succès[1]. Robertet[2], envoyé le lendemain, trouva qu'il faloit autre chose que du papier pour mettre les réformez dehors.

Ce pourparler[3] rompu, le prince, sachant que le duc de Guise, le connestable et le mareschal St André s'estoyent eslongnez de l'armée[4] pour rendre la négociation plus favorable, vint loger à la Ferté[5], et sur les huict heures du soir, pour donner une strette à ses ennemis logez au large, fit marcher l'admiral avec 800 lances suivies de 1,200 arquebusiers, menez par Grammont. Ceste trouppe estoit talonnée de deux bataillons de picques et de huict cents arquebusiers au milieu, commandés par Frontenai[6]. Le prince avec mille bons chevaux en 4 troupes et tout le reste de

[1]. La question de savoir si le prince de Condé s'était réellement engagé à quitter la France est très discutée par les contemporains. Les annalistes catholiques opinent pour l'affirmative et les réformés pour la négative. Nous avons réuni dans *Antoine de Bourbon et Jeanne d'Albret* (t. IV, p. 264 et suiv.) de nombreuses indications sur cette controverse.

[2]. Florimond Robertet, seigneur de Fresne, avait succédé à son beau-frère Cosme Clausse, seigneur de Marchaumont, en 1557, comme secrétaire d'État. Il mourut en 1567.

[3]. La rupture des pourparlers est constatée par une lettre du roi de Navarre, du 30 juin, adressée à Tavannes (Orig.; f. fr., vol. 4632, f. 146).

[4]. Les triumvirs s'étaient éloignés de l'armée le 27 juin. Avant leur départ, la reine leur délivra une déclaration qui constatait que leur départ était conforme aux ordres du roi. Cette pièce est imprimée dans les *Mémoires de Condé*, t. III, p. 512.

[5]. Le 1er juillet 1562. Ce récit est tiré des *Mémoires* de La Noue, chap. v.

[6]. Jean de Rohan, seigneur de Frontenay, fils aîné de René de Rohan et d'Isabelle d'Albret, tante de la reine de Navarre, mort sans postérité. Il était le frère aîné de René de Rohan, chef des calvinistes, mort à la Rochelle en 1586.

l'arquebuserie suivoit pour fondre au point du jour sur l'artillerie des catholiques. Mais les guides les ayans esgarez, l'armée catholique eut loisir de se rallier et mettre en ordre; si bien que les deux armées s'envisagèrent jusques à deux heures après midi, que les réformez marchèrent à Lorges[1].

Lors se fit le parlement de Talsi[2], par lequel l'Édict de janvier devoit estre observé, n'eust esté que le triumvirat, estant de retour au camp, haussa le chevet à leurs demandes d'un costé, et de l'autre. Les discours des réformez fortifièrent le prince à rompre le parlement; au contraire, à présenter la bataille le lendemain. J'ai appris du sieur de Talsi que le roi de Navarre et la roine mère, estans à la fenestre dans une chambre assez basse, escoutoyent deux goujats qui, en faisant rostir une oye dans une broche de bois, chantoyent des vilenies contre la roine. L'un disoit que le cardinal l'avoit engrossée d'un petit gorret, l'autre disoit d'un petit mulet; et puis ils maugréoyent de la chienne, tant elle leur faisoit de maux. Le roi de Navarre prenoit congé de la roine pour les aller faire pendre, mais elle, après avoir dict par la fenestre : « Hé, que vous a-t-elle faict? Elle est cause que vous « rôtissez l'oye, » se tourne vers le roi de Navarre en riant et lui dit : « Mon cousin, il ne faut pas que nos « colères descendent là, ce n'est pas nostre gibier. » Soit dit sur ce qu'elle n'avoit rien de bas.

---

1. D'Aubigné brouille ici la chronologie des événements. L'entrée en campagne du prince de Condé n'eut lieu qu'après la conférence de Talcy, qu'il raconte dans l'alinéa suivant.

2. Le *parlement de Talcy* n'est autre que la conférence de Saint-Simon que d'Aubigné a racontée dans l'avant-dernier paragraphe.

Chapitre VI.

Troubles, deffaictes et massacres en divers lieux ; prise et reprise de Poictiers et autres affaires de Xainctonge et de la Rochelle.

La bataille présentée fut refusée par les catholiques[1], tant pource qu'ils attendoyent leurs forces estrangères, comme aussi pource qu'ils avoyent fourni de leur armée au duc de Montpensier, employé en Anjou, comme nous avons dict. Nous tardons à faire une course par ces pays-là, pour revenir trouver le prince, qui, ayant passé sa colère sur Baugensi[2], pris par escalade et par sappe en plein jour et pillé, avoit despesché en plusieurs parts du royaume et dehors : asçavoir Duras[3] en Guienne, de qui nous avons parlé ; le comte de la Rochefoucaut en Xaintonge et Poictou, Soubize[5] à Lyon, Yvoy[4] à Bourges, Briquemaut en Angleterre, le prince Porcian[5] pour accompagner jusques en Champagne d'Andelot, qui de là passe en Allemagne, pour amener le secours de ce costé. Doncques, cependant

---

1. Le 2 juillet 1562 (Compte-rendu du roi de Navarre à la reine du 11 juillet. Minute ; f. fr., vol. 15876, f. 237).
2. Le 3 juillet. La Noue constate que toute la discipline de l'armée huguenote s'évanouit au sac de Beaugency (*Mémoires*, chap. VI).
3. Jean Larchevêque de Parthenay, baron de Soubize (voyez plus loin).
4. Jean de Hangest, s. d'Yvoi.
5. Antoine de Croy, premier duc de Portien. Le comte Delaborde a écrit sa vie dans le *Bulletin de la Soc. de l'hist. du prot. français*, t. XVIII, p. 2.

que les deux principaux chefs travaillent à Orléans aux affaires du parti et fortifications de la ville, nous avons à dire que, presque par toutes les parties de France, les curez ayant eu charge d'exhorter à prendre les armes, tout ce qui en estoit capable s'enrolla par les villes, bourgades et villages. L'Anjou ayant commencé comme nous avons dit, le Vandosmois fit ses légionnaires, ausquels commanda pour un temps Ronsard[1], gentilhomme de courage et à qui les vers n'avoyent pas osté l'usage de l'espée. Lors y eut deux deffaictes à St Carlais, une sur chasque parti, avec plusieurs inhumanitez, à l'imitation de celles d'Anjou[2].

L'amas de Touraine donna à Ligueil, où ils estranglèrent plusieurs hommes, crevèrent les yeux au ministre, pour le brusler après à petit feu. Cormeri, Loches, l'Isle-Bouchard et Azai furent pillez et, faute de huguenots ou de huguenottes, plusieurs paysans tuez et leurs femmes forcées[3].

Comme la plus part des villes s'estoyent prises elles-mesmes par exemple, ainsi l'estonnement d'Angers fut imité par Tours[4], Chastelleraut, Saumur, Lou-

---

1. Pierre de Ronsard, célèbre poète du XVIe siècle, né le 11 septembre 1524, mort le 27 décembre 1585. Il est douteux qu'il ait porté les armes, mais il a pu être confondu avec un de ses frères, curé d'Evaillé dans le Maine (Notice sur Ronsard par M. Blanchemain, *OEuvres de Ronsard*, t. VIII, p. 34).

2. A Saint-Calais, près du Mans, les catholiques remplirent un puits des cadavres de leurs ennemis. Peu de jours après, les huguenots, revenus en force, commirent les mêmes excès (Journal de l'année 1562 dans la *Revue rétrospective*, t. V, p. 169).

3. Ligueil (Indre-et-Loire) ; Cormery (id.) ; Loches (id.) ; Azay-sur-Cher (id.). Voir de Bèze, t. II, p. 130.

4. Le connétable s'empara de Tours le 11 juillet, Villars de

dun et Chinon[1], que Roche-du-Maine avoit rendu au comte de la Rochefoucaut, à la veue d'une seule compagnie de gens d'armes, ce que je dis pour monstrer combien les plus braves sont journaliers. Les garnisons de tous ces lieux, et le peuple qui les voulut suivre, firent estat de gaigner Poictiers, mais en deux bandes; car l'une fut deffaicte à quatre lieues de Poictiers par les compagnies de Villars, Montpezat et Richelieu[2], accompagnez des communes, et là moururent 400 tant gens de guerre qu'autres; les autres, favorisez de 3,000 chevaux que Saincte-Gemme[3] amena de Poictiers, y entrèrent[4].

Ceste grande ville, qui s'estoit donnée au parti réformé de mesme façon que les autres[5], se perdit aussi fort facilement; car le mareschal St André, ayant

Châtellerault. Les autres villes furent prises par le duc de Montpensier vers la même époque.

1. Chinon s'était rendu aux réformés au mois de mai. On conserve dans le f. fr., vol. 3189, f. 56, une ordonnance, datée du 29 mai, de saisie des reliques et croix de la ville, signée par le s. de Coullaines, lieutenant du prince de Condé.

2. Antoine du Plessis de Richelieu, ancien moine, capitaine de gens de pied. — De Bèze nomme le comte de Villars, le s. de Montpezat, son gendre, et le s. de la Roche-Posay (t. II, p. 131), au lieu du capitaine Richelieu. Nous croyons que de Bèze a raison contre d'Aubigné, parce que, vers cette date (13 juillet 1562), Richelieu était à Tours. Voyez t. I, p. 275, note 2.

3. Lancelot du Bouchet, s. de Sainte-Gemme, envoyé d'Orléans par le prince de Condé comme gouverneur de Poitiers (Lettres du 20 et du 28 mai; *Archives historiques du Poitou*, t. II, p. 334).

4. Une lettre du comte de Villars au roi de Navarre, datée du 14 juillet 1562, rend compte de ce fait (Orig.; f. fr., vol. 15876, f. 251).

5. Étienne Chevalier, seigneur des Prunes, s'était emparé du château de Poitiers le 21 avril 1562.

joinct toutes les forces que nous avons dictes à celles qu'il avoit amenées, et s'estans logé au fauxbourg St Ladre et ayant tiré quelques misérables volées de canon à la porte de ce costé, Saincte Gemme s'advisa que le chasteau n'estoit pas pour lui, y ayant laissé le recepveur Pineau pour conserver l'argent des tailles[1]. Ce recepveur, ayant fait un temps l'huguenot, déclara sa révolte à mousquetades, si bien que la ville fut[2] quittée par la garnison presqu'aussi forte que les assiégeans; et alla joindre les forces du comte de la Rochefoucaut. Les habitans voulurent gaigner Chauvigni[3], mais ils le trouvèrent saisi par la Roche-Pouzai[4], tout cela vers la fin d'aoust. D'une mesme suitte nous despescherons la Rochelle, où Jarnac[5] avoit mis en mespris les affaires du prince et des réformez, tellement qu'ils chassoyent les fugitifs de leur religion et mesmes leurs ministres, entre ceux-là Fayet[6], pource qu'il les exhortoit à union au parti. Ainsi la Rochelle[7] et Poictiers enseignèrent force huguenots à quitter les cazaques blanches.

1. François Pineau, receveur général de la province.
2. Le 1er août 1562. Voir le récit de Belleforest, *les Grandes annales*, 1579, f. 1632.
3. Chauvigny, à cinq lieues de Poitiers, était le château de l'évêque. Le maréchal Saint-André le prit quelques jours après son entrée à Poitiers.
4. Le s. de la Roche-Posay fut tué peu après au siège de Bourges (*Hist. de la maison de Chasteigner*, p. 285).
5. Guy Chabot, s. de Jarnac, gouverneur de la Rochelle.
6. Ambroise Faget, ministre de la Rochelle depuis 1560. Arcère le nomme souvent (*Hist. de la Rochelle*, t. I, p. 335 et suiv.).
7. Le 9 août, les habitants de la Rochelle adressèrent une lettre de soumission au roi (Orig.; f. fr., vol. 15876, f. 377). Voyez aussi la lettre d'envoi du maréchal de Saint-André (Ibid., f. 392).

Belle-Ville[1] et Saincte-Foi[2] furent les premiers qui apprirent à leurs compagnons à s'excuser sur l'injustice du parti. Tout estoit plein de ceux qui de peur faisoient conscience. Le comte de la Rochefoucaut, pour y apporter quelque remède, fit tenir un synode à Xainctes[3] et disputer la justice de leurs armes. Ce résultat en confirma quelques uns, avec lesquels le comte essaya à se rendre maistre de la Rochelle; mais, y ayant eu visage de bois, il s'avança à Ponts, la battit de deux pièces et l'emporta d'assaut[4]. Il en voulut faire autant à Saint-Jean, que Richelieu avoit pris par une foi violée[5], mais, comme il estoit après, à empescher le bruslement des fauxbourgs, il reçeut nouvelles que Duras, qu'il attendoit, se hastant pour le joindre, avoit esté chargé auprès de Vers par Montluc[6], comme nous dirons après; et puis, avec ce qu'il put rallier, marcha vers Angoulesme[7], de là au rendé-vous que lui donna le comte à l'Isle-Jourdain[8], pour tirer vers Orléans.

Ce départ fut suivi de presque tous les réformez

1. François de Belleville, gentilhomme du Poitou, agent de Condé, réputé traître à son parti (De Bèze, t. II, p. 259).
2. Charles de Chabot, seigneur de Sainte-Foy, mis à mort comme traître, à Saint-Jean-d'Angély. Voir de Bèze, t. I, p. 421.
3. En septembre 1562. Voir de Thou, liv. 30.
4. Fin septembre 1562.
5. Saint-Jean-d'Angély avait été pris le 23 septembre par le capitaine Châteauroux au nom du roi. Antoine de Richelieu ne devint gouverneur de la ville qu'après le départ de Châteauroux.
6. Le 9 octobre 1562. Voyez plus loin.
7. Angoulême, sur une sommation du maréchal Saint-André, avait fait sa soumission au roi au commencement d'août (Lettre du maréchal Saint-André à la reine du 7 août. Autogr.; f. fr., vol. 15876, f. 361).
8. L'Isle-Jourdain (Vienne).

des environs capables de porter armes et notamment de ceux de Xainctes, que Nogeret[1], trouvant destituée de soldats, mit en sa puissance, y traictant rudement ceux qui estoyent demeurez, en exécution d'un arrest de Bourdeaux, par lequel les vies des réformez estoient abandonnées sans appel à quelque juge royal que ce fust[2]. Les Rochelois, continuans leur civilitez, receurent le duc de Montpensier[3], qui les traicta selon les ordonnances du roi et sa douceur, les remplissans de garnisons et d'insolences et leur ostant la religion, la liberté et le bien. Lors, quelques habitans se repentans, mais trop tard, de s'estre désunis, firent une entreprise avec le capitaine Chesnet, qui entra dedans le havre[4] avec gens de guerre cachez soubs le tillac, se saisit des tours, prit les principaux catholiques de la ville prisonniers[5], mais par honnesteté ne demanda que la foi de leurs parents. Le maire Pineau[6] eut loisir de faire sa troupe, qui crioit, « Vive l'évangile, » aussi bien que les autres. Et, comme la ville par là fut pleine de confusion et combustion, il fit entrer Burie[7]

1. Jean de Nogaret, plus tard seigneur de la Valette et lieutenant général en Guyenne (t. I, p. 341).
2. L'arrêt du parlement de Bordeaux est daté du 28 juillet 1562. Il n'est pas dirigé contre les réformés en général, mais contre 104 accusés de rébellion qui y sont dénommés. Cet arrêt est conservé en copie dans la coll. Brienne, vol. 206, f. 1.
3. Le 26 octobre (Arcère, *Hist. de la Rochelle*, t. I, p. 339).
4. *Le havre,* c'est-à-dire le port de la Rochelle.
5. Le 8 février 1563. Chenet était un aventurier chassé de l'île d'Oléron. Son entreprise ne réussit pas. Voir Arcère, *Hist. de la Rochelle,* t. I, p. 340.
6. Guillaume Pineau, maire intronisé par le duc de Montpensier en place de son frère Jean Pineau.
7. Charles de Coucy, seigneur de Burie, fit ses premières

avec ses forces, qui rendirent misérables les uns et les autres. Il mit les conquérans prisonniers, non sur la foi de leurs parents, et en fit pendre la plus part.

Chapitre VII.

Divers exploicts de guerre en Lyonnois, Dauphiné, Provence et Languedoc, avec les premiers exploicts du baron des Adrets.

Pour suivre tous les envoyez d'Orléans, nous voilà avec Soubize à Lyon. Il trouva le païs en cest estat : Tavanes[1], gouverneur de Bourgongne, se contenta de chasser les réformez des principales villes, bien qu'ils eussent quelque entreprise sur Dijon[2]; si bien qu'il n'y eut massacres en Bourgongne que de quelque 40 personnes à Yssutilles[3], dont encores il y eut quelque justice. Les fugitifs, se rengeans à Challons sur Saune avec les réformez de la ville, la prirent[4]. Mont-

armes en Italie sous les ordres de Lautrec. Capitaine d'ordonnance dès le 6 février 1551 (f. fr., vol. 3127, f. 1), il fut nommé, en 1559, lieutenant du roi de Navarre en Guyenne. Sa modération vis-à-vis des réformés le posa bientôt en rival de Monluc, qui l'accuse sans cesse dans ses *Commentaires* de partialité contre les catholiques (t. II, p. 365, 368, etc.). De Lurbe a écrit sa vie (*De illustribus Aquitaniae viris*, 1591, in-8°, p. 97). Brantôme attribue sa modération au désir de ne pas verser le sang (t. III, p. 396).

1. Gaspard de Saulx-Tavannes. Par une bulle, datée du 4 août, Pie IV le félicita d'avoir conservé la religion catholique en Bourgogne (*Annal. Rainaldi,* t. XXI, n° 169, anno 1562).

2. Voyez les *Mémoires* de Tavannes (coll. Petitot, t. XXIV, p. 335).

3. A Is-sur-Tille, au commencement de mai 1562.

4. Chalon-sur-Saône fut pris par les réformés en mai 1562 (De Thou, liv. 31).

brun, qui y fut envoyé, la garda quelque temps, la défendit contre quelque commencement de siège et depuis fut en son absence quittée d'effroi[1]. Mascon fut longtemps gardée et, à peu de jours de là, prise par l'invention d'un Canteperdrix[2], qui fit crever à propos quelques charrettes chargées de bled, dans lesquelles il y avoit 20 hommes armez, qui se saisirent du corps de garde, six vingts hommes cachez dans les masures, qui furent bien tost à eux ; là y eut quelque combat et grande tuerie, principalement par des prisonniers qui, peu de jours devant, y avoyent esté rançonnez[3].

Poncenat[4], qui lors estoit avec quelques Suisses envoyez de Berne, sans s'amuser aux reproches de ceux qui s'estoyent sauvez, marche pour recouvrer la place avec les Suisses et quelques pièces ; mais il se leva une telle tempeste à une lieuë de la ville, que les Suisses, refusans de marcher, quelques uns allèrent essayer l'escalade froidement et inutilement. Le pis fut que tout quitta les pièces, que ceux de Mascon sortis empoignèrent. Et comme ceste troupe harassée eut à peine gaigné Belleville, y arriva aussi tost qu'eux Mau-

1. Au mois de juin, Tavannes reprit Chalon-sur-Saône. Voyez ses *Mémoires* (coll. Petitot, t. XXIV, p. 339).
2. De Thou attribue la ruse dont suit le récit à un procureur, nommé François du Perron.
3. Mâcon fut repris par Tavannes le 18 août. Voyez les *Mémoires* de Tavannes (coll. Petitot, t. XXIV, p. 343). Chantonay, dans une lettre du 27 août, donne quelques détails (*Mémoires de Condé*, t. II, p. 65).
4. François de Boucé, seigneur de Poncenat-Changy, baron de Lespinasse, dit le capitaine Poncenat, le plus célèbre chef de la réforme en Forez, tué en 1568. M. Octave de Viry a publié dans le *Roannais illustré*, juillet 1884, une notice historique avec documents inédits sur ce capitaine.

giron, si bien que sans Poncenat, qui se trouva seul à la porte, et Pluviaut, qui avec 20 chevaux chargea Maugiron, ces estrangers estoyent desfaicts sans combat.

Saint-Pont[1] fut laissé pour commender à Mascon, inventeur de toutes cruautez, qui bouffonnoit en les exécutant ; et, au sortir des festins qu'il faisoit, donnoit aux dames le plaisir de voir sauter quelque quantité du pont en bas[2].

Nous arrivons à Lyon qui avoit esté pris[3] plus par la langue de Viret[4] que par les espées de ses citoyens, la plus part desquels, estant rangez à la religion réformée, avoyent dès le commencement appelé le baron des Adrets[5], que nous ferons cognoistre par ses actions. Mais auparavant, et pour sçavoir l'estat du pays, il

---

1. Saint-Point, capitaine féroce, fut tué peu après d'un coup d'arquebuse par le capitaine d'Apchon (De Thou, liv. 31).

2.   Je laisse à part un pont rempli de condamnez,
       Un gouverneur ayant ses amis festinez,
       Qui leur donne plaisir de deux cens précipices.
       Nous, voyons de tels sauts représailles, justices.
              (*Les Tragiques*, édit. Réaume et Caussade, t. IV, p. 212.)

3. Lyon était tombé, le 30 avril, entre les mains des protestants. Voyez la lettre de Calvin (*Lettres françaises*, t. II, p. 465) et les récits publiés dans les *Mémoires de Condé*, t. III, p. 339 et 343.

4. Pierre Viret, ministre protestant, né à Orbe en 1511, exerça à Lyon, puis en Béarn, et mourut en 1571. D'Aubigné se trompe en lui attribuant l'honneur de la prise de Lyon ; il n'y arriva qu'un mois après. Voir Haag, *la France protestante*.

5. François de Beaumont, baron des Adrets, né en 1513 à Frette (Isère), fit ses premières armes en Italie en qualité de capitaine de gens de pied (Lettre de Brissac du 8 janvier 1554 ; f. fr., vol. 20642, f. 5). Belleforest raconte qu'il n'avait pris les armes que par jalousie contre La Mothe-Gondrin, nommé lieutenant de roi en Dauphiné (*Les Grandes annales*, 1579, t. II, p. 1630). Il mourut le 2 février 1587.

faut déduire que Gondrin[1], lieutenant du duc de Guise, au commencement de la guerre, estoit lieutenant de roi en Daulphiné. Il estoit haï en Provence pour avoir pris plaisir aux massacres. Il s'estoit avancé le premier de may[2] à Valence pour y faire faire des consuls à sa poste ; à son arrivée, il tomba entre les mains du peuple une lettre du duc de Guise, qui entre autres choses lui ordonnoit de faire pendre le ministre de Valence[3]. Le peuple voit arriver des Adrets à sa ville[4], prend courage à sa veuë, recongne Gondrin dans son logis[5] comme il pensoit gaigner l'une des portes, l'enfonce et aussi tost le lieutenant de roi fut poignardé et pendu à l'enseigne de l'hostellerie[6]. On trouva dans les papiers du secrétaire des commendements de la cour fort sanglans, ce qui hasta ceux de Lyon de se déclarer plus ouvertement, d'eslire pour chef le baron ; ce qui fut confirmé par le prince[7], qui renvoya d'Orléans Poncenat pour commender à la cavalerie.

1. Blaise de Pardaillan, s. de la Mothe-Gondrin (t. I, p. 198).
2. Le 25 avril, d'après de Bèze.
3. Cette lettre est publiée par de Bèze (t. II, p. 402).
4. Dans la nuit du 26 au 27 avril.
5. La maison de Gáspard de Saillans.
6. La Mothe-Gondrin fut frappé d'un coup de poignard à l'aine, au défaut de la cuirasse, par un gentilhomme, Jean de Visc de Montjoux. Son cadavre fut pendu aux fenêtres. Voir de Thou, liv. 31 ; de Bèze, t. II, p. 404, 1881 ; les *Mémoires de Condé*, t. III, p. 444. Ce meurtre fit rompre les négociations de la reine avec le prince de Condé et détermina le *Triumvirat* à lancer, le 4 mai, sa célèbre requête. Voir La Popelinière, t. I, f. 306. Le baron des Adrets écrivit à la reine, pour se disculper du meurtre, une lettre qui est imprimée dans les *Mémoires de Condé*, t. III, p. 348.
7. Une partie de la correspondance du prince de Condé avec le baron des Adrets, à la suite de ces événements, est conservée

Il s'amassa d'Auvergne et de Forest grand nombre de noblesse et de communes, qui furent dissipez par les Lyonnois; Feurs[1], capitale de Forest, prise d'effroi. Voilà le baron des Adrets gouverneur du païs où il n'estoit auparavant que chef des légionnaires. Après avoir establi un conseil de guerre à Lyon, il despesche à Grenoble lettres de menaces[2], par lesquelles il fit chasser de la ville ceux qui avoyent esté trouvez par les despesches prises à Valence conjurateurs des massacres. Le peuple, les voyant chassez, court aux temples et aux images. A l'exemple de Grenoble, toutes les villes du Daulphiné se rangèrent au parti, horsmis Ambrun et Briançon. Le baron amena, de Grenoble à Valence, deux canons et une pièce de campagne.

Orange estoit entré en commerce et l'évesque[3] du lieu avoit le premier négocié en Italie pour faire lever et avancer sept mille hommes soubs la charge de Fabrice Cerbellon[4]. Cestui-ci, joinct au duc de Sommerive, au comte de Suze, de Carce[5] et autres seigneurs et capitaines du païs, qui avoient pris leur rendé-vous

---

dans le vol. 10190 du fonds français (copie du XVIe siècle). Ce manuscrit a appartenu à de Thou.

1. Feurs (Loire) a donné son nom au Forez. La ville fut prise par Poncenat, aidé de Montferrier, au mois d'avril 1562.

2. Le 1er mai (De Thou, liv. 31). Sur les excès commis par le baron des Adrets à la prise de Grenoble, voyez un mémoire de M. Berriat Saint-Prix dans le tome IV des *Mémoires de la Société des Antiquaires de France* (2e série, p. 175).

3. Philippe de la Chambre.

4. Fabrice Serbelloni, parent de Pie IV et lieutenant général du Saint-Siège dans le Comtat.

5. Honoré de Savoie, comte de Sommerive, lieutenant de son père, Claude de Savoie, comte de Tende. — François de la Baume, comte de Suze. — De Pontevez, comte de Carces.

à Cavaillon, se trouvent au point du jour à la veuë des murailles d'Orange[1], avec deux pièces de batterie et quelques moyennes. Les habitants, desnuez de leur gouverneur et des meilleurs de leurs hommes, partis deux jours auparavant pour aller vers Lyon, et empeschez de rentrer quand ils voulurent, commencèrent par un parlement; de là, vindrent à quelques légères deffenses. Grande quantité de pauvre peuple se jette par dessus les murailles pour gaigner Sérignan; les catholiques du lieu tendants les mains à leurs ennemis. La brèche estant faicte, ce qui s'estoit mis en estat de deffense, gaigna le chasteau.

Les historiens catholiques escrivent que ce qui attendit la miséricorde des ennemis fut traicté de façon qu'on en fit mourir quantité de petites picqueures de poignard, afin, disoyent-ils, qu'ils se sentissent mourir; les autres empallez de diverses façons; plusieurs bruslez à petit feu; quelques-uns sciez. Il y eut des vieillards descrepits, qui de longtemps ne quittoyent plus le lict; ceux-là furent traisnez à la place pour croistre le spectacle. Plusieurs villageois augmentèrent le nombre; les femmes pendues aux fenestres et aux portes; les enfans arrachez de leur sein par les pieds et froissez contre les murailles; les filles forcées et les enfans traictez de mesme par les Italiens; quelques-uns mis en sang et brisez jusques à la mort. Les catholiques, qui pensoyent avoir aidé à la prise, qui mesmes venoyent avec armes pour vanter leur assistance, traictez de mesme[2]. Ceux du chasteau, ayant composé à

1. Le 5 juin 1562 (De Thou, liv. 31).
2. Orange fut pris par les catholiques le 5 juin 1562. Voir l'*Histoire ecclésiastique*, t. II, p. 410.

la vie sauve, avec le serment requis, furent tous tuez ou précipitez de la roche. Il ne restoit plus que le feu, qui, ayant bruslé 300 maisons, celle de l'évesque parmi (cause de tout le mal), fut esteincte par une tempeste et gresle fort espesse, ce qui sauva ceux qui estoyent cachez de brusler comme plusieurs autres. La Tour[1], auparavant chassé de dedans, y fut remis, quoique la ville eust esté pour la pluspart démantelée. Parpaille, qui avoit commandement au chasteau[2], fut pris à Bourg pensant gaigner Orange, et puis mené en Avignon, d'où il estoit, après avoir esté pendu en une cage de bois aux opprobres du peuple; enfin fut despesché de peur que la fièvre qu'il avoit ne l'emportast[3].

Le baron des Adrets, piqué de cest acte et des précipices de Mascons, laisse à Grenoble Brion[4] avec 4 enseignes, et, ayant rallié ceux de Sérignan avec quelques pièces, marche à Pierre-Latte, fait un trou en la muraille de la ville, y donne et l'emporte[5], fait tuer tout ce qui estoit en armes, pousse droit au chas-

1. Alexandre de la Tour, gouverneur d'Orange pour Guillaume de Nassau, prince d'Orange.
2. Var. de l'édit. de 1616 : « ... *chasteau,* fut *mené...* »
3. Jean Perrin Parpaille, président d'Orange, fut décapité à Avignon le 8 août, suivant les uns, le 15, suivant les autres (*Histoire ecclésiastique,* t. II, p. 408). Son nom, d'après M. Genin, a été l'origine du sobriquet de *parpaillot* donné aux réformés (*Récréations philologiques,* 1858, t. I, p. 252). Voir à ce sujet la dissertation publiée dans le *Bulletin de la Soc. de l'hist. du prot. français,* t. VIII, p. 275.
4. Jean des Vieux, seigneur de Brion, gentilhomme de Trieves en Dauphiné, ne doit pas être confondu avec un capitaine Brion qui, après le siège de Bourges, passa dans la compagnie du duc de Guise.
5. Avant d'aller à Pierre-Latte, le baron des Adrets assiégea et prit Montélimar (7 juillet 1562).

teau, qui est une roche taillée de toutes parts, hors mis un sillon de terre qui meine à la porte. Ceux de dedans voulans parlementer et retirer quelques-uns qui n'estoient pas encor rentrez, quelques reschappez d'Orange les meslent, et confus avec eux emportent le chasteau, où tout fut tué à coups d'espée ou jetté de la roche en bas. Bourg[1] fut pris par assaut et le Pont Saint-Esprit lui ouvrit de frayeur. Ayant mis garnison au Pont, il s'avance à Boulennes, qui est du Contat, qu'il emporte d'emblée et met en pièces une compagnie d'Italiens : il marchoit pour Avignon sans la nouvelle qu'il eut que Maugiron, successeur à l'estat de Gondrin, avoit si bien mesnagé le parlement de Grenoble, promettant la bonne volonté du roi et de la roine, l'édict de janvier et telles choses, que toute la ville avoit composé, à la charge que Brion et les siens sortiroyent ; que Maugiron estoit entré[2] et aussi tost assiégé Bussière, où il avoit trouvé la Coche ferme et rasseuré[3].

Donc le baron, sachant ces choses, quitte le dessein d'Avignon, fait une course à Valence pour s'accommoder de quelque chose nécessaire, passe à Romans pour y donner ordre; le lendemain attaque Saint-Marcellin, où il trouva 300 hommes de guerre, si estonnez qu'il les prend d'emblée; les fait passer au fil de l'espée, ou sauter. Maugiron, plus fort de cavalerie, sçait que des Adrets le vouloit attirer au com-

---

1. Var. de l'édit. de 1616 : « *Bourg* et le Pont Saint Esprit lui ouvrent de *frayeur*. »
2. Maugiron rentra dans Grenoble le 14 juin.
3. Pierre de Theys, seigneur d'Hercules, dit le capitaine La Coche, « homme très petit, mais d'un très grand cœur » (De Thou, liv. 31).

bat; il charge son butin, passe par la Savoye et va gagner la Bourgogne. Ceux de Grenoble abandonnez déclament contre lui, cerchent parmi les rudesses du baron quelque miséricorde et la trouvent, car il remplit leur ville de 800 chevaux, entre ceux-là le fils du comte de Tendes[1], Senas[2] et Mouvans; il fait encore loger et dans la ville et aux fauxbourgs 6,000 hommes de pied qu'il avoit, sans qu'un seul habitant pust se plaindre, establit le Parlement avec curiosité, voulant montrer qu'il faisoit ses soldats lions et brebis quand il vouloit[3]. De là, ayant donné ordre pour les garnisons de Grenoble[4] et de Bussières, fit un tour à Lyon[5], où, en changeant de gouverneur[6], il donna la première occasion aux Lyonnois de demander un autre en sa place. Le voilà à Marols[7], qui ne se deffend point; de là à Montbrison, où Moncelar, gouverneur, fit tout devoir. Il fait sa batterie, l'emporte par assaut. Moncelar se retire dans le chasteau; Poncenat et Blacon lui offroyent la vie. Comme ils capituloyent, le baron arrive, fait tout mettre en pièces, hors mis

1. René de Savoie de Cipierre, assassiné à Fréjus le 30 juin 1568.
2. François de Jarente, baron de Senas, époux de Marie de Castellane.
3. Le baron des Adrets rentra à Grenoble le 25 juin 1562.
4. Le baron des Adrets laissa le gouvernement de Grenoble au conseiller Jean Ponat, avec cinq enseignes, et mit le chevalier Cassart dans le château de la Bussière à la place de La Coche (De Thou, liv. 31).
5. Vers la fin de juin.
6. Le baron des Adrets donna le gouvernement de Lyon à Bourgeat, sénéchal du Valentinois, « homme propre à toute autre chose qu'à des emplois militaires » (De Thou, liv. 31).
7. Marols (Loire). L'édition de 1626 porte *Muron,* de Thou dit *Mouron.*

trente, qu'après disner il fit sauter, et Moncelar pour un, non sans le mescontentement de Poncenat et de Blacon. Il arriva qu'un s'estant arresté sur le bord du précipice, le baron lui dit : « Quoi ? tu en fais à deux « fois ? — Monsieur, dit-il, je vous le donne en dix. » C'est le seul qui eut la vie sauve en faveur de ce bon mot[1]. Voilà l'estat où estoit le Lyonnois et le Daulphiné soubs l'arrivée de Soubize[2], laquelle ne pouvoit bonnement endurer le baron[3].

Et pource que la Provence nous presse de la regarder, nous dirons d'elle qu'elle estoit gouvernée au commencement des guerres par le comte de Tendes, homme pacifique, non ennemi des réformez, à quoi ne s'accordoit pas son fils aisné, Sommerive, principalement desbauché par le comte de Carces, lequel, de la part du duc de Guise, lui promit la place de son père[4].

1. Le baron des Adrets prit Montbrison le 16 juillet 1562. Le récit ci-dessus est tiré de de Thou, liv. 31.
2. Jean de Parthenay Larchevêque, seigneur de Soubise, auteur de *Mémoires* publiés par M. Bonnet. Il arriva à Lyon le 19 juillet 1562, avec des pleins pouvoirs du prince de Condé datés du 25 mai (*Mémoires* de Soubise, 1879, p. 64). On conserve dans le f. fr., vol. 20783, f. 113 et suiv., une chronique détaillée de son administration et de ses faits d'armes à Lyon. Elle a été presque entièrement publiée dans le livre XI de l'*Histoire ecclésiastique*.
3. Le comte Delaborde a publié deux lettres du prince de Condé et de Coligny, qui prouvent qu'ils désapprouvaient les sanglantes exécutions de ce capitaine (*Coligny*, t. II, p. 112 et 113).
4. Claude de Savoie, comte de Tende, gouverneur de Provence, était beau-frère du connétable de Montmorency, dont il partageait les idées modérées. Son fils, au contraire, le comte de Sommerive, avait adopté les plus violentes passions du parti des Guises. Le père et le fils se faisaient publiquement la guerre et pillaient tous deux la Provence au nom du roi. M. de Laferrière

La première esmotion de ce païs là fut par un amas de mutins qui portoyent en leur enseigne les deux clefs[1], et devant lesquels marchoit un cordelier avec un crucifix de bois, lesquels furent attaquez à Bartvelle avec l'aide du baron des Adrets; et entre ceux-là le cordelier, tousjours s'escrimant de sa croix; et mesmes la cour de Parlement d'Aix en fit pendre quelques-uns. Mais depuis, les compagnies italiennes ayans fait le coup d'Orange, Sommerive se rendit chef de tous les mutins, et fut tellement fortifié par les plus grands ennemis de son père et aussi par l'absence des Adrets, eslongné et empesché ès choses que nous avons descriptes, qu'il assiégea Cisteron[2], fit sommer Beaujeu[3], duquel la response fut qu'il avoit reçeu la place de son père. Là dessus, il fait brèche de 100 pas, l'assaut bien soustenu, surtout par les femmes; lesquelles, dès le commencement de la persécution, avoyent pris leur retraicte là dedans. Elles firent merveilles, principalement au troisième assaut, après que les attaquans leur eurent reproché qu'ils les avoyent desjà violées en plusieurs lieux, et crié à leurs maris qu'ils les tinssent prestes.

Ce siège fut interrompu deux fois. La première, Sommerive ayant eu nouvelles que Mouvans et Soreze[1]

a réuni plusieurs citations de pièces originales sur leur rivalité (*Lettres de Catherine de Médicis*, t. I, p. 304, note).

1. Les enseignes du s. de Flassans, gouverneur d'Aix, frère du comte de Carces, portaient les armes du Saint-Siège, deux clefs en sautoir (De Thou, liv. 31).

2. Sommerive sortit de Castel-Arnoux le 10 juillet 1562 et marcha sur Sisteron, mais il abandonna le siège le 18 du même mois (De Thou, liv. 31).

3. Mouvans et Sorèze arrivèrent le 22 juillet sous les murs de Sisteron.

venoyent au secours, voulut leur dresser une attrape. Sur son partement, les assiégez firent une sortie, donnèrent jusqu'à l'artillerie, mais n'eurent pas loisir de l'enclouer. L'autre fut pour la grand'perte que les catholiques firent à Vaurias[1] (grand combat et qui eut toutes marques de bataille et qui en a obtenu le tiltre au pays), à laquelle nous nous acheminons, trouvans au devant que Montbrun, à qui des Adrets avoit envoyé quelques forces, en attendant son général, attaqua Mornas au comté de Venice, bonne place et qui avoit bonne garnison; ayant fait un trou, y donne si vivement qu'il l'emporte[2]. La Combe qui y commandoit, retiré au chasteau, n'osa parlementer, pource que lui et les siens estoyent remarquez entre les plus violents exécuteurs du fait d'Orange. Ce fut pourquoi Montbrun ne peut empescher, quoi qu'il y essayast, que, la place estant prise, tout ne fust mis en pièces. Encores ceux d'Orange mirent plusieurs corps sur des bois et les firent dériver par le Rosne en Avignon avec de grands escriteaux sur leurs estomachs, qui disoyent : « Péagers d'Avignon, laissez passer ces bourreaux, car « ils ont payé le tribut à Mornas. » On en fit sauter quelques-uns, desquels un demeura pendu en quelques branches, et comme on lui eut tiré quelques arquebusades sans le blesser, Montbrun le sauva et en tira service.

De là, il marcha à Boulennes, où le comte de Suze[3]

1. Valréas, arrondissement d'Orange (Vaucluse).
2. Montbrun prit la ville de Mornas (Vaucluse) le 8 juillet 1562. Le capitaine La Combe était un gentilhomme de la ville. D'Aubigné a emprunté le récit qui suit à Perussiis (*Pièces fugit.* du marquis d'Aubais, t. I, p. 15).
3. Le comte de Suze entra à Boulènes le 19 juillet.

vint présenter son armée pour oster la frayeur à la garnison. Là, il y eut quelques escarmouches, où fut tué Resi et Vantabrun blessé[1], escrivant, selon la vanité de nos François, le nom de sa maistresse sur un gabion.

L'armée du comte de Suze estant parfaicte, pour premier et dernier exploit assiégea Vaurias[2] où le capitaine André se rendit; mais, avant que le pillage fust achevé, voici arriver des Adrets, à qui Montbrun se joignit dans les vignes qui sont contre la ville, au devant de laquelle le comte se retranche à la faveur de plusieurs grands fossés de vignes. Les soldats des Adrets[3], sans ordre et sans commandement, sautoyent ces fossez, avec telle chaleur et de la journée et du combat, qu'il en mourut quelques-uns de coups et autres qui étouffèrent dans les armes.

Le baron, qui d'ailleurs estoit[4] le plus foible en nombre et ne vouloit pas attaquer ses ennemis par leur avantage, laissa ces fols débandez et l'artillerie du comte, qui tiroit de ce costé; et, lui, tira de son gros 4 pelotons, de 300 hommes chascun, puis, les ayant amenez par le bas[5], fit front de file. Adonc en les

1. Les capitaines Rossieu et Jean de Quiqueran, seigneur de Ventabren.
2. Valréas fut pris par le comte de Suze le 23 juillet et repris, deux jours après, par le baron des Adrets.
3. Var. de l'édit. de 1616 : « ... *Adrets* s'en alloient sans ordre, passans ces fossez comme ils pouvoient, si bien qu'à la chaleur du jour et du combat il y en eut qui *estouffèrent*... »
4. Var. de l'édit. de 1616 : « ... *estoit* plus foible en nombre, ne voulut pas choisir l'avantage des ennemis, se met au devant des siens, laisse là ce qu'il falloit pour amuser. Cependant que l'artillerie du comte jouoit de ce costé, il tire *de son gros*... »
5. Var. de l'édit. de 1616 : « ... *par le bas*, affronter ses ennemis, fit de si file son front. Et ayant dit pour toute harangue à ses soldats : *Les voilà*... »

afrontant, il dit pour toute harangue : « Les voilà les « tueurs de femmes et d'enfants et les amoureux de « chèvres, donnons. » Ce qui fut faict sans[1] grand ordre. Au premier choc, la compagnie du comte passa et repassa sur le ventre aux gens de pied de Montbrun, mais tout ayant repris courage à la veuë de leur chef, ils redonnèrent de telle rage qu'ils mirent ceste armée à la fuite ou à la mort. La perte des réformez fut de 400 soldats seulement et le comte de Suze, ayant fait devoir de soldat, enfin se sauva sur un bon cheval, ayant laissé 2,500 de son infanterie sur la place, le reste prisonnier ou sauvé à grand peine[2]. Il y demeura force noblesse françoise, plusieurs capitaines italiens et ce qu'il avoit de canon. Les Suisses de Neufchastel eurent bonne part au péril et à l'honneur[3].

Le lendemain, le baron emporte, à deux lieues de là, Culote[4] et ayant fait fuir, à l'ouïr de son nom, toutes les garnisons italiennes de Caderousse, Bedaride, Courtezon, Oranges, Serres, Piolennes et Chasteauneuf, va prendre le pont de Sorgues et la forteresse qu'on y avoit bastie, avec telle terreur de son nom que ceux d'Avignon trembloyent du siège. Cela faict, ayant failli une entreprise sur Carpentras, fut contrainct, par la lassitude, blessures et famine de ses troupes, de les

---

1. Var. de l'édit. de 1616 : « ... *faict* sans ordre. Et cette armée défaicte du premier choc avec perte de quatre soldats seulement, quoique le comte de Suze se monstrât soldat, qui enfin se sauve sur un bon cheval, ayant perdu 2,500 hommes *de son infanterie...* »
2. Var. de l'édit. de 1616 : « ... *à grand peine;* force noblesse françoise et plusieurs capitaines italiens avec l'artillerie. *Le lendemain...* »
3. Le combat de Valréas fut livré le 25 juillet 1562.
4. Tulette (Drôme).

mener rafraischir à Valence[1], où il fut fort peu que (par les prières de Mouvans et de Senas) il ne desmarchast pour le secours de Cisteron, de nouveau rassiégé par Sommerive, avec cent et deux enseignes, partie venues d'Italie de nouveau, partie d'Auvergne et de Forests, partie des restes du comte de Suze. On cogneut pourtant dès lors que les injures qu'il recevoit du parti le faisoient marcher à grand regret. Nonobstant, ayant donné une monstre à ses bandes, il s'avança au siège de Saint-Laurens[2], et puis à celui de Rochemore; les prit toutes deux. De là, il trouve les Italiens renforcez dans le fort du pont de Sorgues; le fort et eux furent bruslez.

Serbellon, ayant receu quelques Italiens de frais, voulut donner une camisade à quelques troupes du baron; il trouve Mirabel en son chemin, qui lui passe sur le ventre et le fait sauver à peine; de là des Adrets marche à Cavaillon[3], prend quantité de petits forts, et sachant en chemin que la noblesse d'Arles, avec autres forces, marchoit vers lui, il les attaque logez sur le fort de la rivière de Durance et les desfaict. Ce fut là qu'il receut quelques lettres qui achevèrent de le perdre, et depuis lesquelles il mesprisa le secours de Cisteron et les affaires du parti. Montbrun, ayant sçeu l'extrémité des assiégez, qui avoyent sousten un assaut nouveau, de sept vingt pas de brèche, où ils avoyent esté sept heures aux mains, quelques raffraichissements que les assaillans eussent, et avoyent en

---

1. Le baron des Adrets arriva le 2 août à Valence et en partit le 15.
2. Prise de Saint-Laurent, 26 août 1562.
3. Le baron des Adrets arriva à Cavaillon le 1er septembre.

partie, par la vertu des femmes qui se gabionnoyent de corps morts, repoussé l'ennemi pour ceste fois, Montbrun di-je, avec ce qu'il pût desbaucher de l'armée et les 2 pièces gaignées à Vaurias, s'advance au secours et trouve le comte de Suze avec la fleur de l'armée de Sommerive auprès d'Orpierre[1], qui le mit en route avec perte de 400 hommes et des 2 pièces.

A ceste nouvelle et aux préparatifs d'un assaut nouveau, Mouvans et Senas, qui s'estoyent jettez en la ville, la veille du grand assaut, se voyans sans poudre et hors d'espoir de deffense, furent à choisir d'abandonner le peuple de la ville et sauver les gens de guerre, ou de traîner avec soi un embarras de femmes, d'enfans et de blessez. Au premier y avoit plus de seureté, à l'autre plus de piété, qui fut choisi; tellement que, la nuict venue, ils descendent[2] un rocher précipiteux, qui estoit sans garde à cause de la difficulté. Là il falut rouler et guetter les enfans[3] et personnes moins vigoureuses. Quelque cavalerie les suivit et ne les offensa pas. Sommerive entre dans Cisteron, après avoir longtemps marchandé[4], et là furent encor esgorgez 200 misérables qui n'avoyent peu ou voulu suivre. Nos fugitifs cheminèrent la nuict et le jour pour gaigner Barles, où ils se contèrent 4,000 testes, dont 1,000 portoyent armes, desquels en ayant mis la moitié devant

---

1. Le comte de Suze et Labret, capitaines de l'armée de Sommerive, surprirent Montbrun le 2 septembre à Lagran, à deux lieues d'Orpierre.

2. Le 5 septembre, les habitants de Sisteron s'enfuirent avec l'armée de Mouvans.

3. Var. de l'édit. de 1616 : « ... *les enfans* et quelques autres. *Quelque...* »

4. Sommerive n'entra dans Sisteron que le 19 septembre (Journal de l'année 1562 dans la *Revue rétrospective,* t. V, p. 194).

et l'autre derrière, ils s'avancent par plusieurs jours avec autant de dangers et d'embusches que de journées; car tous les gouverneurs des places, advertis, faisoyent leur debvoir de les mettre en pièces. Estans harassez de tant d'endroicts, ils furent poussez jusqu'à la veuë de Briançon, où ils trouvèrent les gués retranchez, si bien qu'il n'y eut rien si aisé que de passer à la veuë de la ville. Mouvans et Senas se faisans faire place par combats, y ayant un jour et demi qu'ils n'avoyent mangé, les destours divers les poussèrent jusques aux valées d'Angrongne, à grande joie, mais avec si peu de pain qu'ayant une foi résolu de laisser leur peuple inutile, ils furent contraincts de s'en recharger, pour, avec beaucoup de périls et de labeurs, regarder Grenoble[1]. Se trouvans au bout de 20 journées ne s'estre esloignez que de douze lieuës, et encores ne voyans plus de seureté à Grenoble, pour ce que les ennemis ne craignoyent plus le baron, ils en sortirent et furent pourtant escartez par lui, jusques auprès de Lyon[2], où ils entrèrent chantans des pseaumes, comme ils avoyent faict à Grenoble, reçeus de Soubize avec grand soin et humanité.

Ainsi toute la Provence, délaissée par les réformez, fut à Sommerive, qui, au plaisir de Carce, donna le bransle à toutes cruautez, fit d'abordée pendre au pinier d'Aix, où se faisoit le presche, 24 ne voulans point se desdire; et puis, par divers moyens, ceux qui ont escrit curieusement ces choses remarquent qu'on fit en ce temps-là, en Provence, mourir de diverses sortes de morts 770 hommes, 460 femmes et 24 enfans.

---

1. Les fugitifs de Sisteron atteignirent Grenoble le 27 septembre.
2. Ils arrivèrent à Lyon le 4 octobre 1562.

Chapitre VIII.

Suite des mesmes choses aux mesmes païs.

Si ne faut-il pas laisser le Rosne sans porter en France des nouvelles de Languedoc. Nous avons descript la fureur de Thoulouze, sans recercher, par la Gascongne, plus que la loi de nostre abrégé ne portoit, les premières amorces d'un si grand feu, les hardiesses des réformez, soubs la connivence de Burie, dont nasquirent les meurtres de Gaillac[1] et autres. Nous lairrons encor derrière les peurs de ceux de Montauban, le petit siège duquel les assiégea Montluc[2]. Nous déduirons les affaires à la sortie de la prise de Limoux, sur la joye de laquelle se firent les boucheries de Carcassonne, Alby et autres villes, desquelles nous avons parlé. Les chefs de guerre du haut Languedoc, ayant pris leur retraicte à Castres, ceux du bas se saisirent de Beauquaire[3], où, après avoir rompu les autels et images, y laissent en garnison Porquerez[4]. Ceux de Tarascon, qui ne sont séparez que de la rivière, ne faillirent pas dans huict jours après de faire un amas de

---

1. Massacre de Gaillac, 17 mai 1562, à l'instigation du cardinal Laurent Strozzi, évêque d'Alby (*Hist. ecclés.*, t. II, p. 302). Les événements de la réforme à Gaillac sont racontés par un annaliste, Mathieu Blouin, dont la chronique est conservée dans le vol. 14504 du f. fr.
2. Blaise de Monluc parut devant Montauban le 24 mai et se retira après trois jours de siège (*Commentaires*, t. II, p. 310).
3. Les capitaines Saint-Veran, de Beauvoisin, de Servas et Bouillargues, envoyés de Nîmes, s'emparèrent de Beaucaire le 2 juin 1562.
4. Hardouin de Porcelles.

1,500 hommes, et, passé le Rhosne couverts de chemises blanches, d'entrer dans la ville de Beauquaire[1], ayans trouvé les portillons ouverts, de tuer ceux qui s'affrontèrent à eux, d'entre ceux là Ladignan, enseigne de Porquerez; de là, s'acharnent au pillage de la ville, au lieu de presser le chasteau, que la garnison avoit gagné, et aussitost envoyer au secours. Il arriva que Bouïllarques et le capitaine Servas s'estoyent avancez pour surprendre Aramont; ceux-ci prenans au poil l'occasion, Bouïllarques fait donner Servas avec les gens de pied droict au chasteau; lui, le suit à cheval. Ses gens de pied furent, au commencement, repoulcez; mais aussi tost les pillars s'estonnent. Ce qui voulut gaigner le Rhosne se noya en surchargeant les bateaux; ce qui gaigna la pleine fut empoigné par Bouïllarques et sa cavalerie. Et ainsi Beauquaire en dix heures pris et repris cousta la vie à 1,200. De là en avant Bouïllarques repurgea le païs d'alentour et entr'autres Fourches[2], où s'estoit retiré Vantabrun pour courir la rivière.

Le Languedoc esleut pour chef et général Beaudisné[3], cadet de la maison d'Acier, qui commença par s'asseurer les places qui sont au bord de l'estan, print Lespignan[4], où tout fut tué et quelques bandoliers parmi. Joyeuse[5], lieutenant du roi, se met en la campagne avec 4 canons, deux couleuvrines, deux bas-

1. Beaucaire fut repris le lendemain, 3 juin.
2. Fourques, à deux lieues de Beaucaire.
3. Jacques de Crussol, s. de Beaudisné, connu sous le nom de d'Acier, mort en septembre 1586.
4. Lespignan (Hérault).
5. Guillaume, vicomte de Joyeuse, maréchal de France, né vers 1520, mort en 1592.

tardés et 4 pièces de campagne, print Lignan[1], Montignac. Mais Beaudisné, renforcé de ceux de Sévennes, affronta Joyeuse, attaqua une grande escarmouche où il fut pris et recouru ; et puis, le lendemain, à une attaque plus serrée, Beaudisné perdit 5 drapeaux et quelques 60 hommes, et, sur le bruit de son désavantage, Clermont, Frontignan, Gignac et autres places. Encor le pis fut que Beaudisné parlementa sur sa perte, à cest édict de janvier[2], en recognoissant Joyeuse lieutenant de roi, lui laissant ses meilleures places, comme Pézenas[3]. Quelques autres n'obéïrent pas et fut la tresve rompue par la venue du capitaine le Grille[4], qu'envoya des Adrets, et en mesme temps Marchastel, Bouïllarques, Montvaillant[5]. A ce renfort ils assiégèrent Frontignan[6], où Joyeuse envoya pour secours le gouverneur de Pézenas avec 700 arquebusiers et 100 salades ; cela fut desfaict par Bouïllarques et le Grille ; mais, en leur absence, il entra tant de Provençaux par l'estang qu'il falut lever le siège.

Les affaires s'eschauffèrent jusques là que Fourque-

---

1. Lignan, château de l'évêque de Béziers que le cardinal Strozzi s'était réservé lorsqu'il avait quitté cet évêché. Il fut pris, ainsi que Montagnac, à la fin de juin ou au commencement de juillet (De Thou, liv. 32, 1740, t. III, p. 303).

2. C'est-à-dire à la condition que l'édit de janvier serait observé (sic, de Thou, liv. 32).

3. Pézenas se rendit à Joyeuse le 23 juillet.

4. Honoré des Martins, dit le capitaine Grille, sénéchal de Beaucaire.

5. Geoffroy de Peyre, s. de Marchastel. — Pierre Suau, dit le capitaine Bouillargues. — Étienne Montvaillant.

6. Beaudisné entama le siège de Frontignan le 10 août, mais il fut bientôt obligé de se retirer (De Thou, liv. 32).

vaux[1] et Connas engagèrent Joyeuse au siège de Lattes[2], s'enfermant tellement d'un costé de la mer, delà la rivière de Lez, et puis de Montpellier, qu'après que ceux de ceste ville eurent bruslé leurs excellents fauxbourgs, 25 temples et entre ceux-là les Mandians, après aussi plusieurs escarmouches, tantost favorables à l'un, tantost à l'autre, ceux de Montpellier, sachans que le baron des Adrets voloit à eux, ayans encor joincts plusieurs de leurs partisans, se mirent à garder le Péquais[3] et toutes les avenues, si bien que l'armée s'en alloit assiégée et forcée de se rendre sans les nouvelles qui vindrent au baron des mauvais affaires du Lyonnois et entr'autres de la perte de Vienne. Car lors Sommerive et Suze, avec les forces qu'ils attendoyent d'Auvergne, s'advancèrent, n'ayans pas moindre résolution que d'assiéger Montpellier[4], qui, sur ce changement, serra les chemises blanches qu'il avoit aprestées pour le baron et partagea ses forces aux lieux plus nécessaires. Dans le chemin de l'armée estoit Saint-Gilles[5], où Bouïllarques n'avoit laissé que 50 arquebusiers, horsmis ceux de la ville, et, partant, ayant sçeu par les prisonniers que les catholiques se vouloyent accommoder de ce lieu, avant que de passer outre, il se résolut d'aller jetter à quelque prix que ce fust 200 arquebusiers dans la ville.

Lui donc, ayant joinct le Grille, et eux deux ensemble

1. Raymond de Beccarie de Pavie, seigneur de Fourquevaux.
2. Lattes (Hérault). Fourquevaux et Conas y arrivèrent le 2 septembre.
3. Peccais (Gard), salines commandées par un fort.
4. Le baron des Adrets arriva au secours de Montpellier le 13 septembre.
5. Saint-Gilles, à 20 kilom. de Nimes (Gard).

faisans 800 arquebusiers et 300 chevaux, en contant les arquebusiers à cheval, quoi qu'autrement on ait escrit, Bouïllarques arriva le premier et le Grille après lui, sur une colline estendue en long à une canonnade du camp, où ils demeurèrent jusques après midi considérans la contenance de l'armée, estans en peine s'ils devoyent hazarder les 200 hommes ou non. Enfin, Bouïllarques, sur quelques remuements, prit occasion de l'estonnement des ennemis; il prie le Grille de partager leurs gens de cheval vers le bas de la coline par les deux costez, afin d'empescher que leur derrière ne fust veu. Cela pourveu, Bouïllarques faict marcher les 200 arquebusiers et sur ce point vid quelque file de bagage et mesme des gens de guerre qui tiroyent vers la rivière. Il commande que tout suive, fortifie ses 200 d'encores autant. Sommerive, qui avoit desmarché avec son artillerie, volut faire ferme; mais une voix qui nasquit dans l'armée que c'estoit le baron des Adrets, fit lascher le pied à tout. Les premiers arquebusiers qu'on avoit poussez beurent seuls quelque fumée et firent la plus part du meurtre en attendant les autres. Sommerive se sauva par le pont de Fourches et le fit rompre à son cul, perdant 2,000 hommes morts sur la place et beaucoup davantage de noyez sur les Italiens, abandonnans l'enseigne blanche et 22 autres, 2 canons de batterie et une couleuvrine jettée en la rivière[1].

Il falut que Joyeuse, secouru de Mirepoix, vint déli-

___

[1]. Ce combat, appelé la bataille de Saint-Gilles, fut livré le 27 septembre 1562. On trouve dans les *Mémoires de Condé* (t. III, p. 653) une chronique du temps d'où de Bèze, de Thou et d'Aubigné ont certainement tiré leur récit.

vrer son armée du lieu où elle estoit engagée, ayant auparavant donné sur les doigts de la perte de 120 hommes à ceux de Montpelier[1] et entre ceux-là du jeune Gremian[2]; comme aussi les feux de joye des réformez furent tempérez par une embuscade que Joyeuse dressa au Grille.

Là, son infanterie perdit le butin duquel elle estoit chargée[3]. Et est encores à remarquer que, pour 120 hommes qu'il perdit, il l'eust payé de 1,000 sans quelques coureurs de Beaudisné qui parurent. Quelque peine qu'eust le Grille à se retirer, si prit-il encores la tour Charbonnières[4] et rendit le revenu des salines[5] paisible aux réformez. Je n'ai plus à dire de Languedoc que l'entreprise de l'intelligence sur Bésiers[6], faillie, parce qu'un tambour yvre battit la diane sur le point de l'entreprise pensant qu'il fust jour, et puis, le siège de Agde[7], battu de 6 pièces, la ville toute mise en ruine,

---

1. Le 26 septembre.
2. Guillaume du Pleix, s. de la Tour et de Gremian, de Montpellier, frère cadet du capitaine Antoine du Pleix, s. de Gremian (voy. la *France protestante* de Haag).
3. Cette embuscade, racontée par de Thou (liv. 32), eut lieu dans la forêt de Grammont, avant le 2 octobre.
4. Dans la première moitié d'octobre.
5. Les salines de Peccais.
6. Béziers était tombé au commencement de mai entre les mains des réformés. On conserve dans le vol. 20783 du f. fr., f. 19, un procès-verbal du dégât et des pillages des églises de Béziers, dressé par Barthélemy Osset, notaire de Narbonne. La tentative du parti catholique que raconte d'Aubigné eut lieu dans la nuit du 16 octobre.
7. Villeneuve, lieutenant de Joyeuse, investit Agde le 30 octobre. Après une suite de combats acharnés, où Villeneuve fut blessé, Joyeuse fut obligé de lever le siège le 4 novembre. Cf. le récit de l'*Hist. du Languedoc*, t. V, liv. XXXVIII.

secourue par ceux de Bésiers après trois assauts, perte de 500 hommes et de 28 capitaines ; et puis, comment, au lever du siège, Bouillarques les chargea en queue, leur tua 300 hommes sur la place, sans perte que de son guide, et envoya six drapeaux à Montpelier ; et encores en s'en retournant desfit 300 hommes d'Allamont, qui estoyent venus à la guerre à Bagnols ; sans oublier le siège de Fleurac, bien défendu par Boisse. Il y a de remarquable que le chef, blessé de la playe dont il mourut, s'en alla se cacher au logis sans se plaindre, et ne sçeut-on sa playe qu'après le siège levé.

Chapitre IX.

Exploicts du baron des Adrets.

En nous en allant vers le milieu de la France, nous avons à rendre compte de la prise de Vienne[1], qui avoit retiré des Adrets de Latte, comme nous avons dit. C'est que Tavannes, ayant joinct à trois lieues de Lyon le comte d'Anguisciolle[2] avec 3,000 Italiens et environ autant que le grand prieur[3] d'Auvergne et Saint-Chaumont[4] lui amenoyent, avec l'artillerie qu'il avoit eue de Dijon et celle que les autres avoyent prise

---

1. Jacques de Savoie, duc de Nemours, prit Vienne le 15 septembre (De Thou, liv. 31).
2. Le comte Jean d'Anguisciola était un des quatre assassins de Pierre-Louis Farnèse. Il est signalé comme chef des Italiens dans une lettre de Chantonay (*Mémoires de Condé*, t. II, p. 85).
3. Louis de Lastic, grand prieur d'Auvergne.
4. Probablement le s. de Saint-Chammont, de la maison de Mitte en Lyonnais, fait chevalier de l'ordre en 1562 (*Mémoires de Condé*, t. I, p. 114).

à Cavaillon; et par ainsi, ayant 10,000 hommes de pied et quelque cavallerie, se resolvoit au siège de Lyon. Et desjà s'estoit souventesfois avancé à la veue de la ville, non sans quelques escarmouches légères. Mais, le duc de Guise ayant voulu que celui[1] de Nemours commandast au siège, Tavannes fit dissiper l'armée, mescontenta les Italiens, disant ne pouvoir mener à la guerre des gens qui forçoyent les enfans et les chèvres, choses si cognue au pays, que les paysans n'en laissèrent aucune en vie après leur départ.

Le duc de Nemours, ne pouvant s'attaquer au gros de Lyon, pour lui oster Vienne qui seule lui restoit, s'y advance, trouve la garnison dehors, la congne avec tel effroi qu'elle abandonne la ville; et le gouverneur, quoi qu'il fust de la race de Bayard[2], faisant part de son estonnement aux autres, rendit tout sans défense. Deux jours après, des Adrets passant fort foible, eut sur la queue avec perte de 250 des siens, trouva les portes de Lyon bien à propos.

Le duc de Nemours, sachant Beaurepaire[3] servir de retraicte à Montbrun, l'investit de sa cavallerie et le perdoit si, avant l'arrivée des gens de pied, il[4] n'eust percé la nuict et hazardeusement, au nez de la cavallerie, gaigné la coste Saint-André et de là à Romans.

Le baron des Adrets, quoique mal content, voulant faire encor un traict de son mestier, rallia 4,000 compagnons et deux cents chevaux; et, sans communiquer aux autres chefs, alla taster le duc de Nemours à

---

1. *Celui*, le duc.
2. François de Terrail, seigneur de Bernins et de Pipet.
3. Beaurepaire (Isère).
4. *Il*, Montbrun.

Beaurepaire[1]. Mais estant reçeu rudement avec perte de 140 et grand risque du reste, dans quatre jours joignit 2,000 Suisses[2] et quelques François que lui amena Senas, et puis 300 chevaux par Poncenat et Mouvans ; s'en revint devant Vienne pareil en infanterie au duc de Nemours, mais moindre en cavallerie. Les Catholiques allèrent à lui d'abordée, comme à des forces desjà ruinées, mais il les reçeut de si bonne grâce qu'il leur fit quitter la campagne et prendre le couvert des murailles de Vienne.

Sans cest exploict, Lyon crioit à la faim ; mais lors il y eut moyen de l'envitailler.

Je ne puis passer outre sans donner à mon lecteur un petit compte pour apologie à ce capitaine excellent. Nous estions à Lyon au retour du roi de Polongne[3]. Je vis qu'un huissier, qui refusoit la porte au vieil comte de Bennes[4] et au baron des Adrets, m'en présentoit l'entrée ; j'eus honte que mes capriolles et affecteries de cour me fissent entrer sans barbe, où ces vieillards estoyent refusez. Le baron s'estant retiré sur un banc de la salle, me tenant debout, je l'accoste avec beaucoup de révérence ; lui, ayant recogneu ce que j'avoye faict, me donna privauté de lui demander trois choses :

1. Le 19 octobre. De Thou dit que le duc de Nemours aurait pu mettre le baron des Adrets en pleine déroute, s'il avait su profiter de ses avantages (liv. 31).

2. Les 2,000 Suisses étaient commandés par Pierre Ambiel. Voy. de Bèze, 1881, t. II, p. 421.

3. Henri III, revenant de Pologne, arriva à Lyon le 6 septembre 1574.

4. Louis de Costa, comte de Beynes, d'une famille italienne réfugiée en France depuis le traité de Cateau-Cambrésis et établie en Dauphiné, cité par Boyvin du Villars et dans les *Mémoires* d'Eustache Piémond, p. 531.

« Pourquoi il avoit usé de cruautez mal convenables à sa grande valeur? Pourquoi il avoit quitté un parti auquel il estoit tant créancé? Et puis, pourquoi rien ne lui avoit succédé dès le parti quitté, quoiqu'il se fust employé contre? » Il me répond au premier point : « Que nul ne fait cruauté en la rendant ; que les premières s'appellent cruautez, les secondes justices. » Là dessus m'ayant faict un discours horrible de plus de 4,000 meurtres de sang froid et d'inventions de supplices que je n'avois jamais ouy et sur tout des sauteries de Mascon[1], où le gouverneur despendoit en festin pour donner ses esbattements au fruict, pour aprendre jusques aux enfans et aux filles à voir mourir les huguenots sans pitié, il me dit : « Qu'il leur avoit rendu quelque pareille en beaucoup moindre quantité, ayant esgard au passé et à l'advenir : au passé, ne pouvant endurer sans une grande poltronnerie le deschirement de ses fidelles compagnons ; mais pour l'advenir il y a deux raisons que nul capitaine ne peut refuser : l'une, que le seul moyen de faire cesser les barbaries des ennemis est de leur rendre les revanches. » Sur quoi il me conta de 300 cavaliers renvoyez il y a quelque temps en l'armée des ennemis sur des chariots, ayans chascun un pied et un poing couppez, pour faire, comme cela fit, changer une guerre sans merci en courtoisie. L'autre raison pour l'advenir estoit : « Qu'il n'y a rien de si dangereux que de monstrer à ses partisans imparité de droict et de personnes,

---

1. D'Aubigné fait allusion à la prise de Mâcon par Tavannes et aux crimes que le capitaine Saint-Point commit dans l'administration de cette ville après que Tavannes l'y eut laissé. Voy. ci-dessus, p. 49, et de Thou, liv. 34.

pour ce que, quand ils font la guerre avec respect, ils portent le front et le cœur bas, surtout quand les ennemis se vantent du nom de roi ; » et en un mot, « qu'on ne peut apprendre au soldat à mettre ensemble la main à l'espée et au chappeau : de plus, qu'ayant au cœur des résolutions hautaines et dures, il ne vouloit point voir ses troupes filler du derrière en bonne occasion ; mais, en leur ostant l'espoir de tout pardon, il faloit qu'ils ne vissent abri que l'ombre des drapeaux, ni vie qu'en la victoire. » Quant aux raisons pour lesquelles il quitta le parti[1], elles sont : « Que monsieur l'admiral avoit disposé de la guerre par des maximes ministrales et vouloit donner les diseurs pour juges aux faiseurs ; que monsieur de Soubize estoit bon, sage, vaillant et meilleur capitaine que lui, mais que pour rompre la vieille police du royaume, il ne faloit autre police que les militaires. Que la modestie n'est pas bonne pour abatre l'orgueil des ennemis qui n'en ont point. Qu'il est mal convenable de combatre des lions avec des moutons, cela s'appelant enrager avec raison ; qu'il avoit envoyé un censeur où il faloit un dictateur et un Fabius au lieu d'un Marcelle[2] : que voyant son sang et ses peines subiectes à tels supplantements, il n'avoit peu despouiller envers son supérieur le courage qu'il avoit vestu contre les ennemis : qu'à la vérité il avoit traicté avec le duc de Nemours, non par avarice ou crainte, mais par vengeance et après l'ingratitude redoublée. » Quand je le pressai sur la

1. Ces détails sur la trahison du baron des Adrets ne sont donnés que par d'Aubigné. Voyez cependant la notice de Brantôme, t. IV, p. 32.
2. Marcellus.

troisième demande, il me la fit courte avec un soupir : « Mon enfant, dit-il, rien n'est trop chaut pour un capitaine qui n'a pas plus d'intérêt à la victoire que son soldat : avec les huguenots j'avoye des soldats, depuis je n'ai eu que des marchands qui ne pensent qu'à l'argent : les autres estoyent serrez de crainte sans peur, soudoyez de vengeance, de passion et d'honneur. Je ne pouvois fournir de rennes pour les premiers; ces derniers ont usé mes esperons. »

Mon lecteur me [1] pardonnera, s'il lui plaist, ceste digression en nous en retournant et suivant notre chemin vers Loire.

Chapitre X.

Siège et prise de Bourges; deffaicte des poudres; siège et prise de Rouan et autres affaires de Normandie.

Orléans ne nous amusera guères, pour ce que la Fayette[2], ayant pris Gien sans peine et quelques autres bicocques, estoit desjà mandé pour le siège de Bourges[3] où ceux d'Orléans envoyent ce qui leur estoit possible sans oublier aucunes des parties de leurs affaires; comme[4] de fournir d'instructions à d'Andelot, auquel

---

1. Var. de l'édit. de 1616 : « ... *me* pardonne ceste digression en nous en retournant vers Loire et en chemin *faisant*. »
2. Jean Motier, s. de la Fayette, fit la guerre aux réformés à Nevers, à la Charité, à Gien, et se signala par sa cruauté (*Hist. ecclés.*, 1881, t. II, p. 40). Il fut tué à Cognac.
3. La ville de Bourges avait été prise au mois de mai par Gabriel de Lorges, comte de Mongommery.
4. Var. de l'édit. de 1616 : « ... *comme* de dresser Dandelot, auquel... »

il falut faire une confession de foi des églises françoises, pour ce qu'on avoit abreuvé les Allemans d'une autre confession contrefaicte[1]. Les catholiques levoyent aussi en Allemagne ; pour eux le Rhingrave[2] amenoit vingt enseignes, quoiqu'il se dist protestant. Le comte de Rockendolf[3] faisoit le semblable, quoique déclaré « chelm[4] ; » le pape et tous les potentats d'Italie[5] armoyent aussi, peu ou prou ; le roi d'Espagne plus puissamment[6].

1. Allusion à la querelle des Luthériens et des Calvinistes. Pour séduire les princes allemands, François Hotman fit signer au prince de Condé, et d'Andelot colporta en Allemagne une profession de foi qui rapprochait les Calvinistes de France des Luthériens rhénans. Cette pièce, datée du 5 juillet, est imprimée par La Popelinière, t. I, p. 326, et dans les *Mémoires de Condé*, t. III, p. 524.

2. Jean-Philippe de Salm, dit le comte Rhingrave, tué à la bataille de Moncontour, où il commandait les reîtres. Il avait épousé Diane de Dompmartin et en eut une fille mariée à Robert de Ligne. Il arriva au camp du roi avec cinq enseignes de lansquenets le 1er août 1562 (La Popelinière, 1581, t. I, f. 327). D'Andelot s'en plaignit au duc de Wurtemberg et l'accusa de trahison (Lettre du 26 sept.; *Mémoires de Condé*, t. III, p. 707).

3. Christophe, comte de Roggendorf. Il arriva en juillet au camp du roi. On conserve dans le vol. 15876 du f. fr., f. 214, la minute d'une instruction du roi de Navarre au capitaine Renouard chargé de guider le comte et ses troupes à travers l'est de la France.

4. *Schelm*, mot allemand, fripon.

5. Le connétable s'était mis, dès les premières hostilités, en négociation avec la cour romaine pour obtenir un prêt de 200,000 écus, en outre d'un corps d'armée (Lettre de Sainte-Croix dans les *Archives curieuses*, t. VI, p. 86).

6. Le 8 mai, Charles IX avait adressé au roi d'Espagne une demande de secours que nous avons publiée (*Ant. de Bourbon et Jeanne d'Albret*, t. IV, p. 214). Philippe II promit 10,000 hommes de pied et 3,000 cavaliers (Lettre de Saint-Suplice au roi, sans date ; Vᶜ de Colbert, vol. 480, f. 5, copie).

[1562] LIVRE TROISIÈME, CHAP. X. 77

Voilà donc l'armée royale (ainsi appelée pour ce que le roi y avoit donné le mot[1]) qui prend le chemin de Bourges[2], où le comte de Montgommeri (que le peuple y avoit appelé au commencement) fit place à Yvoi. On lui donna pour la deffense de ceste ville deux mille arquebusiers, entre autres les sept vieilles compagnies de Beaumont[3], la Borde[4], la Porte[5], Pasté, Couppé, la Magdeleine[6] et la collonnelle. Les fauxbourgs furent peu débatus, pour ce qu'il en fut surpris une partie avant jour[7]. Le quatriesme jour du siège fut faicte

1. Le *Triumvirat* avait désiré faire venir le roi au camp de Blois pour qu'il ne fût plus possible aux rebelles d'appeler l'armée royale l'armée des Guises ou du roi de Navarre (*Mémoires de La Noue*, chap. vii). — (Journal de 1562 dans la *Revue rétrospective*, t. V, p. 185.) Le roi arriva au camp de Blois le 11 août (Journal de Bruslard dans les *Mémoires de Condé*, t. I, p. 94).

2. Le connétable partit de Blois le 11 août avec le gros de l'armée; son fils, François de Montmorency, le lendemain avec la cour. (Lettre de Diane de France à la dame de Montmorency; orig.; f. fr., vol. 3194, f. 120).

3. Nous croyons qu'il faut lire *Haumont*.

4. Jean de la Borde, s. de Serain, gentilhomme de l'Auxerrois.

5. Après le siège de Bourges, le cap. La Porte passa au service du roi (Brantôme, t. V, p. 420).

6. Les capitaines Pasté, Couppé et La Madeleine sont signalés par La Popelinière comme « ayant toujours vécu scandaleuse-« ment et en vrais enfans de la Mate » (t. I, f. 303). Les *enfants de la Matte*, dit Brantôme, étaient « les plus fins et meilleurs « couppeurs de bourse et tireurs de laine » (t. V, p. 279). Couppé fut assassiné à Paris au commencement de juin 1563, auprès de la princesse de Condé (*Lettres de Catherine de Médicis*, t. II, p. 57).

7. L'avant-garde de l'armée assiégeante prit position le 18 août sous les murs de Bourges. Le siège est raconté avec détails par un témoin oculaire, Jehan Glaumeau, prêtre qui avait embrassé la réforme. Ce journal, utilisé par M. Raynal (*Hist. du Berry*, t. IV), analysé par M. Bourquelot (*Mémoires des Antiquaires de France*, 1855, 3ᵉ série, t. II, p. 191), a été publié intégralement, en 1868, par le président Hiver.

brèche, que les assiégeans voulurent achever le lendemain, pour ne l'avoir pas trouvée raisonnable[1] : mais la diligence des assiégez fut telle qu'à soleil levant le rempart parut plus haut que l'ancienne muraille[2], si bien que la besongne estant plus difficile qu'on n'avoit pensé, il falut renvoyer quérir esquipage nouveau, pour faire une seconde batterie[3]. Le marquis d'Elbœuf, conduisant les pouldres et canons avec quatre cents chevaux et huict cents hommes de pied, fut attaqué par l'admiral tout contre Chasteaudun. Genlis et Mouy[4] firent les premières charges. Bien arrestez par l'infanterie logée à l'advantage ; ceste résistance fit que les chevaux de l'artillerie se sauvèrent ; si bien qu'après la deffaicte, qui fut de six cents hommes sur la place, parmi ceux-là peu de la cavallerie, qui avoit quitté de bonne heure, les réformez ne peurent faire autre chose que d'emplir et couvrir les canons, abouchez en terre, d'un grand amas de pouldre et y mettre le feu. Mais, quoique le bruit et l'effort fussent grands, les canons néantmoins demeurèrent entiers[5].

1. La batterie, dit Jehan Glaumeau, commença le 21 août, à cinq heures du matin (*Journal*, p. 130).
2. Ce fait est confirmé par la lettre d'un témoin oculaire, Moreau, officier de finances, au s. de Gonnor (Lettre du 28 août; orig.; f. fr., vol. 3216, f. 65).
3. Le roi de Navarre envoya les compagnies de Vaudemont, de Cypierre, de Gonnor et d'Elbeuf au-devant d'un convoi de 36 charrettes de munitions que la ville de Paris expédiait au camp du roi (Journal de 1562 dans la *Revue rétrospective*, t. V, p. 191).
4. François de Hangest, s. de Genlis, frère du s. d'Ivoy. — Louis de Vaudray, s. de Mouy.
5. Cette escarmouche eut lieu le 1er septembre. Elle est ainsi racontée par La Popelinière, t. I, f. 338, et dans une lettre de

[1562]   LIVRE TROISIÈME, CHAP. X.   79

Yvoi, ne sçachant point ces choses, entra en traicté[1], ses troupes en révolte contre lui et de là en confusion, jusques à eslire Hautmont pour leur collonnel[2]. De ce désordre advint l'estonnement selon l'ordinaire et de lui la reddition[3] de la place.

Il y eut entre les capitaines différence d'advis[4], les uns voulans de ce pas assiéger Orléans pour (comme ils disoyent), après le bras gauche des huguenots perdu, les aller frapper au cœur. Ceulx là alléguoyent qu'une place moins importante amuseroit autant l'armée que celle-là ; que durant le siège des autres l'admiral s'advanceroit vers les estrangers et les recevroit sans peine, quand les forces seroyent en déperition. Ceux de l'advis contraire faisoyent peur de la force d'Orléans, où l'on devoit attendre des batailles au lieu de sorties, et adjoustoyent qu'en ostant Rouen aux réformez, on l'ostoit aussi aux Anglois[5] qui y alloyent des-

Chantonay (*Mémoires de Condé*, t. III, p. 634). De Thou, qui donne le même récit, raconte que Nicolas Throckmorton, ambassadeur d'Angleterre, y fut fait prisonnier et conduit à Orléans, où il feignit d'être retenu de force jusqu'à la fin de la guerre (liv. 30). Voyez les *Lettres de Catherine de Médicis*, t. I, p. 401.

1. D'Ivoy signa, le 31 août 1562, l'acte de capitulation qui rendait la ville au roi. Cet acte est imprimé dans de Bèze, t. II, p. 85, et dans les *Mémoires de Condé*, t. III, p. 634.

2. Les huguenots accusaient d'Ivoy de trahison. Mal reçu à Orléans après le siège de Bourges, il passa au service du roi et n'y fut pas plus considéré (Lettres de Chantonay dans les *Mémoires de Condé*, t. II, p. 78 et 82).

3. Le roi entra à Bourges le 1er septembre et y resta jusqu'au 6 (*Journal de Jehan Glaumeau*, p. 134).

4. Voyez à ce sujet les *Mémoires de La Noue* (chap. VII) et les *Mémoires de Claude Haton*, t. I, p. 285.

5. Le 20 septembre 1562, les députés du prince de Condé, Jean de Ferrières, vidame de Chartres, et le s. de la Haye, signèrent

cendre. Cest advis l'emporta, et l'armée s'achemina[1] à Rouen, auparavant assiégée en vain par le duc d'Aumale[2], auquel le duc de Bouillon avoit quitté sa place[3], voyant plusieurs villes de Normandie déclarées pour les réformez.

Avant qu'entrer au siège, il est bon de sçavoir qu'après le premier siège et la batterie faite au mont Saincte-Catherine[4] par le duc d'Aumale, et Tancarville[5] assiégé par Villebon avec aussi peu de fruict, Morvilliers[6] s'étant retiré mal content, Briquemaut en passant par Angleterre avoit mis quelqu'ordre aux affaires de Normandie; mais, ayant cogneu que le

à Hamptoncourt, avec les ministres de la reine Élisabeth, un traité aux termes duquel ils s'engageaient à livrer le Havre aux Anglais moyennant 100,000 couronnes d'or payables en Angleterre. Le texte de ce traité, plusieurs fois imprimé, se trouve notamment dans les *Mémoires de Condé*, t. III, p. 689, et dans les *Mémoires de Nevers*, t. I, p. 131. Le 11 novembre, l'ambassadeur de France, Paul de Foix, présenta officiellement ses protestations aux ministres anglais. Cet acte est conservé en copie du temps dans le f. fr., vol. 6612, f. 147.

1. L'armée quitta Bourges le 11 septembre.
2. La commission donnée au duc d'Aumale, datée du 5 mai, est imprimée dans les *Mémoires de Condé*, t. III, p. 436. Il avait paru sous les murs de la ville le 29 juin (De Thou, liv. 30).
3. Vers le commencement de juillet. Voyez une instruction du duc de Bouillon au capitaine Bertheville envoyé au roi de Navarre, sous la date du 14 du mois, pour lui demander l'autorisation d'aller se justifier auprès de lui (f. fr., vol. 15876, f. 245).
4. Forteresse qui dominait Rouen. Elle avait été vainement assiégée par le duc d'Aumale du 29 juin au 11 juillet.
5. Tancarville (Seine-Inférieure).
6. Louis de Lannoy, seigneur de Morvillier, gouverneur de Boulogne-sur-Mer. Il a laissé un mémoire apologétique de sa conduite pendant les troubles de la Normandie, qui est imprimé dans les *Mémoires de Condé*, t. V, p. 246.

comte de Montgommeri[1] en prenoit jalousie, avoit suivi son chemin et impettré de la roine d'Angleterre six mille hommes et cent quatre mille escus, à la charge que la moitié de ces hommes tiendroyent garnison au Hâvre de grâce et à Dieppe, où ces forces arrivèrent en octobre[2] avec une ample déclaration pour justifier tel secours[3].

De mesme temps s'avance au siège de Rouen[4] l'armée, composée de vingt deux mille hommes de pied et de six mille chevaux, tant François qu'estrangers[5], Montgommeri[6] ayant pour la défense huit cents soldats des vieilles bandes, quelques Anglois, les habitants et six vingts hommes de cheval. La ville, sommée à l'en-

---

1. Mongonmery avait été chargé par le prince de Condé de défendre la Normandie. Une pièce, signée de ce capitaine et datée du 29 juillet, constate qu'il s'occupait dès lors à piller les villes et les églises, notamment celles de Vire (Orig., f. fr., vol. 3190, f. 14). Le 19 août, de Saint-Lô, il édicta un règlement sévère applicable à toute la province, qui est conservé aux Arch. nat., K. 1496, n° 112.

2. Les Anglais entrèrent au Havre le 5 octobre.

3. La déclaration de la reine d'Angleterre, datée du mois de septembre 1562, est imprimée dans les *Mémoires de Condé*, t. III, p. 693.

4. Les antécédents de la réforme à Rouen et le siège de la ville sont racontés dans une chronique du temps, dite le manuscrit Pelhestre, qui a été publiée en 1837 par M. André Potier. Voyez aussi le récit communiqué au Parlement de Paris (*Mémoires de Condé*, t. IV, p. 50), une lettre du roi imprimée par M. de la Ferrière (*La Normandie à l'étranger*, p. 23), un récit de Smith publié par Forbes (t. II, p. 165) et reproduit dans les *Calendars of State papers* (1562, p. 414).

5. L'armée royale commença à arriver par détachements, dès le 27 septembre, sous les murs de Rouen.

6. Mongonmery entra à Rouen le 17 septembre.

trée d'octobre[1], eut des attaques le lendemain vers Saincte-Catherine et vers Saincte-Hilaire[2]. Le jour d'après, Rouvrai et Valfrenières[3] firent une grande sortie[4] avec perte de deux cents des assiégeans. Le fort Saincte-Catherine fut battu avec extrême diligence, pour la prise de quelques messagers qui portoyent assurance au comte de l'avancement de Dandelot avec les forces d'Alemagne[5]. Sur ce point, le fort Saincte-Catherine est trahi par le capitaine Louys, que l'un des siens tua avant que se retirer. Ceux qui entrèrent meslèrent la garnison en se retirant[6], en tuèrent plu-

1. Le 28 septembre, la ville reçut la première sommation. Ce même jour, le duc de Guise établit son camp à Tourville et le 29 à Darnetal.

2. Le 29 septembre, après une courte batterie, l'armée royale donna un premier assaut au fort Sainte-Catherine, et le lendemain à la porte Saint-Hilaire.

3. Philippe de Boulainvilliers, baron de Rouvray. — René de Provanes, s. de Valfenières. — Ces deux capitaines arrivaient de Dieppe avec 50 cavaliers.

4. La sortie fut commandée par Mongonmery. Charles de la Rochefoucauld, s. de Randan, colonel général de l'infanterie royale, y fut blessé à mort. Voyez dans Brantôme (t. VI, p. 33) le récit de la mort et l'épitaphe de ce capitaine.

5. Ces messages sont conservés aux Archives nationales ; ce sont trois lettres de Coligny à Mongonmery et aux autres défenseurs de Rouen sur la prochaine arrivée de d'Andelot, en date du 22, du 24 et du 25 septembre, écrites de la main même de Coligny sur un morceau de toile blanche taillée en forme de pourpoint. Le messager portait sur lui ces ordres cousus dans la doublure de son vêtement (Arch. nat., J. 969). Ces trois curieuses pièces figurent actuellement au Musée des Archives (n° 666). Elles ont été publiées par Camus dans *Notices des manuscrits*, t. VII, 2e partie, p. 217 ; dans le *Musée des Archives*, n° 666, et par le comte Delaborde dans *Gaspard de Coligny*, t. II, p. 153.

6. Le 6 octobre, le fort Sainte-Catherine fut pris d'assaut par le connétable et le duc de Guise. Ce fait d'armes est raconté avec

sieurs ; mais estans arrivez sans se demesler jusques dans la ville, furent enfermez et assommez pour la plus part. Huict cents Anglois et Escossois venus de Dieppe se jettent[1] dans la ville, le siège encommancé, et firent un merveilleux devoir à soustenir un assaut de huict heures à la tour Colombière[2].

Le lendemain[3] fut continué un plus grand assaut avec perte de six cents hommes, mais ceux-là firent un logement sur la porte Saint-Hilaire. Les coulevrines qui battoyent en courtine tuèrent ce jour là quatre cents hommes sur les murailles. Il y eut lors par deux fois conférence pour capituler[4], mais tout inutilement. On refaict une batterie de deux mille canonnades, par laquelle on donne six heures d'assaut. En mesme temps on fit jouer trois mines, et tout cela repoussé

---

détails dans une lettre du roi à du Mortier de l'Isle, ambassadeur à Rome, du 24 octobre (Copie du temps ; f. fr., vol. 17988, f. 40 v°) ; dans une lettre de Robertet au duc de Nemours (*Lettres de Catherine de Médicis*, t. I, p. 414, note) ; dans les *Mémoires de Claude Haton*, t. I, p. 285 ; et dans une lettre de Catherine au Parlement de Paris, publiée par Secousse (*Mémoires de Condé*, t. IV, p. 41).

1. Cinq cents Anglais conduits par le capitaine Grey entrèrent dans Rouen le 9 octobre (De Thou, liv. XXXIII ; 1740, t. III, p. 329).

2. Cette tour est appelée, dans les documents que nous citons plus haut, la tour du Colombier.

3. Le 13 octobre. Ce combat est raconté avec détails dans une lettre de Marc-Antoine Barbaro, ambassadeur vénitien, du 18 octobre (Dépêches vénit., filza 4 *bis*, f. 150).

4. Le 14 octobre, Catherine envoya l'abbé de Vély à Rouen. Quelques jours après, trois personnages d'autorité, Jean Dubosc d'Emandreville, président à la cour des aides, Michel de Roquemare, capitaine, et Jean Ferry de Durescu, vinrent conférer avec la reine. Ces négociations n'aboutirent pas.

pour ce jour. Mais le lendemain[1] se redonne l'assaut général, avec tant d'opiniastreté d'un costé, de lassitude de l'autre, que, la bresche de la porte Sainct-Hilaire estant emportée la première par Sainct-Colombe[2], qui y mourut, toutes les autres furent abandonnées et la ville donnée au sac[3]. La sagesse du duc de Guise[4] sauva la pluspart de la garnison, pource qu'il arresta ses gens à prendre place de combat au-dessous de la bresche[5], craignant une résolution du comte, lequel eut ce temps pour se jetter dans une galère accompagnée de plusieurs bateaux[6]. Avec cela il fit quitter un pont que les catholiques gardoyent à travers la rivière, et puis passa à la merci de deux forts de terre, sa galère par dessus la chaine, retirant au commencement toute la foule en poupe pour faire avancer la proue jusqu'à la moitié de la quille; et puis rechargea le devant de tout l'équipage, fit basculer et ainsi se sauva.

1. Le lundi 26 octobre.
2. Le s. de Sainte-Colombe, Béarnais, capitaine de gens de pied, frère de deux capitaines du même nom qui ont marqué dans la guerre civile. Voyez le récit de sa mort dans Brantôme, t. V, p. 373.
3. Le pillage de Rouen est raconté dans les *Mémoires de Castelnau*, liv. III, chap. XIII, dans deux lettres de Moreau, officier de finances, à Artus de Cossé Gonnor : l'une publiée en partie dans les notes de *Lettres de Catherine de Médicis*, t. I, p. 430; l'autre conservée en original dans le vol. 3216 du f. fr., f. 82.
4. Catherine, dans ses lettres, reconnaît que la prise de Rouen est due au duc de Guise (*Lettres de Catherine de Médicis*, t. I, p. 430).
5. Sic, *Mémoires de La Noue*.
6. Le comte de Mongonmery se retira au Havre. Sa fuite est racontée avec détails dans une lettre de Marc-Antoine Barbaro du 29 octobre (Dépêches vénit., filza 4 *bis*, f. 154).

Le jour avant la prise, le roi de Navarre, pissant aux tranchées, reçut une arquebusade dans l'espaule gauche[1], de là emporté sur l'eschelle des pionniers à Darnetal, fit ses Pasques, et puis en secret une autre confession; se fit lire l'histoire de Job. Après ceste leçon fit serment public devant tous que, s'il réchappoit, il feroit profession de la religion réformée, quoiqu'on lui fist ouïr un jacobin desguisé auquel il tourna l'eschine en mourant; et recommanda son fils au médecin La Mezière[2], lequel, mesprisant toutes menaces, l'admonnesta selon la religion réformée jusqu'au dernier confumeau[3]. Il eut donc charge d'advertir ce jeune prince, en autres choses, qu'il servist bien son roi[4]. Ce prince estoit d'aggréable rencontre, mais muable, et qui s'estoit ployé à tous sens et changements, plus par foiblesse de cervelle que de cœur. Cela fut à Andelis à la fin de novembre[5].

1. Le 16 octobre, dix jours avant la prise, le roi de Navarre avait voulu reconnaître la brèche en personne (Lettre du roi à du Mortier de l'Isle; f. fr., vol. 17988, f. 40 v°). Il reçut, en se découvrant, une arquebusade dans l'épaule gauche. Presque au même instant, le duc de Guise fut frappé au bras d'une pierre lancée par un fauconneau (*Lettres de Catherine de Médicis*, t. I, p. 420, note. — *Calendars of State papers*, 1562, p. 375. — *Mémoires de Claude Haton*, t. I, p. 287 à 291).

2. Raphaël de Taillevis, s. de la Mézière, plusieurs fois cité dans les *Lettres d'Antoine de Bourbon et Jehanne d'Albret*.

3. Var. de l'édit. de 1616 : « ... fumeau. »

4. Ces détails sur les derniers moments du roi de Navarre sont tirés d'une chronique attribuée à La Mézière (Brantôme, t. IV, p. 119) et imprimée dans les *Mémoires de Condé*, t. IV, p. 116, d'après une copie de la coll. Dupuy. La pièce était connue de de Bèze, qui en reproduit les parties principales dans son *Histoire ecclésiastique*.

5. D'Aubigné oublie ici de dire que le roi de Navarre était

Il advint en ce siège une autre chose digne de l'histoire, c'est que le capitaine Séville, normand[1], commandant[2] à deux cents hommes de pied, fut porté d'une arquebusade dans la teste du haut en bas du rempart. Les pionniers, le prennant pour mort, le mirent avec plusieurs autres corps au remplissage environ midi. Son valet, lui ayant amené sur le soir un cheval et ayant entendu la mort de son maistre, mesme du comte de Montgommeri, qui l'asseura l'avoir fait enterrer, fut si pressant que le conte envoya le capitaine Cléri lui monstrer le lieu. Cestui-ci donc, ayant désir d'embaumer le corps pour le porter à ses parents, en déterra d'autres si desfigurez de fange et de sang qu'il ne put recognoistre son maistre; et pourtant r'enterra tous ces corps à l'aide de quelques autres valets survenus. Estans vers le logis, ce valet remonstre à ses compagnons qu'ils avoyent enterré ces corps trop à la haste et que les chiens les pourroyent manger la nuict. Il les remeine donc, et advint qu'une main paroissant comme on l'enterroit derechef[3],

monté en bateau le 15 novembre pour revenir à la cour. Il mourut aux Andelys le 17.

1. La Popelinière, de Thou et d'Aubigné ont raconté l'étrange histoire de François de Civile, d'après un récit publié par Civile lui-même, sous le titre de *Discours des causes pour lesquelles le sieur de Civile, gentilhomme de Normandie, se dit avoir été enterré, mort et ressuscité*, s. d., in-8°.

2. Ce passage, jusqu'à *fut porté*, manque à l'édit. de 1616.

3. Var. de l'édit. de 1616 : « ... *derechief*, il vit, à la lune, reluire un petit diamant en triangle qu'il reconnut. Et lors prit la main de son maistre qu'il mit sur le cheval et l'emporta au logis, le laissa sur une paillasse jusques au troisième jour, pource qu'il luy trouvoit quelque haleine et quelque chaleur. Il y amenoit bien des chirurgiens, mais, dès le premier regard, ils empor-

le lieutenant des gardes du conte donna du pied à cette main pour l'enfoncer en terre ; et de ce coup fit paroistre à la lune un petit diamant en triangle que le valet recognut. Et pourtant chargea son maistre sur son cheval, après l'avoir lavé pour le mieux remarquer ; et mesmes en le maniant, jugea en lui quelque chose de vie. Il demeura sur une paillasse au logis trois jours entiers sans assistance, et lors le valet y ayant mené un médecin et un advocat, ces deux, ayans trouvé quelque respiration, lui desserrèrent les dents, lui font couler quelque vin et autre substance dans le corps. Il y amenoit bien quelques chirurgiens, mais, dès le premier regard, ils remportoyent leurs drogues pour les employer ailleurs, comme ils disoyent, plus utilement. Comme ce pauvre garçon travailloit après son maistre, voilà la ville prise et le corps jetté par les fenestres sur un fumier ; le frère de Sévile tué en la mesme maison et jetté auprès de lui ; les deux corps couverts de la paille qu'on jettoit par les fenestres. Au bout de cinq jours, un sien ami, nommé Croisset, emmena ce corps sans mouvement et sans parole, en un village, l'ayant tiré de nuict par les bresches. Là il fut pansé et guérit parfaictement. Je l'ai veu et cogneu

toient leurs drogues où il y avoit plus d'espérance. Ce garçon fist tant qu'il y amena, le troisième jour, un médecin et un avocat de ses amis. Ceux là, en ayant jugé de mesme, luy desserrent les dents et luy font couler quelque vin et autre substance dans le corps. Comme ils y travailloient, voilà la ville prise et le corps joté par les fenestres, qui tombe sur un fumier. Son frère massacré en la mesme maison, il demeure couvert de paille qui se jettoit par les fenestres trois jours, où un sien cousin le vint querir, et fit emporter de nuict par les bresches en un village, et là *fut pansé...* »

familièrement quarante deux ans après ès assemblées nationnales, où il estoit député de Normandie, et observé que, quand nous signions les résultats, il mettoit tousjours « François Sévile, trois fois mort[1], en« terré et, par la grâce de Dieu, résuscité. » Quelques ministres, contre mon opinion, ont voulu le faire désister de ceste curiosité[2], comme la sentens vaine, mais jamais ils n'ont peu impétrer cela de lui.

Le ravage de ceste ville fut à la mesure de sa grandeur et à sa richesse, et on en estime le meurtre à quatre mille personnes. Le connestable eut soing d'arracher plusieurs prisonniers, quoi qu'il y en eust à deux mille escus de rançon, pour les mettre entre les mains du parlement[3], lequel à son arrivée fit trancher la teste à Mandreville[4] et pendre quatre conseillers et Augustin Marlorat[5]; et le lendemain six capitaines, et encores après, plusieurs autres. En représailles de quoi le prince de Condé fit mourir le président Sapin et l'abbé de Gastines[6], pris comme ils alloyent en

1. Var. de l'édit. de 1616 : « ... *trois fois mort,* trois fois enterré et trois fois, par la grâce de Dieu, *resuscité.* »

2. Var. de l'édit. de 1616 : « ... *curiosité,* ce qu'ils n'ont peu impetrer de *lui.* »

3. Le parlement de Rouen s'était réfugié à Louviers et avait commencé à y fonctionner en vertu de lettres de commission du duc d'Aumale (Lettres du 27 août 1562; coll. Brienne, vol. 206, f. 73). M. Floquet, dans son remarquable ouvrage, *Histoire du parlement de Rouen,* t. III, a raconté ces faits.

4. Jean Dubosc d'Emandreville, président à la Cour des aides de Rouen, fut arrêté le 28 octobre.

5. Augustin Marlorat, ministre protestant, né à Bar-le-Duc en 1506; avait assisté au colloque de Poissy. La procédure et l'arrêt rendus contre les accusés de Rouen par le Parlement sont imprimés dans l'*Histoire ecclésiastique,* t. II, p. 166 et suiv.

6. Jean-Baptiste Sapin, conseiller au Parlement de Paris,

[1562] LIVRE TROISIÈME, CHAP. X. 89

Espagne. Plusieurs réformez improuvèrent ceste vengeance. Et me souvient que mon père, revenant du conseil où ces deux avoyent esté condamnez, refusa de manger et dit au secrétaire Parenteau, qui l'avoit accompagné : « On dit que l'ire est une demie folie, et je « dis qu'aux princes elle est folie entière. »

Sur l'effroi de la prise de Rouan, Dieppe[1] et Can[2] composèrent et receurent garnisons, l'une Baqueville[3] et l'autre Renouart[4], à la charge qu'ils[5] auroyent quelque exercice en leurs maisons. Les ministres, quelques Anglois et les meilleurs hommes de guerre de Dieppe se retirèrent au Havre de Grâce, où ils trouvèrent le comte de Montgommeri et Briquemaut venant d'Angleterre, et avec lui le comte de Vervic[6], chef des Anglois. Ceux-là firent l'entreprise sur Dieppe[7], laquelle

---

beau-frère du premier président Le Maistre. — Jean de Troyes, abbé de Gastines. — Tous deux avaient été envoyés avec d'autres personnages, dont d'Aubigné ne parle pas, au roi d'Espagne. Ils furent condamnés et mis à mort le 2 novembre. L'arrêt est imprimé par La Popelinière, t. I, f. 337 v°. Le Parlement de Paris riposta à cette exécution par des arrêts non moins féroces (*Mémoires de Condé*, t. IV, p. 107).

1. Dieppe se rendit à François de Montmorency le 2 décembre.
2. Caen s'était rendu au roi un peu avant le 3 novembre (De Thou, liv. XXXIII).
3. François de Bacqueville, avec 100 hommes d'infanterie.
4. *Qu'ils* désigne les habitants de Dieppe et de Caen.
5. Le capitaine Renouart, nouveau chevalier de l'ordre. Voir l'*Hist. ecclés.*, 1881, t. I, p. 622. C'est lui qui avait été chargé par le roi de Navarre de recevoir et de guider les mercenaires allemands du comte de Roggendorf (Instruction du roi de Navarre du 7 juillet ; f. fr., vol. 15876, f. 214).
6. Le comte de Warwick, frère aîné du comte de Leicester, grand maître de l'artillerie d'Angleterre. Voyez les *Mémoires de Castelnau*, liv. III, chap. xii.
7. Le 20 déc. Voir les détails donnés par de Thou, liv. XXXIII.

ils exécutèrent par intelligence dans la ville, et la surprise du chasteau, en couppant chemin au gouverneur[1], qui sortoit au matin pour aller voir ses chevaux ; mais cela ne fut qu'au temps de la bataille de Dreux.

Chapitre XI.

Plusieurs sièges de Guienne : deffaicte de Duras et acheminement de forces vers Orléans.

Estans sur le point de recevoir les forces du comte de la Rochefoucaut, nous avons à dire de la Gascongne qu'après une entreprise faicte par Duras[2] sur Bordeaux et une exécutée sur Saint-Macquaire, Montluc emporta d'effroi Nérac, Castel-Jaloux, Bazas et Gironde[3], où il fit pendre soixante soldats. Il assiégea Grane[4] ; le prit par composition ; la foi faussée, tout passé au fil de l'espée. De mesme façon il traicta ceux qui estoyent retranchez au passage d'Agen[5] ; la ville bien tost quittée. D'autre costé, Duras avoit pris Lauzerte[6] et tué cinq cents hommes, le quart de prestres.

1. Le gouverneur, le s. de Ricarville, fut assassiné par des hommes apostés.
2. Le lieutenant du gouverneur du Château-Trompette était convenu avec Duras de lui livrer la ville dans la nuit du 25 au 26 juin. Voyez les *Commentaires de Monluc*, t. II, p. 417, et les *Mémoires de Gauffreteau*, t. I, p. 103.
3. Pendant le mois de juillet. Voyez les *Commentaires*, ibid.
4. Graves, en Rouergue. Depuis ce temps, dit de Thou, la *foi de Graves* est considérée en Rouergue comme synonyme de la *foi punique* (liv. XXXIII).
5. Le 12 août. Voyez les *Commentaires*, t. II, p. 450.
6. Le 15 août.

Pennes, où il avoit mis garnison, assiégée par Montluc[1], prise par assaut bien deffendu ; là de trois cents soldats n'eschapèrent que trois ; toutes les femmes tuées par les Espagnols[2], le mesme rendu par Duras à la prise de Quelus[3], pour les hommes seulement. Bourdet[4], se venant joindre à Duras, repoussé à Sarlat ; Montauban[5] tasté par Burie ; et puis le siège de Lestoure[6], et sa prise par composition bien gardée ; mais la foi faussée à ceux de Terrobe[7], comme nous avons dit.

1. En août (*Commentaires*, t. II, p. 452).
2. Le roi avait obtenu un premier secours de 3,000 Espagnols qui entrèrent en France, sous la conduite de dom Diego de Carvajal, à la fin de juillet (Lettre de d'Aspremont, vic. d'Orte, du 5 octobre ; f. fr., vol. 15877, f. 161). Une lettre de Burie, du 12 août, porte que les Espagnols étaient arrivés ce jour même à son camp au nombre de 1,000 hommes (f. fr., vol. 15876, f. 414).
3. Le 22 août 1562. Le *Bulletin archéologique du département de Tarn-et-Garonne* a publié, en 1879, une chronique de la prise de Caylus par Duras et des crimes qui y furent commis jusqu'au 25 août, date du départ de ce capitaine.
4. Le s. du Bordet, gentilhomme saintongeois, avait été envoyé par La Rochefoucauld à Duras, avec une compagnie de cavalerie pour le conduire à Orléans, et avait fait sa jonction avec lui le 2 septembre. Il fut tué au siège de Chartres en 1568.
5. Monluc et Burie investirent Montauban le 11 septembre et se retirèrent le 17 (*Commentaires*, t. III, p. 14). Le Bret, dans son *Histoire de Montauban* (t. II, p. 32, édit. de 1841), donne des dates un peu différentes.
6. Monluc assiégea Lectoure (26 septembre) ; la ville capitula le 2 octobre. L'acte de capitulation est imprimé dans le tome IV des *Commentaires*, p. 162.
7. Près de 300 prisonniers avaient été enfermés à Terraube (Gers). Le 25 septembre, ils furent désarmés et le lendemain massacrés (*Hist. des martyrs*, 1582, f. 606 v°). Monluc excuse ce massacre par un manque de foi des assiégés de Lectoure, mais il s'en console aisément. Ce fut, dit-il, « une très belle despesche « de très mauvais garçons » (*Commentaires*, t. III, p. 23).

Toutes ces choses ainsi conduictes, Montluc, adverti que Duras s'acheminoit à passer Vezere[1], et de là vers la France[2], pressa Burie de tirer de longue, pour lui aller donner sur les doigts. Ce vieillard ne vouloit rien entreprendre au nez du duc de Montpensier, nouvellement venu dans Bergerac; mais la violence de l'autre l'emporta, et le fit joindre aux bandes de Duras comme elles estoyent à Vers[3]; de quoi il print langue par une course de Montferrand[4]. Lequel, ayant donné jusques dans Sainct-André[5], à demi lieue de Vers, là trouvé la compagnie de Langoiran[6], son frère, logée, il en tua quelques uns et emmena Salignac[7] et Montcaut[8] pri-

1. La Vézère, petite rivière qui arrose l'est du département de la Dordogne.
2. *La France,* dans la langue du xvie siècle, ne désigne que la France au nord de la Loire.
3. Vergt (écrit ordinairement Ver par les historiens du temps), à 21 kilom. de Périgueux.
4. Charles de Monferrand, d'abord maître des requêtes de l'hôtel du roi et auditeur à la suite du lieutenant de roi en Piémont (f. fr., vol. 5126, f. 160), devint, pendant la guerre civile, maire et gouverneur de Bordeaux. Nous le retrouverons dans les livres suivants.
5. Il s'agit de Saint-Alvère, près de Vergt. Voir les *Commentaires,* t. III, p. 36.
6. Guy de Monferrand, dit Langoiran, frère cadet de Charles de Monferrand, capitaine protestant, trois fois condamné à mort par le parlement de Bordeaux en 1562, en 1569 et en 1574, échappa au dernier supplice par la connivence de son frère (Devienne, *Hist. de Bordeaux,* t. I, p. 172). Nous le retrouverons, en 1575, sous les murs de Périgueux.
7. Monluc dit *Savignac.* Il s'agit du capitaine Savignac de Thouars, surnommé Rossillon, précédemment envoyé au roi par les protestants de Bordeaux (Bèze, 1841, t. II, p. 464). Malgré sa rébellion, Burie fait son éloge dans une lettre adressée au roi de Navarre (f. fr., vol. 15875, f. 341).
8. Jean de Montcau, capitaine huguenot, de Montauban, un

sonniers. Quant à Langoiran et les autres chefs, ils estoyent la plus part à la chasse, ne pensans qu'au duc de Montpensier et jugeans Montluc de là Garonne : car, pour la charge de Sainct-André, Duras, adverti dès le soir, l'attribua à la garnison de Périgueu : si bien qu'il envoya à la guerre de ce costé-là le Bourdet avec soixante et dix chevaux et cent arquebusiers à cheval. Ceux-là trouvèrent en traverse les cornettes de Burie, la Vauguion[1] et Rendan[2], que Bourdet chargea en queue et desfaisoit sans la venue de Fontenille[3] ; à la faveur duquel, après quelque perte, ils gaignèrent leur armée. Voilà comment Duras sçeut qu'il avoit afaire à l'armée de Burie.

L'advis fut divers entre les chefs de Duras. Quelques-uns lui conseilloyent de tourner teste vers les ennemis, conseil que s'est attribué autrefois le Puch Pardaillan[4], et que j'ai ouy contredire. Mais Duras,

des défenseurs de cette ville contre Monluc (Bèze, t. III, p. 55, 1841).

1. Jean d'Escars, seigneur de la Vauguyon, prince de Carency, maréchal de camp en 1568, chevalier du Saint-Esprit le 31 décembre 1578, lieutenant de roi en Bretagne sous le commandement de Henri de Bourbon, prince de Dombes, mort le 21 septembre 1595.

2. Charles de la Rochefoucauld, comte de Randan, colonel de l'infanterie française, mort le 8 octobre 1562 des blessures qu'il avait reçues au siège de Rouen. Voyez sur lui la notice de Le Laboureur (*Mémoires de Castelnau*, t. I, p. 827).

3. Philippe de la Roche, baron de Fontenilles, épousa le 23 janvier 1555 (1556) Françoise, fille de Blaise de Monluc et d'Antoinette Isalguier, sa première femme. Devenu veuf, il se remaria à Paule de Viguier, célèbre à Toulouse sous le nom de la *belle Paule*. Après la démission de Monluc, il obtint, le 24 janvier 1570, sa compagnie d'ordonnance. Il mourut le 1er mars 1594.

4. Le Puch de Pardaillan, capitaine protestant, appartenait à

qui avoit envoyé ses maréchaux des logis à Montauzé[1] et au passage de l'Isle, estima pouvoir gaigner jusques là sans estre forcé au combat; comme il se pouvoit sans deux choses: l'une, deux pièces qui le retardèrent pour estre mal équipées, quelque diligence qu'y apportast Sainct-Hermine[2]; l'autre moyen, par lequel il se trouva engagé, fut que Burie, voulant faire marcher son armée en corps et mesmes réservant cest affaire au duc de Montpensier, Montluc, avec brave discours[3], eschauffa ses Gascons à l'envi des Espagnols[4], attira tous les capitaines à son opinion et Burie mesmes à y marcher alaigrement. Burie donc descouvrit en une lande de loing la file des gens de pied réformez, leur artillerie au milieu et Duras, qui faisoit la retraicte avec sa compagnie en haye. Il jette à sa gauche les gens d'armes du roi de Navarre et de Montluc, garde sa troupe au milieu, et, se couvrans la droite de Randan, de la Vauguion et du Massé[5], à ce point, sans attendre l'infan-

---

la maison de Segur Pardaillan (Aubais, *Pièces fugitives*, t. I, Guerres du comtat, p. 339). Ce surnom, *le Puch*, provenait de ce qu'il était captal héréditaire de Puchaget en Agenais.

1. Montauzé (Dordogne).
2. Joachim de Sainte-Hermine, seigneur du Fa.
3. Les discours de Monluc sont imprimés dans les *Commentaires*, t. III, p. 42.
4. Le secours promis par Philippe II au roi, qui devait s'élever à 10,000 hommes de pied et 3,000 cavaliers (Lettre de Philippe II du 8 juin; *Correspondance de Philippe II et de la duchesse de Parme*, t. II, p. 222), avait été réduit à 1,000 hommes de pied qui étaient entrés en France par Fontarabie, au commencement de juillet, sous la conduite de dom Diego de Carvajal (Lettre de Burie du 7 juillet; Arch. nat., K. 1496, n° 99). Il est vrai que ce premier envoi devait être suivi, le 20 juillet, d'une seconde troupe du même nombre d'hommes (Lettre de Philippe II du 14 juillet; ibid., n° 103).
5. Le seigneur de Massez de Beon, capitaine catholique, lieu-

terie, après une volée de canon de Burie, tout charge. La cavalerie de Duras n'attendit rien. Quelques gens de pied voulurent gaigner l'advantage d'une coline. Montluc et Fontenille y furent aussi tost qu'eux; là Duras perdit quatorze cents hommes et son artillerie[1]. Le duc de Montpensier en reçeut dix-neuf enseignes et cinq cornettes. Quelques gens de pied se voulurent sauver vers Montauban : les communes en assommèrent plusieurs à Agen, qui furent pendus à un gibet construict par Montluc pour les autres premières penderies et par lui nommé *la Consistoire*.

Duras, Marchastel[2], le Bourdet, et autres chefs, vindrent sans s'arrêter jusques à Barbezieux, et, de là gaignans Xainctes, trouvent au devant d'eux le capitaine l'Aumosnerie[3] avec quatre cents hommes, qui leur fermoit le chemin, sçachant leur désastre. Ils le

tenant du maréchal de Thermes au siège de Toulouse, mestre de camp dans l'armée de Burie au combat de Vergt, capitaine de gens d'armes en 1567 (*Commentaires*, t. III, p. 118), mourut avant le 7 juillet 1569 (*Ibid.*, t. IV, p. 185). Suivant la *Généalogie de Faudoas*, la famille de Massez de Beon était une branche de la maison de Béarn (p. 188, in-4°).

1. La bataille de Vergt fut livrée le 9 octobre 1562. Voyez les grands détails donnés par Monluc (*Commentaires*, t. III, p. 37 et suiv.). De Thou (liv. XXXIII, 1740; t. III, p. 344) et d'Aubigné s'accordent assez bien avec l'auteur des *Commentaires*. M. Dessales, archiviste de la Dordogne, a publié, en 1854, une étude developpée sur cette bataille (*Bulletin de la Soc. de l'Hist. du Prot. français*, t. II, p. 230).

2. François de Cardaillac, seigneur de Peyre, dit Marchastel, un des grands ennemis de Monluc, qui le cite souvent dans ses *Commentaires*. Il est difficile de ne pas le confondre avec son plus jeune frère, Geoffroy de Peyre, également désigné, par les historiens du temps, sous le nom de Marchastel. Voir de Bèze, t. II, p. 302.

3. De Thou l'appelle l'*Aumônier*.

mettent en pièces et laissent trois cents morts sur la place, ce qui n'est pas à remarquer pour le nombre, mais pource que telles gaillardises n'arrivent pas souvent à ceux qui sont en déroute. Ce fut lors que le comte de la Rochefoucaut se retira de Saint-Jean[1], et que ceux-ci, ayans de ses nouvelles, se rallièrent à lui au rendé-vous de l'Isle-Jourdain[2], pour marcher ensemble à Montmorillon et de là à Orléans.

Je n'ose m'esloigner d'avantage sans vous dire que, sur ces désastres aux réformez, Terride, ayant eu de Thoulouze neuf canons, trois coulevrines, quatre bastardes et quatre compagnies de la ville, attaqua encor une fois Montauban[3], demi affamé et despourveu. Il y donna quelque assaut vers les Jacobins, où il perdit Bajourdan[4], et puis une grande et opiniastrée escalade. Les ministres seuls empeschèrent (après plusieurs parlements) que la ville ne fust rendue. Elle demeura donc jusqu'à la paix en cest estat[5], où nous

1. François de la Rochefoucauld, qui assiégeait Saint-Jean-d'Angély, leva le siège et marcha à la rencontre des restes de l'armée de Duras. D'après Sainte-Croix, il avait 6,000 hommes de pied et 1,400 cavaliers (*Archives curieuses*, t. VI, p. 109 et 110).

2. Cette jonction était prévue par les capitaines catholiques avant la bataille de Vergt. Voyez la lettre autog. de Montpezat à la reine, datée du 4 octobre 1561 et de Châtellerault (f. fr., vol. 15877, f. 148).

3. Le 9 ou le 10 octobre, Antoine de Lomagne, seigneur de Terride, remit le siège sous les murs de Montauban. Monluc le rejoignit peu après, mais les deux capitaines furent obligés de se retirer le 3 novembre (*Commentaires*, t. III, p. 58 et suiv.).

4. Le 22 octobre.

5. En se retirant, le 3 novembre, Terride changea le siège de Montauban en blocus et laissa sous les murs de la ville le capitaine Saint-Salvy, son frère et son lieutenant. Le blocus dura jusqu'au 15 avril 1563, date de la signification du traité d'Amboise (*Hist. ecclés.*, 1841, t. III, p. 162).

la lairrons pour conduire le duc de Montpensier et Burie, joint à lui, sur les erres des vaincus, et de là à faire accepter des traictez tels qu'il voulut à Xainctes et aux Isles pour aller gouverner les Rochelois en la manière que nous avons dit.

Chapitre XII.

Acheminement des Reistres et autres forces de diverses parts au siège de Paris.

Rien ne nous amuse plus pour voir joindre, en mesme temps que le comte de la Rochefoucaut, Dandelot, venant d'Alemagne, où il avoit esté traversé par les négociations de Loisel[1] et de Rambouillet[2], assisté par l'envoi de Passi[3] et d'une confession des églises de France pour l'opposer à la contrefaicte dont on avoit imbu l'Allemagne. Sur tout la levée fut puissamment aidée par le lantgrave de Hesse[4], qui mit le pre-

---

1. Henri de Clutin, s. d'Oisel et de Ville-Parisis, fut envoyé en Allemagne par la reine à la fin de juillet. On conserve dans la coll. Brienne, vol. 203, f. 25, une copie des instructions qui lui furent données. Il mourut à Rome, le 22 juillet 1566. Le Laboureur a fait son éloge (*Mémoires de Castelnau*, 1731, t. I, p. 430).

2. Jacques d'Angennes, s. de Rambouillet, fut envoyé en Allemagne par la reine à la fin d'août 1562. On trouve dans les *Mémoires de Condé*, t. III, p. 630, l'instruction qui lui fut remise.

3. Jacques Spifame, abbé de Passy, évêque de Nevers, avait été envoyé par le prince de Condé en Allemagne pour présenter à la diète les prétendues lettres de la reine qui lui confiaient la garde du roi (*Mémoires de Condé*, t. III, p. 213). Sa déclaration officielle à la diète de Francfort est datée du 4 novembre et publiée dans les *Mémoires de Castelnau*, 1731, t. II, p. 28, et dans les *Mémoires de Condé*, t. IV, p. 56.

4. Madeleine de Mailly, comtesse de Roye, belle-mère du

mier aux champs Friderich Rols-Haufen[1], son mareschal, si bien qu'au commencement d'octobre, l'armée fit monstre à Baccara[2] de neuf cornettes de cavallerie, qui faisoyent trois mille chevaux, et de douze compagnies de Lanskenets qui venoyent à quatre[3].

L'Espine, poictevin, les joignit auprès de Strasbourg[4]. Le duc de Nevers s'opposa à eux à l'entrée de France avec treize compagnies de gens d'armes, les légionnaires de Picardie et de Champagne. Mais cela n'empescha point de piller Sainct-Cire, Jussy et puis Chasteau-Vilain[5], où un Cordelier pendit ses compagnons, et puis demeura bourreau de l'armée tousjours en son habit. Là les estrangers reçeurent le harekelt[6] des deniers qu'avoyent fourni volontairement les princes allemands. Le duc de Nevers avoit jetté dans ce Chasteau-Vilain quelques chevaux légers, qui ayans voulu voir l'armée de trop près et faire la retraicte trop à regret, les coureurs les meslèrent et arrivèrent pesle-

prince de Condé, réfugiée à Strasbourg depuis le commencement de la guerre, entretenait les négociations du parti réformé avec tous les princes allemands. Sa correspondance avec le duc Christophe de Wurtemberg depuis le 14 octobre 1562 a été publiée, d'après les originaux conservés en Allemagne, dans le *Bulletin de la Société de l'hist. du prot. français*, t. XXV, p. 349 et 506.

1. Frédéric Rolthausen, maréchal de Hesse et colonel général de la cavalerie.
2. Baccarat (Meurthe-et-Moselle), le 10 octobre 1562.
3. D'Andelot avait signé, le 18 août 1562, au nom du prince de Condé, l'engagement du parti huguenot avec les capitaines de reîtres. Cette pièce a été publiée d'après l'original par M. le comte Delaborde dans le *Bulletin de la Soc. de l'hist. du prot. français*, t. XVI, p. 116.
4. De Thou attribue cette mission au prince de Portien.
5. Villages de la Haute-Marne. L'édit. de 1616 imprime *Icy*.
6. *Arkengeld*, droit de passage payé en argent.

mesle dans la ville. De là le duc, fortifié du mareschal Sainct-André et de trente huict compagnies de cavalerie, de vingt cinq enseignes des vieilles bandes, des garnisons et de la noblesse volontaire, voulut se présenter au passage d'un petit gué ; mais ses coureurs furent meslez si rudement que la retraicte lui fut juste. Et puis les villes principales entrèrent en une telle peur à cause des massacres qu'ils avoyent faits, et sur tout les ecclésiastiques, qui avoyent veu comment on avoit remarqué les Cordeliers de Chasteauvilain pour avoir joué du cousteau ; toutes ces villes prièrent le duc et le mareschal les vouloir emplir de leurs forces avec menaces de quitter leurs villes.

Ainsi ceste armée passa la Seine au-dessus de l'embouchure[1], logeant à Saincte-Seine, qui est sur Tille, à Yonne, à Crevant. Et puis le prince de Condé, avec les forces que nous avons descrites, s'avança en leur chemin au siège de Pluviers, qui, s'estant rendue à discrétion[2], la garnison eut la vie sauve, hors mis quelques prestres et deux capitaines[3] qui avoyent manqué de foi au prince. De là et d'Estampes, où ils trouvèrent deux compagnies, desquelles la contenance causa quelque pillage, se firent aisément les magazins de l'armée, y estans commencez ceux du roi. Les Reistres, nouveaux venus, escrivirent à leurs compatriotes, en l'armée des catholiques, pour les desbaucher ; mais ils ne peurent avoir que le comte de Waldech[4]

1. C'est-à-dire au-dessus de sa source.
2. Le 11 novembre 1562.
3. Mathurin Garnier et Francisque. De Thou dit qu'ils furent pendus (liv. XXXIII).
4. Le comte de Waldeck était un des trois capitaines de reîtres (Bèze, t. I, p. 543).

avec environ six vingt chevaux. A Estampes, joignirent l'armée quelques forces de Normandie, qui avoyent trouvé Baugenci quitté de frayeur. Ce fut aux catholiques à retirer les bandes qui venoyent de Champagne au cul des Reistres, et appeler les autres de tous costez pour arrester la gayeté de cœur des réformez ; entre les principaux desquels il y eut de grandes disputes, s'il faloit aller tout droit à Paris pour piller les fauxbourgs, ou si on prenoit pied à pied toutes les bicoques d'alentour. Par les practiques de Janlis, qui se vantoit d'intelligence dans la ville du costé de Sainct-Denis, il fut résolu de marcher vers Sainct-Denis[1].

Des Estampes, la roine ne faillit pas d'envoyer Gonnor[2] au prince de Condé pour lui ouvrir une nouvelle face de traicté par la mort du roi de Navarre, son frère, duquel il devoit prendre la place et l'authorité à la conservation de l'Estat. Bien qu'au commencement le prince respondit qu'après la paix il sçauroit bien prendre l'authorité de son frère, si ne pouvoit-il en aimer la place ni l'exemple, comme estant mort au service de ses ennemis. Si est-ce qu'il se laissa amuser et par là donna loisir de fortifier les fauxbourgs devers

---

1. Toute cette partie du récit est tirée de de Thou, de La Popelinière et de de Bèze, qui eux-mêmes ont surtout utilisé une déclaration du prince de Condé, datée du 1er octobre (*Mémoires de Condé*, t. IV, p. 1).

2. Voyez les deux lettres de Catherine de Médicis à Gonnor, du 7 et du 10 novembre (*Lettres de Catherine de Médicis*, t. I, p. 432 et 433). Écrites à mots couverts, elles sont expliquées par la lettre de Coligny à Gonnor, publiée dans les *Mémoires de Condé*, t. IV, p. 55. De Thou dit que Gonnor était auprès du prince de Condé le 22 novembre (liv. 33). Il devait y être avant cette date, car on conserve dans le vol. 24 des Vc de Colbert un passeport, donné par le prince à cet ambassadeur sous la date du 8.

l'Université, à la garde lesquels commandoit Martigues[1] avec vingt enseignes de Bretons, tous les lanskenets, la moitié des Suisses et deux mille chevaux, la pluspart Reistres. L'autre moitié des Suisses, le régiment de Picardie, huict compagnies de gens d'armes, et la pluspart de la noblesse volontaire, furent donnez au mareschal Sainct-André pour défendre le passage de Corbeil qui desjà avoit esté sommé[2]. Le prince, ayant senti à la première escarmouche que la petite armée de Corbeil n'estoit guère moins forte que la sienne, vit en mesme temps le parlement[3] rompu par un arrest de mort que la cour prononça contre le général des réformez et chacun de leurs chefs en particulier[4]. Sur ceste colère, il fallut marcher droit à Paris, où l'armée, composée de huict mille hommes de pied, cinq mille chevaux et huict canons, arriva le vingt-huictiesme[5].

1. Sébastien de Luxembourg, prince de Martigues, surnommé le *Chevalier sans Peur,* était colonel de l'infanterie, en 1562, et devint capitaine d'ordonnance. Après la mort du duc d'Estampes, son oncle, il obtint le gouvernement de la Bretagne. Il s'était distingué à la défense de Metz, au siège de Calais, aux batailles de Dreux, de Jarnac et de Moncontour. Il fut tué en décembre 1569 sous les murs de Saint-Jean-d'Angély.
2. La ville et la garnison de Corbeil reçurent la sommation le 17 novembre.
3. *Le parlement,* c'est-à-dire les pourparlers.
4. Arrêts du Parlement de Paris des 12, 13, 14, 16 et 21 novembre (*Mémoires de Condé,* t. IV, p. 107, 114 et 122).
5. Le 28 novembre 1562. Sur l'arrivée de l'armée de Condé sous les murs de Paris, voyez un curieux récit tiré du recueil des délibérations du conseil de la ville (Arch. nat., H[2], 1784).

Chapitre XIII.

Plan et lèvement du siège de Paris, et acheminement vers Dreux.

Des villages qui sont sur le ruisseau de Villejuifve, l'armée marcha en un beau jour. L'admiral, conduisant l'avantgarde, poussa devant lui le prince Pourcian et Mouy, lesquels, ayans à leur estrié chacun une troupe d'arquebusiers, donnent si brusquement aux retranchements des fauxbourgs de Sainct-Marceau et de Sainct-Victor, et de là dans les fauxbourgs mesmes, que les portes de la ville furent comme abandonnées, ce qui a fait croire à plusieurs que la ville se pouvoit emporter d'emblée. Mais l'armée n'estant pas disposée à cela, comme à chose non croyable, se falut contenter du logement; assavoir des gens de pied à Montrouge, où Janlis commandoit, et à Vaugirard; le prince et l'admiral ensemble à Arcueil; les forces de Guienne à Sceaux; et le reste accommodé par tous les villages de ceste estendue.

Le lendemain, le temps continuant d'estre beau, le prince ayant fait voir son armée au plus bel estat qu'il put, présenta la bataille, n'oubliant rien de ce qu'il faut pour y convier, mais n'eut responses que de canonnades; si bien que tout se passa en légères escarmouches, èsquelles se signala le comte de la Rochefoucauld, pour [ce que] après le deffi d'un lancier, lui qui n'avoit que le pistolet, en avoit destourné le bois et tué son ennemi, chose fort nouvelle en ce temps là.

Le jour suivant estoit voué à mesme exercice, mais le prince de Condé, qui s'estoit excusé quelques jours auparavant de parlementer et avoit mis l'admiral en sa place, ce jour y fut engagé ; et pourtant la roine avec le cardinal de Bourbon, le prince de la Roche-sur-Yon, le conestable, le mareschal Danville, son fils, se rendirent à un moulin à vent près Sainct-Marceau[1]. Le prince, l'admiral, Janlis, Grandmont et Esternai[2] s'y trouvèrent de l'autre costé. L'Aubespine[3] enregistra les demandes du prince de Condé, qui estoyent pour tout d'un concile libre, moyennant quoi toutes les villes seroyent rendues et tous estrangers s'en iroyent. Le lendemain, les responses de la roine furent qu'il faloit exempter de ceste liberté les Parlements et les frontières.

Comme l'admiral vit que ce parlement s'en alloit en fumée, il commanda à Fequières, mareschal de camp, de recognoistre les tranchées, si bien que deux jours après, comme on vit le traicté rompu et mesme n'avoit esté fait que pour attendre les Gascons et Espagnols qui avoyent deffait Duras, la résolution fut prise de donner la nuict dans les tranchées, rompues la première fois, pour s'estre les bandes trouvées trop tard

1. Le 2 décembre 1562 (Registres du bureau de la ville de Paris aux Archives nationales ; H^2, 1784, f. 154).
2. Antoine Raguier, seigneur d'Esternay. C'est lui qui, le 11 juin 1561, avait présenté à la reine la célèbre requête, imprimée dans les *Mémoires de Condé*, t. II, p. 370, qui donna lieu à l'édit de juillet.
3. Claude de l'Aubespine, seigneur de Hauterive et baron de Châteauneuf-sur-Cher, secrétaire des finances et plus tard secrétaire d'État, en 1543, était le frère de l'évêque de Limoges, ambassadeur en Espagne. Il mourut le 11 novembre 1567 (Introduction aux *Négociations sous François II*).

au rendé-vous, et la seconde pource que Janlis, qui avoit fort réprouvé ceste entreprise et qui estoit desjà soupçonné pour avoir esté caressé outre le commun par le duc de Guise au parlement, se desroba le soir, feignant vouloir recognoistre, et pour cest effect y ayant convié Avaré[1]. Quand il fut dans les tranchées il déclara à son ami qu'il réprouvoit tout refus de paix, qu'il s'en alloit vivre doucement en sa maison, quittant le parti et non la religion. Puis Avaré, ayant refusé de le suivre, vint advertir comme les troupes se préparoyent à l'exécution; si bien que le prince, ayant changé le mot de l'armée, renvoya chacun à son logis. Le traict de Janlis ne rompit pas seulement l'entreprise des tranchées, mais la continuation du siège, attendu qu'il cognoissoit la foiblesse de l'armée. Par ainsi, le prince et l'admiral d'accord en cela, sachans que les Espagnols devoyent passer l'eau à Mantes, que les bandes du comte de Brissac[2], celles de Piedmont et la cavallerie de Lionnois et Bourgogne (tout cela conduit par Tavanes et Maugiron) arrivoyent à Paris; que dans les tranchées il y avoit desjà deux fois autant d'hommes qu'en avoyent les réformez; tous furent d'advis d'aller joindre les forces et l'argent qui leur venoit d'Angleterre.

Donc, le dixiesme de décembre[3], l'armée se leva,

1. De Besiade, s. d'Avaret, capitaine huguenot, guidon de la compagnie de Genlis, mort de la peste quelque temps après à Orléans (Brantôme, t. VI, p. 398). Les détails donnés ici par d'Aubigné sont confirmés par les *Mémoires de Castelnau* (liv. IV, chap. IV).

2. Timoléon de Cossé, premier comte de Brissac, fils du maréchal de Brissac, tué au siège de Mucidan, en Périgord.

3. Cette date et l'ensemble du récit de d'Aubigné sur les pré-

fit son premier logis à Palézau, le second à Limoux[1], et vint séjourner à Sainct-Arnoul, où fut tué quelques hommes qui vouloyent refuser les portes[2]. La friandise de Paris estoit telle qu'en disputant à ce séjour, s'il faloit attaquer Chartres, le prince eut envie de faire encor une bourrasque dans les fauxbourgs de Paris, à quoi l'admiral s'opposa, et dès lors y eut plusieurs controverses entr'eux, notamment sur le chemin de Paris à Dreux. Le prince opiniastra toujours qu'ils alloyent à une bataille, payant quelques fois de raisons, quelques fois de songes, sur tout d'un accident que les autres historiens ont raconté. C'est qu'en passant le ruisseau de Maintenon, une vieille femme marcha dans l'eau droit au prince, l'arresta par la bride de son cheval pour le contempler à son aise, puis le laissant, s'écria : « Prince, tu souffriras, mais Dieu « sera avec toi et te délivrera. » Il respondit : « Priez- « le pour moi, ma mie[3]. » Ceste femme, en l'eau jusqu'à la ceinture, horrible de visage et ridée, rendit ce prince merveilleusement pensif. Depuis, estant couché à Annet, il eut un songe qu'il raconta le lendemain à plusieurs et entre ceux-là à Bèze et à mon père : c'estoit qu'il pensoit faire en mesme jour trois combats et

cédents de la bataille de Dreux sont confirmés dans les registres du bureau de la ville de Paris (Arch. nat., H², 1784, f. 154).

1. Limours (Seine-et-Oise), maison de plaisance de Diane de Poitiers. De Thou dit qu'elle fut préservée de tout dommage (liv. XXXIV).

2. Saint-Arnoul (Seine-et-Oise). Condé vint y coucher le 13 décembre (*Mémoires de Castelnau*, liv. III, chap. IV) et y était encore le 16 (Lettre de cette date à la reine d'Angleterre ; H. de la Ferrière, *Le XVIᵉ siècle et les Valois*, p. 86).

3. De Thou, qui raconte cette aventure, la fixe au 16 décembre (liv. XXXIV).

que lui demeuroit au troisiesme sur un monceau de corps morts. L'admiral, qui n'aimoit pas les songes, contrarioit tellement à ceste opinion qu'il faisoit tout par colère, si bien que, le jour du combat, l'avant-garde qu'il menoit ayant esté brouillée par la faute des mareschaux de camp dans le quartier du prince, l'admiral s'estoit logé à discrétion à Néron[1], s'esloignant de l'ennemi d'une lieue et demi plus que la bataille[2]. Et au matin estant mandé pour se trouver au camp, qui fut celui de la bataille, il y arriva deux heures après le prince; et mesmes, sur l'opinion de son infaillible sagesse, plusieurs gentilshommes avoyent laissé leurs armes au bagage et furent en pourpoint au combat.

La principale cause de la bataille fut d'un costé l'entreprise qu'avoit Baubigni[3] sur Dreux, laquelle il démonstroit si infaillible que l'armée des réformez en fit son dessein, sans oublier la commodité du rafraîchissement, et de mettre ceste ville entre les ennemis et eux pour commodément s'advancer aux Anglois. D'autre costé, le jugement de ces mesmes commoditez, et la défense de la ville, fut occasion d'avancer l'armée royale et de passer la ville pour prendre place de bataille en un haut à la main gauche, où elle print sa forme en croissant, ayant à chacune de ses cornes un village. Le plus haut, qui estoit à droicte, fut incontinent fourni de quatorze canons, à chasque main un bataillon et à chasque aisle des bataillons un gros de cavallerie; toutes les deux poinctes armées d'enfans perdus choisis dans les bandes. L'autre village farci

---

1. Néron, près de Nogent-le-Roi (Eure-et-Loir).
2. *La bataille,* c'est-à-dire le corps de bataille.
3. Jean ou Pierre Perdriel, seigneur de Bobigny.

d'arquebuserie ; à son ombre, l'advantgarde, conduite par le mareschal de Sainct-André ; derrière lui, le duc de Guise, avec cinq cents lances deffendues de mille arquebusiers choisis, à la gauche, et autant à la droicte. La bataille s'estendoit entre les deux villages[1] en quinze cents pas d'espace, si bien qu'elle ne pouvoit passer toute à la fois ; mais seulement y trouvèrent place le bataillon des Suisses et le gros du connestable.

Le prince marchoit pour le logis de Trion[2] et non en espoir de la bataille, ayant son advantgarde composée de trois cents cinquante chevaux françois, quatre cornettes de Reistres, et pour infanterie douze compagnies françoises et six de Lanskenets, cela conduit par l'admiral ; à la bataille y avoit quatre cents cinquante lances françoises, six cornettes de Reistres, quatorze compagnies de gens de pied françois et huict de Lanskenets, et de plus quatre cents argolets[3], comme on les nommoit en ce temps-là.

En l'armée catholique y avoit en tout quarante deux compagnies de François, vingt huict de Suisses, treize enseignes d'Espagnols, tout cela approchant de vingt quatre mille hommes, si bien que l'armée catholique n'estoit que pareille en cavallerie à l'autre, mais avoit trois fois autant d'infanterie.

1. Les villages de l'Espine et de Blainville.
2. D'Andelot, qui avait reconnu l'armée royale, jugeait l'attaque dangereuse et avait décidé le prince à se retirer à Treon, près de Dreux.
3. Les argoulets étaient des cavaliers qui tiraient leur nom des arcs dont ils avaient été armés à l'origine (*Mémoires de Sully*, 1778, t. I, p. 237).

Chapitre XIV.

Bataille de Dreux[1].

Dandelot, estant au jour et à l'accès de la fièvre quarte, vint enveloppé d'une robbe fourrée aux coureurs, sur le point que les deux armées oyoyent leurs tambours sans se voir, et s'estant advancé à une pointe de bois, à propos pour descouvrir l'armée, la recognut et jugea telle qu'il conseilla d'esquiver le combat. Et de fait le prince voulut essayer si, en ployant au chemin de Trion, il pourroit remettre la partie à une autre fois, mais ne put, sans tourner l'eschine, empescher que les armées ne se trouvassent en veue. Ainsi ne s'en pouvant desdire, fit tourner sa teste, qui n'eut pas cheminé quatre cents pas sans recevoir une volée de canon par le commandement du connestable, qui vit aussi prendre la fuitte aux cinq compagnies d'arquebusiers à cheval que commandoyent la Curée[2] et Fumée[3]. Il vit aussi que les Reistres les plus avancez avoyent ployé dans un valon pour s'oster de mire. Partant, jugeant de la pièce à l'échantillon, et pensant que l'armée se sentiroit de ceste maladie, fit un mot de harangue, encourageant les siens, premièrement

---

1. Cf. le récit de de Bèze (t. I, p. 606) et de Thou (liv. XXXIV).
2. Gilbert Filhet, s. de la Curée, gentilhomme angevin, un des lieutenants de Beauvoir la Nocle au Havre (*Mémoires de Castelnau*, liv. III, chap. XII), fut nommé par Jeanne d'Albret, en 1564, gouverneur de Vendôme et fut assassiné par les catholiques peu après (De Thou, liv. XXXVI).
3. Louis Fumée, s. de Bourdelle, second fils du conseiller Antoine Fumée (*Hist. ecclés.*, t. II, p. 59).

par le nombre d'hommes qui triploit la petite troupe des ennemis mal aguerris, mal armez et harassez, et puis par la recommandation de la cause de l'Église et de celle du roi; cela dict, fait marcher. Mais l'advantgarde ne pouvant trouver place entre l'Espine et Blinville, il arriva que la bataille, qui avoit desjà avancé dans le milieu, passa la première. L'autre bataille, menée par le prince de Condé, ayant pris plus à droicte, se trouva vis-à-vis de l'avantgarde catholique, demeurant l'admiral avec la sienne en teste du connestable et de sa bataille.

Le prince, en attendant à desployer l'avantgarde des ennemis plus retirée, comme nous avons dit, parla aux siens de la cause de Dieu, de l'injustice des ennemis, meilleurs pour bourreaux sur ceux qui ne se deffendent point que pour soldats contre la valeur esprouvée des compagnons, et fit faire la prière courte. Il abrégea pour découpler Mouy[1] et Avaré, qui avoit la troupe de Janlis, sur les Suisses, qui paroyent le costé. Ceux-là les percent d'outre en outre par le milieu, le prince en prent la moitié vers la queue et l'emporte, quatre cornettes de Reistres le suivent et s'y acharnent avec grand meurtre.

Le mareschal d'Anville, avec sa compagnie de gens d'armes et autant de chevaux légers, donnoit au secours des Suisses; mais deux compagnies de Reistres, qui naissoyent du valon, le chargent et recoignent

---

1. Artus de Vaudray, s. de Mouy en Beauvaisis, un des chefs du parti réformé, était puiné des seigneurs de Saint-Phale. Il fut assassiné à Niort en 1569 par Louviers de Maurevert, dit *le tueur du roi*. Voyez sur Mouy la notice de Le Laboureur dans les *Mémoires de Castelnau*, t. I, p. 772.

si avant que son r'alliement fut derrière la troupe de réserve, où estoit le duc de Guise.

Là fut tué Montbron[1], fils du connestable.

Le comte de la Rochefoucaut, avec cent salades du gros du prince, eut pour partage la teste du bataillon, de laquelle il n'eut pas bon marché, car il falut qu'il se retirast bien garni de coups de picques, et pourtant après avoir tué le colonnel et la plus part des capitaines principaux.

L'admiral presque de mesme temps fit sa charge, ayant flanqué son gros à droicte, seulement de deux cornettes de Reistres, et poussé devant soi le prince Porcian, mais, premier que de joindre, il lui falut boire la volée de quatorze canons, le *salve* des enfans perdus et celui du bataillon du gauche. Nonobstant tout cela, les réformez donnèrent à teste baissée, et furent reçeus si furieusement que plusieurs de l'armée du roi prirent ce combat pour décision de la bataille. Le connestable porté par terre[2] est remonté par Oraison[3]; n'oublie rien de son mestier, r'allie et recharge; les autres, qui avoyent fait de mesme, le rompent. Là il fut pris par un François[4], à lui osté par les Reistres,

---

1. Gabriel de Montmorency, seigneur de Monberon, troisième fils du connétable. Le Laboureur a écrit sa vie (*Mémoires de Castelnau*, 1731, t. II, p. 85).

2. C'est-à-dire qui avait eu son cheval tué sous lui.

3. Le seigneur d'Oraison, lieutenant du connétable, chevalier de l'ordre. Le Laboureur a écrit sa vie (*Mémoires de Castelnau*, t. II, p. 105).

4. Le connétable, blessé d'un coup de pistolet au menton (lettre de la princesse de Condé à la dame de Montmorency, du 24 décembre 1562; autog., f. fr., vol. 6607, f. 46), rendit son épée à Robert Stuart de Vezines.

ausquels il donna le gantelet, par le conseil du François mesme[1], quoi que quelques Reistres criassent, « *Chelme* « *table*[2]. » Là fut porté par terre le duc d'Aumale, Givri[3] tué, et c'est de là que plusieurs cavalliers gaignèrent Paris, tenans la bataille perdue.

L'admiral r'allie ce qu'il put de sa troupe, va passer sur le ventre à dix-sept enseignes françoises et au gros bataillons bretons, qui costoyoyent les Suisses ; si bien que la bataille rompue par tout fut poursuivie jusques dans la rivière d'Eure, en laquelle plusieurs se noyèrent. La tuerie fut grande et avec tel loisir que la pluspart du bagage en fut emmené. Les Lanskenets des réformez, voyans les Suisses brisez de tant de charges et ceux qui les soustenoyent desfaits, poussez de l'inimitié naturelle qu'ils ont contre ceste nation, s'advancent pour les achever. Les Suisses, r'alliez à leur veue, font une partie du chemin et donnent si furieusement qu'ils mettent les Lanskenets en une honteuse et lointaine fuite. De plus deux cornettes de Reistres les chargent et meslent, pour réparer la honte de leurs gens. Ils se dépestrent de ceux-là à force de coups ; et puis, ayant regret d'avoir laissé huict pièces d'artillerie, ils marchent en l'estat qu'ils estoyent pour les regagner ; et, pour ce qu'ils en eussent battu les ralliements

---

1. Le capitaine Volpert von Dest (Engagement de garantie de la rançon du connétable, signé par Coligny ; f. fr., vol. 3243, f. 97).

2. *Schelm connétable*, coquin connétable.

3. René d'Anglure, s. de Givry, colonel de l'infanterie française en Toscane. Lorsque Monluc avait été rappelé en France en 1557, Givry avait été lieutenant de roi à Montalcino (*Commentaires*, t. II, p. 239). Le Laboureur, dans ses notes sur les *Mémoires de Castelnau*, a raconté sa vie (t. II, p. 94).

du prince et de l'admiral, cela contraignit tout le reste des forces qui se rallioyent de charger ces hommes valeureux par tous les endroits. Lors ils furent mis en pièces de tous costez. Encor dix à dix et six à six se ramassoyent pour percer vers leur advantgarde, combattans à coups de pierre quand leurs armes furent brisées; assez ne leur peut rendre gloire la postérité.

En tel estat demeura la bataille une heure et demie, quand le duc de Guise[1], voyant les réformez demi vaincus par leur victoire, ayans mis à ses deux estriers deux bataillons, à droite celui des François, à gauche celui des Espagnols, pousse le maréchal Sainct-André avec deux cents lances, qui en avoit encore cinquante devant, outre huict cents arquebusiers qui le suivoyent au trot. Tout cela donne premièrement à l'infanterie des réformez commandez par Rohan, qui estoit en ce lieu seize cents hommes; ceux-là rompus sans peine. De là il donne à ces deux cornettes qui venoyent de charger les Suisses, et aux Lanskenets qui ne les avoyent fait que baiser. Tout cela, se despestrant au travers du village de Blinville, prit le chemin de Trion jusques où ils remportèrent Dandelot; lequel s'estant chauffé à un village, et au déclin de son accès, fit tout devoir de les r'allier. Le duc de Guise, sans perdre sa forme, esbranla et mit en fuite tout ce que le prince de Condé essayoit de ramener au combat. Et enfin, comme il[2] s'opiniastroit à demeurer le dernier, il fut

---

1. Le duc de Guise, dit de Thou, n'exerçait aucun commandement, aimant mieux combattre en capitaine isolé qu'être lieutenant du connétable.

2. *Il* désigne le prince de Condé.

premièrement blessé à la main et, son cheval estant abattu, pris par le mareschal d'Anville[1].

L'admiral, ayant aussi un peu essayé de remettre le désordre sur le lieu, s'advisa de laisser passer un taillis, à travers lequel ce qui fuyoit en désordre passa mieux que ce qui suivoit en ordre, et d'une petite troupe hors du taillis, ayant fait voir qu'ils n'estoyent point trop pressez, remit ensemble deux cents cinquante chevaux françois et quelques huict cents Reistres, qu'il partagea à ses deux mains. Encor prit-il loisir de dire à ses compagnons : « Courage, mes « amis, le dernier qui se rallie emporte le fruict de la « bataille ! » Il démarche en ceste ordonnance jusque à Blinville. Là il trouva le duc de Guise qui faisoit ferme, qui, outre les bandes qui se flanquoyent, s'estoit fortifié de celles de Piedmont toutes fraisches, n'ayant point combattu. D'ailleurs il avoit r'allié trois gros de cavallerie, le moindre de six cents chevaux, de quoi il fit front comme l'admiral se présenta. Les capitaines catholiques jugèrent que c'estoyent Reistres qui se venoyent rendre, mais ils perdirent bien ceste opinion quand ils les virent venir au pas boire quatre mille arquebusades premier que toucher aux lances. Plusieurs des cazaques blanches qui menoyent le combat, blessez et désarmez, vindrent choquer les espées en arrest avec telle opiniastreté qu'ils rompirent et mirent en fuite les trois gros, quoiqu'ils fussent plus de dix-huict cents chevaux ; et mesmes firent impression dans la teste du duc de Guise, où ils tuèrent la Brosse[2], son

1. Tavannes dit qu'il fut pris par un archer du maréchal Damville (*Mémoires,* coll. Petitot, vol. XXIV, p. 379).
2. D'Aubigné confond ici Jacques de la Brosse, lieutenant de

lieutenant, couvert des armes de son maistre par précaution comme on a dit.

Tout se retira à l'ombre des deux bataillons, dont les picques, ne pouvans estre forcées, empeschèrent l'entière victoire de l'admiral qui se remet en ordre, donne cinquante chevaux de retraicte à Bouchevanes[1]; et cependant que le duc de Guise r'allioit, en observant tous ses avantages, de quoi le charger, il vint au pas r'amasser son infanterie, tout son bagage et toute sa grosse artillerie, qui avoit esté inutile pour la chaleur des premières charges. Ainsi fit sa retraicte, le duc de Guise ne le pressant qu'autant que ses bataillons s'avançoyent. Pour la fin, après avoir marché quelque espace, l'admiral prit le logis de la Neufveville[2], à une lieue de la bataille, et le duc de Guise, s'esloignant de pareille distance, s'en reva loger à Dreux.

Chapitre XV.

Conséquences de la bataille.

Six choses notables sont remarquées en ceste bataille : le combat sans escarmouche, l'extrême val-

---

la compagnie du duc de Guise, avec le s. d'Hespani, écuyer de ce prince. D'Hespani, ancien écuyer de P. Strozzi, passé au service du duc de Guise, montait, à la bataille de Dreux, un cheval de bataille que le duc se réservait habituellement. Les capitaines huguenots le prirent pour son maître, s'acharnèrent après lui et le percèrent de coups. Voyez le récit de Brantôme, t. VII, p. 302.

1. Antoine de Bayancourt, seigneur de Bouchavannes, lieutenant de la compagnie du prince de Condé.

2. La Neuville (Eure-et-Loir).

leur des Suisses, la patience du duc de Guise, la longue durée du combat[1], la prise des deux chefs, la retraicte des deux armées[2] ; j'y voudrois adjouster les grands combats de l'admiral, son r'alliement en sa confusion, sa grosse artillerie retirée et emmenée, d'avoir rendu à son profit le dernier acte de la tragœdie, et sa retraicte agréable aux ennemis.

On estime la perte de ceste journée jusques à huict mille hommes[3], quelques uns n'y en veulent six mille. Il est certain qu'à la reveue faite par l'admiral le lendemain, ne fut trouvé de perte en son armée que de deux mille deux cents hommes de pied et de sept vints hommes de cheval, en y contant quatre ou cinq cents Lanskenets, que le duc de Guise se contenta de désarmer et renvoyer en leur pays.

Ce qui rend le meurtre si grand du costé des catholiques, c'est principalement la grande deffaicte des Suisses. Les morts de marque des catholiques furent : Mombron, le mareschal d'Annebaut[4], Givri et tous les membres de sa compagnie, le comte de Rochefort[5],

1. Le combat dura plus de quatre heures.
2. D'Aubigné a emprunté ces observations aux *Mémoires de La Noue*, chap. x.
3. Ce chiffre est confirmé par les *Mémoires de Tavannes*, qui attribuent aux huguenots une perte de 6,000 hommes et aux catholiques de 2,000 (édit. Petitot, t. XXIV, p. 392).
4. Jean, baron d'Annebaut, de Retz et de la Hunaudaye, n'était point maréchal de France ; mais son père, Claude d'Annebaut, favori de François Ier, mort depuis 1552, avait été maréchal et amiral de France. Sur Jean d'Annebaut, voyez la notice de Le Laboureur (*Mémoires de Castelnau*, t. II, p. 101).
5. Antoine de Silly, comte de Rochefort, ancien député de la noblesse aux états généraux d'Orléans en 1560 (Brantôme, t. VI, p. 151). De Thou dit qu'il fut fait seulement prisonnier (liv. XXXIV).

Beauvois¹, la Brosse, lieutenant du duc, et prins pour lui comme nous avons dit (les autres font ce compte d'un escuyer), la Brosse le fils², le mareschal de Sainct-André, lequel, ayant mené ses troupes en espérance de délivrer le connestable, fut pris et tué par Baubigni. Cestui-ci avoit juré sa mort pource qu'ayant mis au service du mareschal son fils, appellé Mézières, et de plus s'estant engagé de grandes sommes, desquelles Mézières faisoit souvenir quelques fois son maistre, pour se desmesler du reproche et de la debte, il³ forma une querelle entre Mézières et Sainct-Sornin, eschauffe l'un et l'autre, et puis Mézières ayant tué Sainct-Sornin, il fit faire son procès et eut sa confiscation⁴.

Il reste des morts principaux le duc de Nevers. Le prince lui ayant reproché au parlement de Paris sa cognoissance de la religion, ses sermens à Dieu et à ses amis, ce jeune prince garda ceste pensée jusques au matin de la bataille, qu'il protesta tout haut sa mort contre sa conscience. Des Bordes⁵, qui le gouvernoit

---

1. Nicolas de Brichanteau, s. de Beauvais-Nangis, ancien lieutenant de la compagnie d'ordonnance du roi de Navarre, passé au service du duc de Guise (Brantôme, t. IV, p. 369). Voyez les notes de Le Laboureur (*Mémoires de Castelnau*, t. II, p. 92).

2. D'après le récit de la bataille de Dreux que Coligny envoya à la reine d'Angleterre, ce fut bien La Brosse le père qui fut tué. La Brosse le fils y fut seulement blessé (Delaborde, *Coligny*, t. II, p. 172).

3. *Il* désigne le maréchal Saint-André.

4. Cette anecdote est tirée de de Thou (liv. XXXIV) qui l'avait empruntée à de Bèze (1881, t. I, p. 612).

5. Desbordes, gentilhomme du Nivernais. Voyez le récit de de Bèze, t. I, p. 613. Au commencement de l'année, il avait eu avec le s. d'Ivry une querelle qui avait occupé la cour (Lettre du roi du 21 février et réponse de Desbordes; f. fr., vol. 15542,

et l'avoit retenu entre les catholiques, regardant à son pistolet sur le champ du combat, sans y penser, le tira dans la teste de son maître. Lui fut trouvé mort sur le lieu, ou s'estant fait tuer, ou s'estant tué par désespoir. Quant au duc, il vesquit quelques jours, et lui fut accordé Mouy pour le consoler à sa mort.

Les morts principaux d'entre les réformez furent Arpajon, le comte de Saux[1], Chandieu[2], Liancourt[3] et Carrelière[4], lié à un noyer et tiré à coups de pistolet; quelques-uns ont voulu que ce fut par commandement du duc, pource qu'il le reçut rudement, lui estant présenté, disant : « Voici de mes chevaliers « d'Amboise. » Mais ceste inhumanité ne peut compatir avec les autres courtoisies de ce prince.

Avec le connestable[5], furent prisonniers Sainct-Heran[6],

---

f. 31 et 32). Voyez sur ce capitaine la notice de Le Laboureur (*Mémoires de Castelnau*, 1731, t. II, p. 95).

1. François d'Agoult de Montauban et de Montlaur, comte de Sault, lieutenant général à Lyon lorsque les réformés s'emparèrent de la ville. Il avait fait ses premières armes en Italie et avait été panetier de Henri II (Brantôme, t. V, p. 41 et 46).

2. Le s. de la Roche-Chandieu, frère du ministre de ce nom.

3. Le s. de Liancourt, de la maison du Plessis.

4. Le s. de la Carrelière, gentilhomme du Blaisois, voisin d'Amboise, avait joué un rôle dans la conjuration de 1560. Il est plusieurs fois cité dans l'*Estat de France sous François II*, de Regnier de la Planche.

5. Le connétable, de crainte d'évasion, fut transféré à marches forcées à Orléans et y arriva le lendemain de la bataille (*Mémoires de Castelnau*, 1731, t. I, p. 129).

6. Gaspard de Montmorin, comte de Saint-Hérem, capitaine d'ordonnance, lieutenant de roi en Auvergne. De Bèze (t. I, p. 612) raconte qu'il fut sauvé par un des trompettes du prince de Condé, « qui estoit de son pays et qui en fut depuis en grand « danger d'estre pendu, comme il l'avoit mérité. »

118   HISTOIRE UNIVERSELLE.   [1562

Pienne[1], Achon[2] et Oraison; avec le prince, Mouy seulement. En cest endroit, je ne puis laisser passer Aussun, duquel on disoit « hardiesse d'Aussun. » Il s'enfuit de la charge de l'admiral, entre ceux que nous avons notez, et puis se résolut à ne survivre pas son deshonneur, si bien qu'aucun de ses amis, et entre autres le duc, ne put oncques impétrer de lui qu'il mangeast[3].

Quant au prince de Condé, il fut reçeu du duc avec toute courtoisie; et, pource que le bagage, le lict et la vaisselle d'argent de ce chef d'armée avoyent esté emportez par les Lanskenets réformez, ces deux chefs se contentèrent d'un lict à eux deux, afin que le sort de la guerre couvrist de mesmes linceuls et enveloppast de mesmes rideaux les regrets cuisants, le despit, les méditations de ressource et la vengeance du vaincu, et de l'autre costé les joyes retenues, les hautes espérances et les sages courtoisies du victorieux[4].

1. Charles de Hallwin, seigneur de Piennes, gouverneur de Picardie, de Metz et du pays Messin, avait d'abord embrassé le parti du prince de Condé qu'il quitta après la prise de Rouen. En 1578, il devint chevalier de l'ordre du Saint-Esprit et duc d'Hallwin.

2. Peut-être le s. d'Apchon, neveu du maréchal Saint-André, dont parle Brantôme, t. VI, p. 378.

3. Pierre d'Ossun, d'une ancienne famille de Bigorre, né vers 1485, fit ses premières armes en Italie, devint gouverneur de Turin et maréchal de camp en 1536. Ne pouvant survivre à son déshonneur, dit de Thou (liv. XXXIV), il se laissa mourir de faim. Voyez sur lui Brantôme, t. IV, p. 5 à 8, et surtout Fourquevaulx, *Vies de plusieurs grands capitaines,* p. 236.

4. Ces détails sur la réception du prince de Condé par le duc de Guise sont confirmés par La Noue (*Mémoires,* chap. x) et par Brantôme (t. IV, p. 349). Condé fut transféré au château d'Eu et

[1562] LIVRE TROISIÈME, CHAP. XV.   119

L'admiral appela tous les chefs de l'armée à Trion, principalement les Reistres, pour leur mettre en teste d'aller représenter la bataille aux fauxbourgs de Dreux ; mais, ayant appris le mauvais estat de tous, et sur tout des Reistres (ils lui firent voir comment à la dernière charge quelques-uns n'avoyent pas eu de quoi tirer), il se contenta de faire marcher vers les ennemis en ordre de bataille demie lieue seulement, qui estoit comme la moitié du chemin. De là il fait un logis à Galardon[1], l'autre à Annet[2], où le manque de chevaux lui fit enterrer une coulevrine. Ce fut aux deux partis à faire despesches de tous endroits ; on envoye à Paris les enseignes gaignées, à Rome force courriers, processions générales par tout. Le duc de Guise, déclaré chef de l'armée en l'absence du connestable, se renforce de dix sept nouvelles compagnies de gens d'armes, fait donner à Bourdillon[3] l'estat du mareschal Sainct-André, au grand Prieur[4] la compagnie de la Brosse, à Rostin[5] celle de Givri, à Montsalez[6] celle

confié à Damville. Le roi et la reine, en date du 21 décembre, rendirent, au sujet de la garde du prince, une ordonnance qui est imprimée dans les *Mémoires de Condé*, t. IV, p. 181 et 182.

1. Le 20 décembre, Coligny s'arrête à Gallardon.
2. Auneau (Eure-et-Loir). Coligny y arriva le 21 décembre (Lettre de Coligny au comte de Warwick, de cette date ; Delaborde, *Coligny*, t. II, p. 178). Le 28, il était à Avaret (Lettre du même, de cette date, à Mongonmery ; *ibid.*, p. 180).
3. Imbert de la Platière, seigneur de Bourdillon, gouverneur du Piémont, mort en 1567.
4. François de Lorraine, frère cadet du duc de Guise, grand prieur de France.
5. Tristan de Rostaing, s. de Thieux, ancien grand maître des eaux et forêts, accompagnait le duc de Guise au moment où il fut assassiné par Poltrot de Meré (Brantôme, t. IV, p. 256).
6. Jacques Balaguier, seigneur de Montsalès, gentilhomme de

d'Annebaud, à Thauré[1] celle de son frère Montbron, à Biron[2] celle d'Aussun. Les compagnies des princes et des grands furent accreues de vingt gens d'armes chacune, et vingt cinq colliers de l'ordre délivrez à ceux que le duc voulut recommander.

De l'autre costé, l'admiral, estant déclaré au logis d'Annet général en l'absence du prince de Condé, escrit à la princesse, et par toutes les principales villes de leur parti, comme la bataille s'estoit passée, envoye à Orléans la pluspart des enseignes de la bataille, notamment des Suisses. Puis, en poursuivant huict enseignes qui alloyent à Blois, alla par Baugenci en Saullogne raffraîchir son armée ; assiégea et prit Selles[3], Sainct-Aignan, Montrichard ; le comte de la Rochefoucaut, Gergeau[4]. Et, quoique leurs ennemis fussent

la chambre du roi et guidon de la compagnie du maréchal Saint-André (Arrêt du Grand Conseil de mars 1560 ; Arch. nat., V[5], 57). Il devint, en 1564, capitaine d'ordonnance et fut tué à la bataille de Jarnac par d'Andelot d'un coup de pistolet. Il ne laissa de sa femme, Suzanne d'Estissac, qu'une fille, qui épousa en premières noces le fils de Saint-Suplice et en secondes noces Charles de Monluc de Caupène.

1. Guillaume de Montmorency, seigneur de Thoré, dernier fils du connétable, mort vers 1591.

2. Armand de Gontaut, baron de Biron, grand maître de l'artillerie en 1569, négociateur de la paix de Saint-Germain, maréchal de France en 1577, fidèle serviteur de Henri IV, tué au siège d'Épernay le 26 juillet 1592. Voy. sur lui Brantôme, t. V, p. 123-159.

3. Prise de Selles, 2 janvier 1563 (De Thou, liv. XXXIV ; 1740, t. III, p. 388). Ce jour-là, l'amiral était de sa personne à Meung et écrivit à la reine d'Angleterre (Delaborde, *Coligny*, t. II, p. 181).

4. Au commencement de janvier. De Thou dit que les villes de Saint-Aignan, Montrichard et Gergeau furent prises par La Rochefoucauld.

vers Estampes[1], l'emporta par dix pieds de bresche, toute la garnison passée au fil de l'espée. Là, sachant que l'armée royale estoit résolue au siège d'Orléans, y va pourvoir de Sainct-Cire Puigreffier[2] pour gouverneur, son frère Dandelot pour général du pays ; fait faire monstre à trente quatre enseignes, tant d'Allemans que de François, quatre de Gascons, quatre d'habitans, deux cornettes de Reistres. Puis, ayant meublé la ville de tout ce que la prévoyance pouvoit, pris les serments nécessaires, marche vers la Normandie pour y joindre ses Anglois[3]. A ses trousses furent envoyez le mareschal de Brissac, Vieilleville et le Reingraff.

Chapitre XVI.

Acheminement au siège d'Orléans et affaires de Normandie.

Après l'armée du duc de Guise renforcée et racommodée de ce qui lui manquoit, ses premières desmarches furent à Estampes et Pluviers. Duras, investi en l'une et en l'autre, après avoir fait mine de se deffendre, perça la nuict heureusement, et surtout à Pluviers, tout cela pour s'acheminer au siège d'Orléans. Cepen-

---

1. Le duc de Guise avait pris Étampes défendu par Duras (janvier 1563) (De Thou, liv. XXXIV).
2. Tanneguy du Bouchet, seigneur de Puy-Greffier, dit Saint-Cyr, gentilhomme poitevin. Il fut tué à la bataille de Moncontour à l'âge de quatre-vingt-cinq ans (*Vid.*, liv. V, chap. VII).
3. Coligny quitta Orléans le 1er février. La Noue dit dans ses *Mémoires* qu'il n'avait que 2,000 reistres, 500 cavaliers et 1,000 arquebusiers à cheval (*Mémoires*, chap. x).

dant les diligences furent grandes d'un costé et d'autre pour travailler avec les estrangers. Le pape, par des exultations non accoustumées, comme croyant la ruine des réformez estre sans ressource après ceste bataille, emplit l'Allemagne de promesses et de menaces, poursuit la fin du concile, lors transporté à Trente. L'évesque de Mets[1] et d'autres y font des harangues à la louange des victorieux.

La roine fait aussi ses despesches par l'Allemagne, notamment au lantgrave de Hesse[2], fait soubsigner les princes et les officiers de la couronne, comment elle ni son fils n'avoyent point esté prisonniers. Ainsi, comme de l'une de ses mains elle travailloit à la ruine des réformez en apparence, de l'autre elle remue à bon escient un acheminement d'accord pour la jalousie qu'elle print du duc de Guise sur la gloire acquise à Dreux. Du costé du prince, l'Allemagne sollicitée, surtout le lantgrave, avec grande louange des siens, notamment du mareschal de Hesse. Mais le duc de Guise, s'attachant à sa besongne, marche vers Orléans, sans oublier de pourvoir à la Normandie, où, sçachant que l'admiral fondoit, il avoit despesché Renouard avec quatre compagnies de gens de pied, et depuis le marquis d'Elbœuf avec deux et une compagnie de gens d'armes pour se jetter dans Caen. Cela n'empescha

---

1. François de Beaucaire de Péguillon, évêque de Metz, fit, le 10 janvier 1563, un discours aux pères du Concile de Trente au sujet de la victoire de Dreux, et en attribua toute la gloire au duc de Guise (De Thou, liv. XXXIV).

2. Plusieurs lettres de la reine au sujet de la bataille de Dreux ont été publiées par Le Laboureur (*Mémoires de Castelnau*, t. II, p. 45, 1731). Voir aussi à cette date les *Lettres de Catherine de Médicis*.

point l'admiral d'y donner[1] et de prendre la ville par l'aide des habitants réformez, et deux jours après d'estonner avec une batterie de six canons mal fournie la garnison du chasteau, qui se rendit à composition. Ceste prise conséquentieuse, pource qu'elle mit des deniers royaux et d'autres entre les mains de l'admiral et de quoi faire une avance aux Reistres sur le poinct d'un murmure.

La roine mère, estant à Blois, s'entremettoit des choses nécessaires pour le passage de l'armée là et à Boisgenci. Le duc de Guise s'opiniastra d'attaquer ceste grande ville[2], la rivière entre deux, selon l'opinion de quelque-uns, pour la crainte des furieuses sorties d'une forte garnison et d'un bon capitaine qui, par petites batailles, eust trop incommodé l'armée; d'autres vouloyent que ce fust pour venir à un dessein de laisser dériver une flotte de batteaux armez et gabionnez dans la courtine qui regarde la rivière, après l'avoir mis en poudre, joint qu'il n'y avoit de ce costé ni rempart ni place de combat.

Quoy que ce soit, au premier jour de février, voilà l'armée vers Cleri, et le cinquiesme loge à Ollivet[3], d'où elle marche droit au Portereau[4], la teste menée par Sipierre; lequel, sousteñu de douze cents arquebusiers, quelques trois cents desbandez devant lui, et autant à gauche et à droicte, selon que les incommoditez des vignes lui permettoyent, ayant à son cul

---

1. Le 1er mars 1563, l'amiral commence le siège de Caen (De Thou, liv. XXXIV).
2. Orléans.
3. 5 février 1563. Sic, Mémoires de La Noue.
4. Le 6 février, le duc de Guise s'empare du Portereau.

quatre moyennes[1], et puis le reste de l'armée à bataillons estroits et longs, comme de vingt cinq de front et soixante de file qui se suivoyent, faisant tousjours eschapper aux deux mains quelques compagnies par pelotons, au prix que les petits ponts des maisons de plaisir et les entredeux des vignes lui permettoyent. En cest estat, dès les huict heures du matin, il trouve à demie lieue de la ville les Gascons, qui, avec Lanskenets, estoyent logez dans le Portereau. Il falut deux heures à ramener ces compagnons jusqu'aux tranchées, que le mareschal de camp Fequières avoit dressées. Là, fut arrestée l'armée sur le cul, tant que le quartier des Gascons dura ; mais les Lanskenets ayans ployé et mesme bouché de leur bagage l'entrée du pont, Sipierre, qui faisoit haster par tout, les pressa si gaillardement qu'après que les Gascons eurent deffendu les rues, il falut disputer le rang des maisons du bord de l'eau et de là se sauver ou perdre dans la rivière. A quelques-uns les picques servirent de noues[2]. Ceux des Lanskenets qui ne purent gaigner le pont s'enfuirent vers le champ aux cordes et là furent secourus de quelques batteaux, mais non assez. Je vis des Lanskenettes ne pouvans avoir place au batteau jetter leurs enfants dedans et elles se faire traîner dans l'eau, où plusieurs furent noyées. Ce grand effroi advint aux Lanskenets pour une volée des quatre moyennes, que Sipierre fit tirer, voulant par là démesler l'escarmouche et remettre l'attaque du fauxbourg au lendemain au joindre de l'autre artillerie. Mais il arriva à Sipierre

1. *Moyennes,* pièces d'artillerie.
2. *De noues,* de nacelles ; c'est-à-dire que les fugitifs s'aidèrent de leurs piques pour traverser le fleuve à la nage.

que quelques soldats bien advisez lui rapportèrent l'estonnement, et qu'en mesme temps il reçeut cinq cents hommes frais, avec lesquels il emportoit le pont d'emblée, tout y estant abandonné, sans que Dandelot, se souvenant des mauvaises responses que les Lanskenets lui avoyent fait au matin, se trouva à la besongne[1], quoi qu'ayant la fièvre, mais non au cœur, accompagné de force gens de main; et d'ailleurs l'armée n'avoit pris ses mesures et fait ses desseins qu'au prix de son espérance.

Voilà le siège commencé et les approches[2] faites au pied de deux grosses tours, qui s'appellent les Tourelles, où fut la première batterie du duc de Guise[3]. Mais, pour estre encor mal garni d'artillerie, la prise de ces tours tiroit en longueur, quand un des soldats des assiégeans, ayant remarqué une fenestre esgrignée[4] de canonnades, présuppose que les éclats l'avoyent rendue inhabitable; il lui prend envie de dresser la nuict une eschelle de quarante rollons[5], pour voir quel il y faisoit. L'obscurité et le bruit des chaussées lui ayant donné moyen de planter son eschelle, il monte au haut, voit quelque trente Bretons[6] dormans la plus part. Il descend et promet à ses compagnons de se jetter le premier s'ils le veulent suivre. Le capitaine, qui commandoit au corps de garde, fait recognoistre l'affaire par un second qui fit mesme rapport; les

---

1. Sur le rôle héroïque de d'Andelot dans cette escarmouche, voyez les *Mémoires de La Noue*.
2. Entre le 10 et le 15 février 1563.
3. Le duc de Guise s'empara des Tourelles le 9 février.
4. *Esgrignée*, ébréchée.
5. *Rollons*, bâtons, rouleaux.
6. *Bretons*, habitants de la Grande-Bretagne (Anglais).

deux qui avoyent recongneu montent, avec promesse d'estre suivis et récompensez. L'impossibilité de la chose avoit tellement occupé le cœur de ceux qui montoyent après ces deux qu'ils en eurent tué plusieurs et fait sauter presque tout le reste sur le pont, avant que leurs compagnons arrivassent. Voilà comment les Tourelles furent prises, et non par la trahison d'un capitaine la Motte[1], comme quelques uns ont dit. Cestui-ci, ayant promis à la roine quelque méchanceté contre Dandelot[2], [elle] le lui envoya pour estre pendu, le voyant et le trouvant double, ou bien voulant obliger Dandelot, quoi que ce soit trait d'une grande princesse et qui n'avoit rien de commun. La prise des Tourelles estonna tellement les corps de garde prochains que, sans l'arrivée du chef et la résolution de quelques gentilshommes, toutes les mottines[3] des isles[4] estoyent quittées et la ville bien tost perdue.

Le péril et l'industrie disputèrent à coupper l'arche devant les Tourelles et s'y eslever de terre, mais plus encor à dresser les parapets des mottines, battus à plomb par les Tourelles; Féquières en eut la peine et l'honneur. Là il arriva qu'une femme, en deschargeant

---

1. Le capitaine La Motte s'était distingué dans le parti réformé à Orléans, dès les premiers jours de la guerre civile, par la violence de ses propositions. On trouve la copie de plusieurs lettres de lui pendant cette guerre dans un manuscrit qui a appartenu à de Thou, le vol. 10190 du fonds français.

2. Var. de l'édit. de 1616 : « ... *Dandelot,* elle, le trouvant double ou voulant obliger Dandelot, luy envoya pour estre pendu; *quoique ce soit...* »

3. *Mottines,* motte, butte artificielle.

4. Le duc de Guise prépare une attaque contre les îles le 18 février 1563 (De Thou, liv. XXXIV).

sa hotte, eut le col couppé d'une couleuvrine, et pour ce que sa charge tomba sur sa teste séparée on disoit qu'elle avoit enterré sa teste.

Ceste armée, pour ne laisser rien qui l'incommodast, despescha Biron et Richelieu pour le siège de Sulli, où commandoit Usas[1], qui le rendit avec armes, enseignes desployées et tambour battant[2], composition bien faicte, bien signée et mal gardée, car ceux qui sortoyent furent partie tuez, tous dévalisez; les soldats, par la connivence de Richelieu, eschappèrent au chef, qui estoit Biron.

Chapitre XVII.

Nouvelles de Gascongne receues à Orléans.

Tandis que le duc de Guise se renforce d'artillerie pour battre les mottines et exécuter son dessein par eau, comme nous l'avons déduit, met en ruine le palais au travers de la rivière, loge quatre mille arquebusiers dans la Magdelaine, pour donner moins de liberté aux assiégez; que le temps se passe de ce costez en rudes escarmouches; ceux de la ville battent les tourelles d'une platte forme auprès du palais et de deux

---

1. Louis de Lur, vicomte d'Uza, devint plus tard sénéchal du Bazadois, accompagna Pierre et Fabien de Monluc à Madère, devint vice-amiral avec La Garde et Strozzi et fut tué en juin 1573, à l'âge de trente-huit ans (Lettre de La Garde du 19 juin; f. fr., vol. 3224, f. 95). M. le comte de Lur Saluces, dans la généalogie de sa maison, a publié plusieurs lettres du roi adressées à ce capitaine.
2. Le 7 février 1563.

couleuvrines sur la porte du palais; parmi ces contre-batteries, Duras mort d'un esclat.

A ce nom nous prendrons quelque loisir pour dire, qu'ayant par sa deffaicte laissé les affaires des réformez comme toute ruinées en Guienne, elles reprirent quelque réputation par le sieur de Piles[1], et lui par elles. Ce jeune homme, venant des escholes, entra sur la scène de France par un coup hardi.

Losun[2], mis gouverneur à Bergerac par le duc de Montpensier, avoit ses prisons pleines d'hommes et de quelques femmes de la religion réformée, que l'on gardoit en plusieurs villes pour faire mourir à grands troupeaux par l'ordonnance de Montluc, disant que les penderies à centaines donnoyent plus de terreur et de ruine de sang froid que les meurtres par milliers aux combats. Comme donc l'on gardoit à Bergerac et ès autres villes les condamnez, en attendant une trouppe de bourreaux, que Montluc appelloit ses laquais, Piles, trentiesme, entra de plain jour en Bergerac[3], tua et prit prisonniers plusieurs de la garnison,

---

1. Armand de Clermont de Piles, gentilhomme du Périgord, releva, après Vergt, la fortune du parti réformé en Guyenne. En 1569, après la bataille de Moncontour, il défendit courageusement Saint-Jean-d'Angély, du 26 octobre au 2 décembre, contre les forces victorieuses du duc d'Anjou. Il fut tué à la Saint-Barthélemy.

2. François Nompar de Caumont, comte de Lauzun, gentilhomme de la chambre du roi en 1532, colonel de gens de pied en 1549, lieutenant de roi dans le comté de Blaye en 1557. Il mourut le 5 janvier 1575. D'Aubigné le confond quelquefois avec son fils, Gabriel de Lauzun.

3. Avant le 15 janvier 1563. Bergerac et Sainte-Foy, dont d'Aubigné parle plus loin, avaient été repris par les troupes royales au commencement d'août (Lettre de Burie au roi, du 12 août; Orig., f. fr., vol. 15876, f. 414).

contraignit le reste d'ouvrir les prisons et de lui donner ces misérables, lesquels il emmena, ayant pris des vivres dans la ville ce qu'il vouloit. Tout d'un bransle il fit de mesme à Saincte Foy, où, ayant laissé sur la place Resat[1], que la commune mit en pièce, et quatre-vingts soldats morts, il emmena une autre quantité de prisonniers condamnez. Ces gens deffirent deux jours après le capitaine la Salle[2] avec trois cents hommes, desquels il en demeura plus du tiers sur la place.

De là Piles donna une camisade à Montcassin[3], n'ayant point la sixiesme partie de ses forces. Montcassin mort sur la place, et l'autre, accommodé d'armes et de chevaux, poursuivant son commencement, entreprend sur Mussidan[4], escale de nuict la ville; et puis, ayant lié les eschelles deux en une, en fait autant au chasteau. Et de mesme temps, sçachant que le gouverneur de Périgueux[5] venoit à lui, il va au devant n'ayant que quarante chevaux, le charge et le desfait. L'appétit lui vint en mangeant; il fait une entreprise sur Bergerac par le moyen de quelques fausses clefs. Ce coup failli, il fait un autre dessein par un pertuis qu'un de la ville lui fit à sa maison : la garnison de la

---

1. Le capitaine Resat commandait à Sainte-Foy.
2. Probablement Jean de Cours, s. de la Salle et de Villeneuve, capitaine de 300 hommes de pied en vertu d'une commission du roi du 9 février 1562 (1563) (Noulens, *Maisons nobles de Gascogne*, t. I, p. 290). Plus tard, il reçut le commandement de la garde particulière de Monluc (*Commentaires*, t. IV, p. 349).
3. Le s. de Moncassin, gentilhomme de l'Agenais.
4. Prise de Mucidan en Périgord, le 15 janvier 1563.
5. Jacques André, sénéchal de Périgord depuis 1553, mort avant le 22 août 1573.

ville estoit fortifiée et avoit envie de réparer la honte d'avoir laissé emmener les prisonniers par trente sur trois cents, si bien que lui entre dedans, et, n'ayant que quatre-vingts hommes, fait bruit de trompettes et tambours, mais la garnison de la ville ne laissa pas de venir au combat à lui en trois trouppes, sur le ventre de toutes lesquelles il passa.

De ces trouppes le Puch[1], qui commandoit en la ville, en rallia quelques quatre-vingts au chasteau, le reste fut mis ensemble par un curé qui avoit du courage, dans une tour; ce qui demeura par les rues, passé au fil de l'espée. Piles attaqua premièrement la tour, l'emporta et fait tuer ceux que la ruine n'avoit pas accablez, hormis le curé qu'il fit pendre devant le chasteau. Là il y eut plus de résistance, la basse-cour emportée de force. Le Puch voulant parlementer, Piles lui refuse toute composition, lui reprochant comme au curé le sang de quelques massacrez. En fin le chef et les siens se rendent à discrétion, qui fut la mort de lui et de tous les siens.

De là Piles, sçachant que Montluc préparoit à Bordeaux[2] trois canons pour arrester ses commencements et envoyoit son fils, qu'il appelloit le capitaine Peyrot[3], pour investir Mussidan, il s'y en court, haste ses

---

1. Le Puch de Pardailhan, capitaine catholique, de la maison de Ségur, oncle de celui que d'Aubigné a nommé plus haut, p. 93, était captal de Puchaget.
2. *Commentaires de Monluc*, t. III, p. 64.
3. Pierre Bertrand de Monluc, second fils de l'auteur des *Commentaires*, avait fait ses premières armes en Italie. En 1568, lassé de son inaction, il monta au delà des mers une expédition qui échoua misérablement à Madère et où il fut tué. Voyez les *Commentaires*, t. I, p. 387; II, p. 192; III, p. 174. Voyez aussi

fortifications. L'estime et la crainte qu'il avoit donné de lui, fit qu'on l'assiège avec une telle lenteur que les préparatifs en durèrent jusques au traicté de paix.

Ces nouvelles apportèrent quelque récréation aux assiégez d'Orléans, où les affaires demeurèrent en estat quand Poltrot, sieur de Mairé[1], près Aubeterre, fut envoyé par Soubize à l'admiral. Cestui-ci estoit un homme très hazardeux, nourri avec les Espagnols, desquels il avoit le poil, la langue et le geste à passer pour Espagnol, quand il lui plaisoit. Il avoit pour vice la vanterie fort familière, si bien qu'il disoit à qui le vouloit ouïr, son dessein de tuer le Guisard, monstroit des balles fondues exprès et par là se rendoit ridicule; si bien que les chefs, à qui il communiquoit son désir et dessein, lui faisoyent des remonstrances qu'il ne se faloit pas tromper ès vocations extraordinaires. Mais, pour en parler avec franchise, veu l'espérance qu'on prenoit de lui avant le coup, comme je l'apprenois en bon lieu, quelque enfant que je fusse, j'estime que les langages qu'on lui tenoit sentoyent le refus et donnoyent le courage. Nous ne dirons de lui pour ceste heure, sinon qu'il porta en Normandie les affaires du Languedoc, Provence et Lyonnois, telles que vous apprendrez au chapitre suivant.

sur ce personnage un admirable passage des *Essais de Montaigne*, liv. II, chap. VIII.

1. Jean Poltrot de Meré, ancien page de François Bouchard, vicomte d'Aubeterre. Soubise, qui donne sur lui plus de détails qu'aucun autre historien du temps, le dépeint comme un fou qui rêvait dès longtemps d'assassiner le duc de Guise (*Mémoires*, 1879, p. 72).

Chapitre XVIII.

Estat de Languedoc, Provence, Daulphiné et Lyonnois vers la fin de la guerre.

Nonnay[1] nous[2] donnera l'entrée aux païs méridionnaux.

Les habitants de ceste petite ville, menacez de siège, avoyent, dès le commencement de la guerre, surpris Sainct-Étienne, en Forest, pour s'armer; et puis deffaicts en s'en revenant, chargez si bien que Sainct-Chaumont prit leur ville et la pilla deux jours[3] et la quitta au vent du nom des Adrets.

Ceux de la ville, ayans reçeu quatre cents hommes de garnison, raccommodoyent leurs murailles, quand Sainct-Chaumont, y ramenant quatre mille hommes, l'assiège[4], fait brèche; et puis composition à vie, bagues sauves et tambours battant pour les estrangers, et quant aux habitants, qu'ils auroyent leur retraicte au chasteau, qu'il ne logeroit dans la ville que de la cavallerie; les portes ouvertes, tout y donne. Il seroit fascheux de desduire comment les inhumanitez de ce sac voulurent esgaler les autres. Car, outre le bruslement et le sang courant d'un pied par les rues, je conterai, avec ceux qui ont escrit, une marque de bruta-

---

1. Annonai (Ardèche).
2. Var. de l'édit. de 1616 : « *Nonnay* nous donnera l'entrée, duquel les habitans, menacés de siège, avoyent, au commencement, *surpris...* »
3. Première prise d'Annonai par les catholiques, 31 octobre 1562.
4. Deuxième prise d'Annonai par les catholiques, 10 janvier 1563.

lité. Un bourgeois et sa femme cachez furent trouvez et menez en public ; la femme violée devant les yeux de son mari, on lui met la main à la poignée d'une espée ; ceste main ferrée d'une autre plus forte tire l'espée du fourreau, et puis elle fut portée entière la planter dans le ventre du mari. Ceste ville fut un théâtre de misères, comme on verra ci-après. Ce messager rendoit ainsi compte de Lyonnois, que Soubise, ayant jetté en Dombes trois mille hommes de pied et douze cents chevaux, travailloit à envitailler Lyon, non sans besoin, avoit pris quelques bicoques ; passé par le circuit, où, ayant trouvé des bleds, il en avoit fait couler par la rivière à Lyon jusques à six mille muits.

Le duc de Nemours[1] jugeant la ville desgarnie d'hommes, fortifié par les nouvelles levées de Sainct-Chaumont, s'approche de Lyon par deux fois, y présente l'escalade ; estant repoussé deux fois, la dernière à Sainct-Just[2]. Mais Soubize fait une sortie sur les bandes de Julle Brancasse[3] et les mena battant jusqu'au bout du fauxbourg. Le duc y retourna la nuict et mit pied à terre pour favoriser encore une attaque ; repoussé à toutes, il tourne vers Mascon pour donner une traicte[4] aux réformez qui estoit en Bresse. Mais, Soubize y ayant mis ordre de bonne heure, le duc s'en retourna

---

1. Jacques de Savoie, duc de Nemours, nommé gouverneur du Lyonnais par lettres patentes en date du 25 décembre 1562 (Copie ; f. fr., vol. 3213, f. 65).

2. Février 1563. Voir de Thou, liv. XXXIV.

3. Jules Brancassio, capitaine romain, envoyé par le pape au secours du parti catholique. Il se fixa en France, prit du service et devint gentilhomme ordinaire de la chambre du roi. Il est cité dans une pièce datée de 1564 pour ses nombreuses exactions (*Mémoires de Condé*, t. V, p. 193).

4. *Traicte*, surprise, de l'italien *stretta*. Monluc dit une *étroite*.

à ses premiers desseins, fit à Mascon un grand embarquement d'infanterie, qu'il laissa dériver pour surprendre la porte de Vèze, cependant que lui avec tous les arquebusiers à cheval donna et ceste fois fort furieusement vers Sainct-Just et Fourvières ; mais la diligence de Soubize, qui se portoit à tout, empescha que quelques catholiques de la ville se ralliassent, à la promesse desquels le duc s'attendoit.

Il y eut après une autre entreprise sur Lyon, par le moyen du recepveur des tailles[1], qui se tira de prison sans rançon, promettant de saisir une des portes de la ville. Ce qui n'estoit sans apparence, veu qu'il avoit dedans une forte compagnie faite à ses despens. Cestui-ci donc arrivé, comme il se fut sauvé, ayant tout communiqué au gouverneur, donne un jour au commencement de mars pour faire trouver les compagnies du duc de Nemours à la porte[2] Sainct-Just, à soleil levé, alléguant que c'estoit l'heure à laquelle les portes estoient le plus souvent desgarnies.

Le comte de Brissac, qui commençoit lors à faire parler de lui, eut la pointe avec les bandes de Piedmont. Ce recepveur sort pour lui servir de guide, et n'eut pas si tost passé par la poterne que le loquet joua et en mesme temps l'artillerie de toute sorte avec la courtine en feu d'arquebuzerie. Sur ce point sortent de la ville Blascon[3], le Pouet[4] et autres avec sept à huict

1. Il se nommait Marc Herlin.
2. Le 7 mars 1563. Voir de Thou, liv. XXXIV.
3. Jacques de Forest, s. de Blacons, chevalier de Malte depuis le 7 mai 1526 (Aubais, *Pièces fugit.*, t. III, *Jugement de la nobl. de Languedoc*, p. 175). Il commandait un régiment de gens de pied à la bataille de Moncontour et mourut en Saintonge peu après (*Ibid.*, t. I, *Hist. des guerres du Comtat*, p. 284).
4. Le s. du Poet, gentilhomme du Dauphiné, un des chefs pro-

cents hommes, qui meslent ceux qui se retiroyent, en tuent de trois à quatre cents à la veue du duc de Nemours, qui de desplaisir en fut deux mois au lict. Le meurtre eust bien esté plus grand sans la résolution de ce jeune comte et de ses bons capitaines, qui, par leur opiniastreté, firent aller leurs ennemis à pied de plomb et en peu d'espace les arrestèrent.

Le duc de Cursol[1], esleu général de Languedoc et de Provence, par une assemblée tenue à Uzez[2], avec un conseil establi, de ce temps avoit passé le Rosne, repris Orange et Sérignan. Dedans Grenoble estoit la Coche, qui, en revanche de la Meure, prit la tour de Lenti[3]. Vallence faillit à estre vendu par le capitaine Janton[4], qui fut passé par les armes et quelques uns des siens pendus. Le mesme la Coche pilla plusieurs bicoques à l'entour de Grenoble, où il fut assiégé par Maugiron avec huict mille hommes, deux canons et quatre bastardes; il y eut bresche faicte, bien remparée. Mais en mesme temps le duc de Cursol s'avança au secours. Et Maugiron fut mandé par le duc de

---

testants de la province. Ce capitaine est surtout connu par deux lettres que Calvin lui aurait adressées. L'authenticité de ces lettres, qui prouveraient l'intolérance de Calvin, est fort discutée. Voyez Long, *la Réforme en Dauphiné*, p. 35, et *Lettres de Calvin*, t. II, p. 588.

1. Antoine de Crussol, vicomte, puis premier duc d'Uzès, pair de France en 1565 et chevalier d'honneur de la reine mère. Il avait été chargé, en décembre 1561, de pacifier le Languedoc, la Provence et le Dauphiné. L'instruction qui lui fut confiée par la reine est conservée en minute dans le vol. 15875 du f. fr., f. 434. Il mourut le 15 août 1573. Il ne fut créé duc qu'en 1565.

2. Le 11 novembre 1562. Le procès-verbal de l'élection contient un tableau saisissant des désordres du pays. Il a été publié dans l'*Histoire du Languedoc*, t. V, Preuves, col. 135.

3. Prise de la tour de Lemps, 7 janvier 1563.

4. Genton, guidon de Bardomanche (De Thou, liv. XXXIV).

Nemours, pour les entreprises desquels nous avons parlé, si bien que Cursol leva le troisiesme siège de Grenoble, qui nettoya la contrescarpe de quelque forteresse, d'où les Italiens les incommodoyent.

De mesme temps ceux du Gapensois entreprennent sur Romette[1], gaignent le corps de garde en feignant estre envoyez par le gouverneur de Gap. La ville prise, la garnison gaigne la citadelle, aussitost secourue par ceux de Gap, en si grande multitude que les surprenans estoyent perdu sans la rude charge que quinze cavaliers firent aux secourans dans un chemin creux[2]. Ceux-ci renversèrent cinquante sallades, les meilleurs et qui menoyent la teste. De ces quinze estoit Lesdiguières[3], qui là donna le commencement à la réputation que vous lui verrez ci-après. Ainsi Romette demeura aux réformez jusques aux nouvelles de la paix.

Pour le reste de Languedoc, ceux de Thoulouse estoyent en perpétuelles séditions, desquelles ils prenoyent l'occasion sur les pilleries qui se faisoyent en Foix, au commencement sur les reliques; et puis la prise de Tarascon, où quelques bandoliers de la montagne se jettèrent, repoussez sans action digne de l'histoire.

Quand les Thoulousans n'eurent plus de quoi s'esmouvoir par la crainte de leurs voisins, ils la cerchèrent en eux mesmes sur des prédictions de Nostra-

---

1. Romete (Hautes-Alpes).
2. De Thou les nomme, liv. XXXIV. Ils étaient commandés par le capitaine Furmeyer.
3. François de Bonne de Lesdiguières. Nous le retrouverons dans la suite.

damus[1]; si bien que la cour de parlement, voyant qu'ils n'avoyent plus en leurs mains la bride, une fois abandonnée au peuple, voulurent r'enfermer et flanquer le palais, ce qui ne leur fut pas souffert.

Il y avoit longtemps que le cardinal Strosse[2] persuadoit à celui d'Armagnac[3] de faire une espèce de ligue entre tous les grands du pays, pour maintenir l'honneur de la chaire sainct Pierre. Les cardinaux, au mois de mars, mirent en avant ceste pièce prototype et premier exemple de toutes les ligues qui ont despuis paru en France[4]. Ils la firent signer à Montluc, à ses enfans et gendres, à Mirepoix comme mareschal de Foi, à Terrides, au comte de Négrepelisse[5], à Joyeuse, Fourquevaux et aux principaux du pays[6]. Et, pour y faire entrer le parlement, y meslèrent quelque chose du service du roi parmi celles de religion, si bien que

---

1. Le bruit courut, dit de Thou, que l'astrologue Michel Nostradamus avait écrit aux capitouls pour les prévenir du danger qui les menaçait.

2. Laurent Strozzi, évêque d'Alby.

3. Georges d'Armagnac, archevêque de Toulouse.

4. Le texte de cet acte, daté du 2 mars 1563, a été conservé par La Popelinière (t. I, f. 315). Il fut ratifié par un arrêt du parlement de Toulouse, le 20 mars suivant (*Hist. du Languedoc*, t. V, p. 249).

5. Louis de Carmain, seigneur de Négrepelisse, un des chefs du parti catholique en Guyenne, avait été chargé de remettre, au nom de la noblesse, à Burie et à Monluc une requête contre la religion réformée (Coll. Dupuy, vol. 588, f. 109). Chevalier de l'ordre en 1563 (Lafaille, t. II, p. 254), Négrepelisse fut vaincu par Mongommery en Guyenne, en 1569.

6. L'acte ne porte que les signatures des cardinaux d'Armagnac et Strozzi, Monluc, Terrides, Négrepelisse, Fourquevaux et Joyeuse, auquel il fut communiqué plus tard (*Histoire du Languedoc*, t. V, p. 249).

la cour consentit; adjoustant l'advocat général la clause ordinaire, « soubs le bon plaisir du roi. » Ainsi les registres du parlement en furent chargez. Ceste société passa jusques à requérir le roi d'Espagne de vouloir prendre le soing du royaume durant la minorité du roi.

Par le mesme messager on apprit les divers traictez des Adrets avec le duc de Nemours[1] et comment enfin alla la négociation du Gas[2], par les lettres de l'admiral interceptées[3], à lui envoyées de la part des ennemis, par lesquels il se voyoit accusé insupportable ou excusé comme fol, par l'offre de cent mille escus qu'on lui devoit compter à Strasbourg et par les soupçons où il se voyoit. Il en vint, pour le commencement, à composer des assemblées pour pacifier sans le prince de Condé, chose qu'il communiquoit à Soubize; mais tout ayant esté refusé aux despens des supérieurs, enfin il en venoit à la défection, quand ses capitaines mesmes lui mirent la main sur le collet. Depuis Bouillarques l'emmena à Nismes[4]. Nous laissons peu de choses en ces contrées, qui en tel estat attendirent la paix.

1. Le duc de Nemours eut une première conférence avec le baron des Adrets après le 15 novembre. Dans une seconde entrevue, ils convinrent d'une trêve qui devait durer jusqu'au 6 décembre. Enfin ils se réunirent de nouveau au commencement de décembre (De Thou, liv. XXXIII, t. III, p. 351).

2. Claude de Bérenger, s. du Gua et de Pipet, l'agent de la défection du baron des Adrets.

3. L'amiral, dit Tavannes, avait écrit à Soubise des lettres qui furent interceptées par les catholiques et où il disait « qu'il se « falloit servir du baron des Adrets comme d'une beste furieuse « et après le laisser là » (*Mémoires,* édit. Petitot, t. XXIV, p. 346).

4. Le baron des Adrets fut arrêté à Romans, le 9 janvier 1563, par ordre de Crussol, conduit à Nimes par Bouillarques, puis à

Chapitre XIX.

Progrez de Normandie et d'ailleurs durant le siège d'Orléans.

Nous avons laissé l'admiral à Caen[1], ayant reçeu ses Anglois, son argent[2] et huict canons de batterie, et laissé à dire comment le marquis d'Elbœuf estant sorti à composition et Renouard avec lui furent fort blasmez d'avoir laissé, par la capitulation à discrétion, pendre des hommes qu'il regrettoit. Le premier profit de la prise de Caen fut celle de Bayeux[3], battue de quatre canons, où il arriva que Ravilli[4], gouverneur dès le commencement du parlement, se fit emmurer avec une fille qu'il avoit ravie, ayant munitions pour vivre longtemps, et enfin, estant descouvert, fut pendu à la requeste des parents de la fille; que Sainct-Lô fut abandonné[5], Avranches rendu au comte de Montgommeri, que l'admiral avoit tiré de Dieppe à la prière

Montpellier, et de là ramené à Nîmes. Une instance commença contre lui. Il fut élargi à la paix (Menard, *Hist. de Nîmes,* liv. XV, chap. III).

1. Le 2 mars, Coligny s'empare de Caen (Delaborde, *Coligny,* t. II, p. 227).

2. La subvention promise par la reine d'Angleterre avait été apportée, le 25 février 1563, par Beauvoir, Briquemaut et Throckmorton.

3. Le siège de Bayeux commença le 14 février 1563 et se termina peu de jours après par la prise de la ville.

4. De Thou l'appelle Riviglio Rosso et dit qu'il défendait la ville au nom du duc de Ferrare, qui la possédait à titre d'apanage (liv. XXXIV).

5. Saint-Lô fut abandonné par La Bretonnière et Lormais, capitaines sous les ordres de Matignon.

des habitants. De là Vire assiégé et pris à la sappe de nuict, avec perte du colonnel des Anglois, la ville pillée[1]. D'autre costé, comment Mouy fit rendre Honfleur. L'admiral r'appella tout à lui, après que le comte eut failli Pontorson[2]; c'estoit pour marcher en forme d'armée, de laquelle il donna l'avantgarde au prince Porcian. Bernai qui se deffendit fut pris et pillé[3], prestres mal traictez. Le mesme jour, le vicomte de Dreux[4] emporta Aigle[5], Falaise et Argentan, bransquetée à dix mille frans, comme aussi force lieux indignes de remarque; Mortagne au Perche enlevée de force, plusieurs prestres, entre'autres, pendus, comme aussi le gouverneur, auquel la corde fut coupée et la vie rendue.

Congners[6] fait une course à Sainct-Kalais, où il se vengea des moines qui avoyent tué quelques uns des siens.

Nous ne retournerons point à Orléans sans vous conter comment la Charité[7] fut escalée par le Blosset,

---

1. Vire avait été pris par Mongonmery au mois de juillet 1562 (Quittance des reliquaires et vases précieux des églises de Vire, signée par Mongonmery à la date du 29 juillet; Orig., f. fr., vol. 3190, f. 14).

2. Pontorson avait déjà beaucoup souffert de la guerre civile et de Mongonmery pendant l'été précédent. Voir la curieuse lettre des habitants au duc d'Aumale, en date du 12 août 1562 (Orig., f. fr., vol. 3190, f. 18).

3. Peu après le 14 mars 1563.

4. Le vicomte de Dreux est cité par de Bèze, qui a servi ici de guide à d'Aubigné (*Hist. ecclés.*, t. I, p. 659).

5. Laigle (Orne).

6. Joachim le Vasseur, s. de Coignée, un des capitaines de l'armée de Coligny.

7. Prise de la Charité, le 3 mars 1563.

Guerci et le Bois[1], aussi tost r'assiégé par les trois compagnies qu'ils avoyent trouvé dedans, et par les garnisons qu'ils avoyent trouvé d'Auxerre, Nevers, Caune[2], Gien et Bourges. Le siège dura huict jours, levé par les nouvelles du traicté, duquel nous allons cercher les causes.

Chapitre XX.

Mort du duc de Guise et affaires d'Allemagne.

Le duc de Guise venoit de recognoistre avec Philippes Strosse[3], colonnel des gardes, les moyens d'exécuter ce grand assaut, en emplissant la rivière de vaisseaux. Les premiers couverts de fer blanc, ainsi que nous avons dit, et sur la recognoissance des deux escrire à la roine qui lors estoit à Blois[4], qu'il lui promettoit bien tost bonnes nouvelles de la prise d'Orléans[5]. Mais,

---

1. De Thou les nomme Blosset (Louis Blosset, s. de Fleury), Blanay (d'après de Bèze, t. II, p. 46) et Le Bois (Le Bois de Merille, plus connu sous le nom de capitaine Bois, que La Popelinière appelle « un des plus vieux soldats de France ») (Haag, t. II, p. 312).

2. Cosne.

3. Philippe Strozzi, fils du maréchal Pierre Strozzi, né en 1541, était capitaine de gens de pied, bien qu'il n'eût que vingt et un ans (*Lettres de Catherine de Médicis*, t. I, p. 372 et 414). Il devint plus tard colonel de l'infanterie, et non pas des gardes (*Mémoires de Condé*, t. I, p. 205). Blessé et pris dans une bataille navale qu'il perdit contre les Espagnols près de l'île Saint-Michel (Açores), il fut jeté à la mer par les vainqueurs (26 juillet 1582).

4. Catherine était à Blois depuis le 25 janvier 1563 (*Lettres de Catherine de Médicis*, t. I, p. 485).

5. Le texte de cette lettre prétendue a été publié par de Bèze (*Hist. ecclés.*, 1580, t. II, p. 267).

en se retirant de la recognoissance, demeuré derrière avec Rostin, qui n'estoit que sur un mulet, Poltrot, duquel nous avons parlé, l'attend dans le chemin qui traverse auprès d'Olivet et lui tire un coup de pistolet de vingt pas, dont il lui donna un peu plus haut que l'aisselle[1]. Le duc, ramassé par Rostin et quelques uns des siens[2], fut emporté au proche logis[3]. Quant à Poltrot, après avoir couru toute la nuict, il se trouve au point du jour au pont d'Olivet, de là s'estant rejetté dans la Sollogne, il fut pris par soupçon[4] et amené au camp; où, présenté à la roine, venue de Blois au Portereau[5], et à tout le conseil, il confessa au commencement que l'admiral l'avoit sollicité de tuer le duc de Guise, ce qu'ayant refusé, les exhortations de Bèze lui avoyent fait consentir[6]. Il signa sa déposition, de

1. Le 18 février 1563, à la tombée de la nuit.
2. Par Pierre Racine, seigneur de Villegomblain, gentilhomme de la vénerie du roi (La Planche, édit. Buchon, p. 247), qui appartenait au parti des Guises (Ibid., p. 388). Sa présence auprès du duc, au moment de l'attentat de Poltrot de Meré, est signalée dans une pièce publiée par Cimber et Danjou, t. V, p. 167. Il fut tué à la bataille de Coutras (*Mémoires de la Ligue*, t. II, p. 245). On a de lui des mémoires estimés (1668, 2 vol. in-12).
3. A la maison dite *des Valins*. Elle subsiste encore et porte cette inscription commémorative :
    HIC PROPE GUISEUS DUX VITÆ FATA PEREGIT.
M. Baguenault de Puchesse a publié, dans le *Contemporain* (février 1867), sur la mort du duc de Guise, un article particulièrement étudié sur les lieux.
4. Il fut arrêté au point du jour, sur sa mauvaise mine, par le commissaire des vivres La Seure.
5. A la nouvelle de la blessure du duc de Guise, la reine accourut et s'établit dans une maison, proche des Valins, appelée Caubray.
6. Le premier interrogatoire de Poltrot eut lieu le 21 février. Il est publié dans les *Mémoires de Condé*, t. IV, p. 286.

laquelle coppie fut envoyée à l'admiral à Caen ; qui respondit de bouche et par escrit ce qui se pouvoit dire pour son innocence, qu'à la vérité il lui avoit donné cent escus pour lui servir d'espion, mais qu'il n'avoit jamais espéré un tel coup de sa main, qu'il faloit que la promesse de la vie ou autre chose lui eussent fait déposer contre la vérité[1]. Bèze s'excusa aussi par escrit[2]. Le mesme Poltrot advertit la roine et autres chefs de l'armée de se garder des assassins qui estoyent despeschez. Pour cela la roine fut priée de faire garder le prisonnier et qu'il ne fust exécuté qu'après un temps convenable pour en tirer la vérité.

Six jours après la blessure, le duc, sur le point de sa mort, ayant disposé des affaires de sa maison, recommandé ses enfans à qui et comme il faloit, parla du massacre de Vassi avec regret et excuse, pria la roine de faire la paix, appelant ennemis de l'Estat ceux qui la destourneroyent[3]. Ainsi mourut ce grand capitaine[4], en toutes ses parties excellent, sur tout ès recognoissance des places, duquel le naturel se fust porté non

---

1. Le mémoire justificatif de l'amiral, daté du 12 mars, est publié dans les *Mémoires de Condé*, t. IV, p. 285. Voyez aussi la lettre de Coligny à la reine (*Ibid.*, p. 303). Quelque temps après, le 5 mai, il adressa à la reine un nouvel écrit apologétique qui est publié dans le même recueil (t. IV, p. 339 à 449).

2. Voir l'*Histoire ecclésiastique*, 1580, t. II, p. 290 et suiv. L'accusation portée contre de Bèze se retrouve dans une lettre de Catherine (*Lettres de Catherine de Médicis*, t. I, p. 516). A la suite de l'édit d'Amboise, de Bèze jugea prudent de retourner à Genève et partit le 30 mars (Baum, *Theodor Beza*, t. II, Appendice, p. 206).

3. Voyez, pour plus de détails, la lettre de l'évêque de Riez sur la blessure et la mort du duc de Guise, dans les *Mémoires de Condé*, t. IV, p. 243.

4. Le 24 février 1563.

à la ruine, mais à l'estendue[1] de la France, en une autre saison et sous un autre frère[2].

La roine mère avoit, un peu auparavant, envoyé Doisel en Allemagne[3] pour mesnager une entreveue des princes protestans avec elle à Bar-le-Duc, et elle s'attachoit particulièrement au duc de Wittemberg[4], jusques à lui offrir les commandements de toutes les armées de France. Ces princes respondirent à ce caprice de femme plusieurs exhortations de paix, ne pouvans accepter de rendé-vous. Et cela servit à la roine d'entrée au discours de la paix.

Cependant Poltrot, mené à Paris, est tenaillé et tiré à quatre chevaux[5], ayant révoqué sa première déposition et deschargé tous ceux qu'il avoit accusez, hors mis l'admiral[6]. Et puis, ayant demandé à parler

1. *Estendue*, extension.
2. Allusion à l'influence du cardinal Charles de Lorraine.
3. D'Oisel ne fut envoyé en Allemagne qu'une fois, en juillet 1562, pour demander du secours (*Lettres de Catherine de Médicis*, t. I, p. 364). En janvier 1563, il était chargé de la garde du prince de Condé (*Ibid.*, p. 452). Le 4 février, la reine l'envoya avec Sébastien de l'Aubespine pour inviter le connétable à nouer des négociations à Orléans (*Ibid.*, p. 496). Le 17 février, il était occupé à remplir cette mission (*Mémoires de Castelnau*, 1731, t. II, p. 171). Le 20, Chantonay constate que les deux ambassadeurs vont et viennent d'Orléans à la cour (*Mémoires de Condé*, t. II, p. 133).
4. Christophe, duc de Wurtemberg. La reine, dit de Thou, lui envoya Rascalon, qui arriva à Stuttgart le 13 mars 1563 (liv. XXXIV). La réponse du prince allemand, qui contient les raisons de son refus, est datée du 15 mars et est imprimée par Sattler, *Geschichte von Württemberg unter den Herzœgen*, t. IV, p. 230. Tubingue, 1771.
5. Poltrot fut condamné et supplicié le 18 mars 1563.
6. Le procès de Poltrot donna lieu à de nombreuses procédures, dont quelques-unes ont été imprimées (*Mémoires-journaux de Fran-*

à l'oreille au premier président de Thou[1], il deschargea l'admiral aussi[2]. Et en ceste inconstance que les horreurs de la mort lui apportoyent, il lui eschappa que, si le coup estoit encore à faire, il le feroit encore.

Le duc reçeut grands honneurs à ses pompes funèbres[3], célébrées en plusieurs grandes villes et à Rome[4] notamment[5].

Cependant que la roine travailloit à la paix, le prince de Condé, qui avoit failli à se sauver de Onzain[6], fut

çois de Lorraine, dans la coll. Michaud, p. 506, 537, etc.; — Cabinet historique de M. Paris, 1re partie, t. III, p. 49 et suiv.). On trouvera encore un certain nombre de pièces inédites dans les vol. 6610, 17305, 20153 et 22429 du fonds français.

1. Christophe de Thou, père du grand historien, premier président du parlement de Paris.
2. Le 15 mai 1563, le prince de Condé fit une déclaration qui repoussait absolument les accusations de Poltrot contre Coligny (Du Bouchet, Hist. de la maison de Coligny, p. 536). La culpabilité de l'amiral a été soutenue par presque tous les annalistes catholiques, notamment par Bruslard (Mémoires de Condé, t. I, p. 125) et surtout par le P. Griffet, dans une dissertation ajoutée au tome X de l'Hist. de France du P. Daniel. L'accusation a été savamment réfutée par M. le comte Delaborde (Coligny, t. II, p. 223).
3. Le 19 mars, les funérailles du duc de Guise furent célébrées avec éclat, et, le 20, Jacques le Hongre, jacobin de grande réputation, prononça son oraison funèbre.
4. A Rome, le pape fit prononcer l'oraison funèbre du défunt par Jules Poggiano.
5. Var. de l'édit. de 1616 : « ... funebres, voire dans Rome. »
6. Le prince de Condé avait été conduit du château de Heneville, près de Chartres (Journal de Bruslard dans les Mémoires de Condé, t. I, p. 117), à Chartres même, le 13 ou le 14 janvier. Il y fut enfermé dans l'abbaye Saint-Pierre (Baum, Theodor Beza, t. II, Appendice, p. 204). Transféré au château d'Onzain (Loir-et-Cher), il faillit se sauver en habit de paysan. Chantonay raconte

emmené près d'elle, et aussi la princesse[1]. Ce train estant arrivé à Sainct-Mesmin[2], on dressa le parlement en l'Isle[3] aux bœufs, près la porte Bourgoigne d'Orléans, soubs un pavillon[4] violet, semé de fleurs de lis, où entrèrent, du costé des catholiques, la roine, le connestable prisonnier, le duc d'Amville et Laubespine[5]; de la part des réformez, le prince de Condé prisonnier, Dandelot, Sainct-Cire, gouverneur de la ville, et Aubigné[6], son lieutenant.

cette tentative d'évasion (*Mémoires de Condé*, t. II, p. 133). Voyez aussi l'*Hist. de France* de P. Mathieu, 1631, t. I, p. 269.

1. Éléonore de Roye, princesse de Condé, s'occupait activement, depuis la bataille de Dreux, de la délivrance de son mari. Sa correspondance pendant cette période est conservée dans les vol. 6607 et 6621 du fonds français.

2. Le 1ᵉʳ mars, Catherine désira avoir une entrevue avec la princesse de Condé (*Calendars*, 1563, pièce du 8 mars). Le 2, la conférence eut lieu à Saint-Mesmin et dura quatre heures (*Calendars*, Lettre de Smith du 3 mars). Tavannes raconte que la reine proposa à la princesse pour son mari la lieutenance générale précédemment occupée par le roi de Navarre (*Mémoires*, coll. Petitot, t. XXIV, p. 394). Déjà, au moment de la mort de celui-ci, il y avait eu des négociations entre la reine mère et le prince à ce sujet (*Ant. de Bourbon et Jeanne d'Albret*, t. IV, p. 365).

3. Le *parlement* de l'Ile-aux-Bœufs eut lieu le 7 et le 8 mars 1563 (*Hist. ecclés.*, t. II, p. 278). Le récit de cette conférence est donné par une dépêche de Chantonay (*Mémoires de Condé*, t. II, p. 138) et par plusieurs lettres de Condé à la reine d'Angleterre et à Smith (Duc d'Aumale, *Hist. des princes de Condé*, t. I, p. 403 et s.).

4. Var. de l'édit. de 1616 : « ... *à la paix*, faisant amener pour cest effect le prince de Condé de Onzain, où il avoit esté référé, après avoir failli de se sauver. La roine, pour commencer, fit venir la princesse à Saint-Mesmin et, selon leurs propos, fut fait le parlement dans l'isle aux bœufs, *soubs un pavillon*... »

5. Henri de Montmorency, s. de Damville, et Sébastien de l'Aubespine, évêque de Limoges.

6. Le père de notre historien. Voyez les *Mémoires de d'Aubigné*, édit. Lalanne, p. 11.

La matière estant là disputée, où nul ne fut si contraire à la paix que le connestable, il fut advisé que les deux prisonniers, en hostage l'un de l'autre et de plus obligés de leur foi, passeroyent, l'un à Orléans, l'autre au camp, pour communiquer avec leurs confidents.

Le prince appella trois ministres[1], auxquels il parla d'obtenir l'édict de janvier ou quelque chose approchant. Ce langage[2] fut pris comme celui d'un homme qui avoit une partie de son courage prisonnier. Les trois ministres demandèrent l'assemblée de leurs collègues, laquelle se fit au nombre de trois vingts et douze[3] qui conclurent par leur résultat à l'édict de janvier en toutes ses parties[4], à quelques cautions pour les choses promises et à la recerche des massacreurs. Le prince se plaignit à la noblesse de la dureté des ministres, protestant de n'en demander plus leur advis. Et de fait[5], avec ses plus privez conseillers, il

1. Ces trois ministres étaient Desmeranges, Pierins et La Roche-Chandieu. La conférence eut lieu le 8 mars (*Hist. ecclés.*, 1580, t. II, p. 279).
2. Var. de l'édit. de 1616 : « *Ce langage* fut interprété comme d'un homme qui avoit une partie de son courage prisonnier ; et pourtant ils demandèrent *l'assemblée...* »
3. La conférence des soixante-douze docteurs eut lieu le 9 mars. Après délibération, ils rédigèrent un avis qui est publié dans l'*Hist. ecclés.*, t. II, p. 280.
4. Var. de l'édit. de 1616 : « *... parties,* avec autres cautions, comme *la recerche...* »
5. Var. de l'édit. de 1616 : « *Et de fait* on dresse un édit qu'on envoya signer au roi, à Amboise, tel que vous le verrez à la fin du livre. Il est temps de nous desennuyer de si fascheux affaires par quelque chose de plus éloigné, en commençant nostre chemin par les affaires des voisins attachés aux nostres, pour nous esloigner en Orient. »

fit dresser un édict¹ qu'on envoya signer au roi, lors estant à Amboise; vous verrez quel il fut à la fin de ce livre.

Cependant qu'on le met en estat, nous regarderons à commencer nostre chemin par nos voisins et voir ce qu'ils ont de meslé avec nous.

Chapitre XXI.

Liaison des Négoces avec les voisins.

Tout fourmilloit en Allemagne des levées qui se faisoyent de l'un et de l'autre parti, si bien qu'on abandonnoit le soing des affaires d'Orient.

Sur tout le comte palatin et landgrave de Hessen, se monstrans partiaux pour les réformez, acquirent leur amitié, non sans la mauvaise grâce des autres. L'empereur, æquanime en toutes choses, ne voulut rien irriter ni au dehors ni au dedans.

Les Suisses catholiques furent les plus diligents à envoyer leurs secours soubs Freulik². Les réformez, ou moins puissamment mesnagez, ou plus respectueux de la société, ne passèrent point en France pour ceste guerre, sinon ceux qui firent un tour à Lyon.

En Piedmont, le duc de Savoye³ ne perdit pas son

---

1. Les dispositions du traité furent arrêtées dans une conférence que Condé eut avec la reine le 12 mars.

2. Cette armée d'auxiliaires, formée dès le 11 juin 1562, partit le 8 juillet pour venir en France, après avoir obtenu de Marguerite de Parme la permission de passer par la Franche-Comté (De Thou, liv. XXX).

3. Philibert Emmanuel, duc de Savoie, le vainqueur de Saint-Quentin, l'époux de Marguerite de France.

temps à redemander ses places, cependant qu'on avoit afaire de lui. Aucun ne s'opposa dans le conseil à ses demandes que le maréchal de Bourdillon[1], contre les remonstrances duquel on lui rendit ses cinq places[2], quoi qu'il n'eust pas envoyé en France[3] le secours qu'il avoit promis[4].

Le pape, qui estoit le motif de la guerre, n'y mit que le bout de l'ongle, n'y envoyant que le comte

1. Tavannes dit que Imbert de la Platière, s. de Bourdillon, fut nommé maréchal de France en dédommagement du chagrin que lui causait la reddition des cinq places (*Mémoires,* coll. Petitot, vol. XXIV, p. 394).
2. Il s'agissait des villes de Mondovi, de Coni, de Fossano, de Savigliano et de Chieri. Cette affaire fut très longue et donna lieu à de nombreuses négociations. Enfin, le 12 novembre 1562, le roi de France rendit les cinq places et Turin en vertu du traité de Cateau-Cambrésis. De Thou a donné un abrégé assez clair des pourparlers (liv. XXXI). On conserve dans le vol. 3195 du f. fr. un recueil de pièces et de lettres à ce sujet.
3. Le duc de Savoie avait promis un secours de 10,000 hommes (Journal de 1562 dans la *Revue rétrospective,* t. V, p. 100). Le roi avait eu l'imprudence de l'autoriser à occuper les places de Lyon, Valence et autres sur le Rhône (Orig. sur parchemin sans date; coll. des autog. de Saint-Pétersbourg, vol. 34, 2, f. 40).
4. A la suite de cet alinéa, on lit, dans l'édition de 1616, un passage qui manque à celle de 1626 : « Le cardinal de Lorraine avoit esté despesché, au commencement des mouvements, vers le concile de Trente pour excuser le roi de n'avoir envoyé les évesques de son royaume. Sur quoi il alléguoit les troubles et misères du temps ; raison que ceux du concile firent semblant de prendre en paiement. Et de là en avant l'archevêque de Zara, qui y présidoit, donna audience à du Ferrier, président en la cour de parlement ; laquelle il avoit refusé jusques là. C'est lors que Lansac céda la première place à l'ambassadeur d'Espagne contre toutes les anciennes coutumes ; de quoi estant accusé au privé conseil de France à son retour, il paya du cardinal de Lorraine, qui lui avoit fait faire pour plusieurs bons respects. *Le pape, qui estoit...* »

d'Aiguesole avec deux mille Italiens mal équippez; et lesquels encores, au premier retardement de leur monstre, repassèrent les monts, ne laissant que Jules Brancassio, avec six cents hommes, auprès du duc de Nemours. Et est à noter que les autres Italiens, qui se trouvèrent ès armées, comme ceux qui furent deffaits à Sainct-Giles, y estoyent poussez par seigneurs particuliers ou volontaires, qui cerchoyent eux-mesmes leur condition.

Le roi d'Espagne s'y monstra plus eschauffé, n'espargna ni despense ni soing pour fortifier les armées des catholiques[1], tant pour mettre la France en meilleur estat pour ses desseins qu'aussi pour avoir la pareille du secours en la guerre qu'il préparoit contre les Flamans[2].

Au dernier propos d'Angleterre, nous avons touché comment Élizabeth, fille d'Anne de Boulen, tirée de prison pour estre roine, avoit commencé son règne au quinziesme de janvier mil cinq cents cinquante neuf[3]. Sa première gestion fut de chasser du royaume tout exercice de la religion romaine et remettre la réformée en l'estat que l'avoit laissée le roi Édouard[4]. Le premier serment de son sacre fut de n'espouser aucun estranger, bien qu'à cause des debtes et divisions du royaume, elle entretinst quelque traicté avec

---

1. Voyez la note du chap. xɪ, p. 91.
2. Tout ce qui précède, depuis le commencement du chapitre, sauf le passage qui fait l'objet de l'avant-dernière note, est rejeté plus loin dans l'édit. de 1616, et imprimé avec de très légères variantes.
3. Élisabeth monta sur le trône le 17 novembre 1558.
4. Var. de l'édit. de 1616 : « ... *romaine*, et restablir la réformée comme elle estoit du temps d'*Édouard*... »

le roi d'Espagne, autant qu'il en faloit pour descoudre sans deschirer. Or, y ayant à son arrivée encores guerre entre les Anglois et Escossois, et aussi entre les Escossois réformés et catholiques, elle mit à telle nécessité les uns et les autres de ses ennemis, tant François qu'Espagnols, qu'elle les chassa de son isle par une paix[1], concluant par cest article que le roi de France et Marie Stuart, sa femme, quitteroyent les armoiries et les titres d'Angleterre. Vous avez aussi veu, après la mort de François, Marie se retirer en Escosse avec un bon appennage, où elle demeura quelque temps sans rien faire esclatter. Élizabeth[2] esteint par prudence toutes les factions dans son royaume, et, pour maintenir les amitiez du dehors, accorde le secours, duquel nous avons parlé, au prince de Condé et à ses partisans, recevant, pour gage des despenses qu'elle avoit faictes, la ville du Havre de grâce, fortifiée de nouveau et importante, comme estant à l'embouchure de la rivière de Seine.

Voilà[3] pour les affaires de la guerre, mais il faut voir ce qui touchoit tous les voisins et toute l'Europe, et ce qui se passoit au concile de Trente ; pour la célébration duquel, l'an mil cinq cents soixante et le vingt-neufiesme jour de novembre, le pape Pie quatriesme, successeur de Paul quatriesme, décerna une bulle[4] et la fit publier le jour de Pasques suivant, de le faire continuer et parachever, levant toutes suspen-

1. Traité d'Edimbourg.
2. Var. de l'édit. de 1616 : « ... *sans rien* entreprendre. *Élisabeth...* »
3. La suite, jusqu'à la fin du chapitre, manque à l'édition de 1616.
4. Cette bulle d'indiction fut publiée le 29 novembre 1560.

sions; dont il advertit l'empereur Ferdinand et les autres rois et princes, sans nommer le roi de France[1]. Exhorta les autres d'y envoyer leurs prélats et autres gens doctes, ausquels il enjoignit de s'y trouver.

Ainsi le concile assemblé, la dix-septiesme session recommença le dix-huictiesme de janvier mil cinq cents soixante deux. La session prochaine fut remise au vingt-sixiesme de février suivant. Et y eut un sauf-conduit décerné le quatriesme[2] jour de may, pour tous les Allemands en général, et particulièrement pour ceux de la confession d'Augsbourg, afin d'y comparoir et s'y trouver en liberté, ce disoit la bulle, avec une extension pour tous les autres royaumes, peuples et pays, soubs pareille forme et en mesme terme que le sauf-conduit des Allemans.

Sous ce pape il y eut neuf sessions, et fut le concile parachevé le quatriesme jour de décembre mil cinq cents soixante trois[3]; auquel se trouvèrent force ecclésiastiques en divers temps, dénombrez au gros volume de Louvain[4], asçavoir sept cardinaux et légats présidants au nom du pape, deux cardinaux, non légats, dix-huit ambassadeurs ou orateurs de divers princes, trois patriarches, trente deux archevesques, deux cents vingt trois évesques, asçavoir septante neuf soubs les papes précédents, six abbez, sept géné-

---

1. Cette accusation de d'Aubigné contre le pape n'a aucun fondement. La liste des prélats et docteurs envoyés de France au concile de Trente est conservée dans le f. fr., vol. 15409, f. 22.

2. Le 4 mars 1562 (et non pas le 4 mai) les sauf-conduits furent délivrés au nom du concile (De Thou, liv. XXXII).

3. La 25me et dernière session du concile de Trente est en effet du 4 décembre 1563.

4. Voyez ci-dessus, t. I, p. 87, note 2.

raux de divers ordres, quatre docteurs en droit civil et canon, six théologiens, dont les cinq estoyent Espagnols envoyez de Rome par le pape, douze docteurs de Sorbonne envoyez de France, dix-sept d'Espagne, deux de Portugal, un de Bavière, dix procureurs des évesques absents, deux procureurs des ordres, vingt-un docteurs séculiers et canonistes, deux docteurs bénédictins, dix-neuf théologiens jacobins, neuf théologiens cordeliers de l'observance, seize théologiens cordeliers conventuels, quinze théologiens augustins, sept théologiens carmes, deux théologiens servites, trois officiaux du concile, neuf maistres chantres, quatre secrétaires, deux courriers du pape et du concile.

Le vingt-sixiesme jour de janvier mil cinq cents soixante quatre, les cardinaux Moron[1] et Simoneta[2], légats présidents ès dernières sessions, allèrent demander au pape, au nom du concile, la confirmation de tout ce qui avoit esté fait, décrété et arresté, tant soubs Paul troisiesme, Jules troisiesme que sous lui; ce qu'il accorda, prononçant qu'il confermoit tous et chacuns de décrets et résolutions faictes au dit concile, tant sous les papes Paul troisiesme, Jules troisiesme qu'au temps de son pontificat, par son authorité apostolique et du conseil et advis de ses frères les vénérables cardinaux, au nombre de vingt-six, y compris

---

1. Jean Morone, né vers 1508, évêque de Novare et de Modène, cardinal, nonce du pape en Allemagne en 1542, mort en 1580.
2. Ludovico Simonetta, petit-fils de l'historien Giovanni Simonetta, né à Milan, évêque de Pesaro, cardinal en 1561, légat en 1564 au concile de Trente, mort le 30 avril 1568, à Rome.

le cardinal Simoneta, après en avoir sur ce meurement délibéré. Enjoignant à tous ses fidèles chrestiens de les recevoir et garder au nom du Père, du Fils et du Sainct-Esprit.

Le concile se disoit convoqué et assemblé pour l'extirpation des hérésies et pour la réformation de la discipline et des meurs de l'Église. Quant aux hérésies, il anathématiza par ses canons toutes personnes qui ne recevoyent pas les enseignements de l'Église romaine et des docteurs d'icelle, et qui ont autres sentiments qu'iceux. Les décrets et canons, depuis l'an mil cinq cents quarante six jusques à l'an mil cinq cents soixante trois inclusivement, en font foi. Le premier décret propose, commande et recommande le symbole de foi du concile de Nicée, approuvé en tous ses articles par les réformez. Ès autres sessions, ils traictent du nombre, de l'édition et de l'usage des livres de la Bible; du péché originel, de la justification devant Dieu, des sacrements en général, puis en particulier du baptesme, de la confirmation, de l'eucharistie, de la transsubstantiation, de la réserve et communion de l'hostie aux malades, de la préparation et usage d'icelle, de la pénitence, absolution et satisfaction, de l'extrême-onction, de son effect et de l'administrateur d'icelle, de la communion soubs les deux espèces et des communians, du sacrifice de la messe, des ordres presbytéral, épiscopal et clérical, du mariage, du purgatoire, de l'invocation, vénération des reliques des saints et des images, des indulgences, du choix des viandes, des jusnes et des festes.

Les princes protestants, et les Estats de l'empire, faisans profession de la confession d'Augsbourg, publièrent un grand livre en alleman, puis traduit en latin[1], où ils monstrent qu'ils estoyent prests de comparoir en concile libre et chrestien ; descouvrirent les mesdisances de leurs juges parties, représentèrent les noms de plusieurs doctes personnages, qui devant Luther s'estoyent courageusement opposez aux usurpations des évesques de Rome, respondirent à l'objection qu'on leur faisoit d'avoir esté assignez à Trente, descouvrirent le misérable estat des églises sous la domination des papes ès siècles précédents, sous les estranges disputes des docteurs ecclésiastiques, impugnants honteusement les uns et les autres, et maintindrent qu'ils n'estoyent point cause de schisme en l'Église. Entrez en suite dans la déclaration spéciale des causes nécessaires, qui les avoyent meuz d'aller au concile de Trente, nièrent constamment que l'authorité d'assigner concile appartinst au pape, monstrèrent que ce droict appartenoit à l'empereur, firent voir les artifices des papes pour s'en emparer. Puis après ils monstrèrent que la ville de Trente estoit un lieu mal asseuré pour ceux qui résisteroyent aux décrets du pape; item que ce n'estoit point un concile œcuménique, ains entièrement composé de gens esclaves du pape, que ce n'estoit un concile chrestien, qu'il n'avoit réformé les abus, corruptions et confusions des églises et personnes ecclésiastiques romaines, ains avoit tout laissé ès désordre descriez dès longtemps par sainct Bernard et autres.

1. C'est une protestation contre le concile de Trente, publiée au nom de la confession d'Augsbourg par quelques docteurs, Tillman Heshusius, Nicolas Gallus, Jean Wigand, Mathieu Juge, Joachim Westphale et Mathias Flaccus Illyricus.

Outre plus, ces princes et Estats prouvent que la simonie règne puissamment en la cour de Rome ; ce qui est spécifié par le menu, les exactions annuelles montans à plus de dix millions d'or. En après ils entrent en l'examen du concile de Trente par antithèses de la doctrine papale et protestante, touchant l'invocation, les images, le médiateur entre Dieu et les hommes, le mérite et la satisfaction de Christ, les bonnes œuvres, l'eucharistie, la messe, le péché originel, le franc arbitre, la justification du pécheur devant Dieu, la foi, la différence entre la loi et l'évangile, l'efficace des souffrances et de la mort du Seigneur, l'estat des trespassez, le purgatoire, la grâce de Dieu, le nombre des sacrements, le baptesme, les dons du Sainct-Esprit, la repentance, la rémission des péchez, la communion sous les deux espèces, le ministère ecclésiastique, le mariage et cœlibat, l'extrême-onction, les traditions de l'Église romaine, les services, cérémonies et consécrations estranges en l'huile, en l'eau et ès herbes et cloches.

De là ils passent à l'anatomie de la tyrannie des papes, prétendans domination souveraine au ciel et en terre, s'attribuans toute science de droict divin et humain, l'authorité sur tous ordres et estats, exemption de toute cognoissance de leurs déportements, authorité de défendre et permettre l'usage des viandes, les six vingts et dix titres insupportables, qu'ils se sont fait donner par leurs flatteurs. Ils adjoustent ample réfutation de la primauté du pape, preuvent qu'il n'est ni chef, ni espoux de l'Église, réfutent sa prétendue puissance sur le spirituel et temporel, monstrent qu'il n'a droict quelconque sur les royaumes et Estats, pour les donner à qui bon lui semblera ; que ce qu'il avance de sa donation de Constantin est faux, que l'allégation de la plénitude de sa puissance est ridicule et exécrable, comme aussi ce qu'il avance touchant tous les droicts cachez en l'escrin de sa poictrine. Ils monstrent conséquemment par divers exemples, que les papes peuvent devenir infidèles et apostats. D'avantage ils manifestent l'intention du pape Pie estre d'establir irrévocablement les arrests de ce sien concile, et toutes les traditions de l'Église romaine susmentionnée de l'eslever par dessus les conciles et l'Église, d'ordonner de ce que chacun devra croire touchant les principaux articles de la doctrine et religion chrestienne. Ils ramentoivent la prévarication des papes, qui par leurs conciles ont semé les guerres levées en divers endroits de l'Europe dès longtemps, dont ils produisent maintes histoires, mesprisent ses anathèmes et s'accouragent d'autant plus en la maintenue de la vraye religion, à l'exemple des anciens chrestiens, qui ont fuy et détesté les assemblées de l'esprit d'erreur.

Finalement, ils parlent d'un concile libre, légitime et vrayement orthodoxe, à qui appartient de l'assigner, et qui sont ceux qui doivent estre appellez, leurs marques essentielles, les présidents et auditeurs ; traictent du concile universel et de la sainte liberté de ceux qui doivent parler en ce concile. Ils maintiennent que Christ est et doit estre le juge souverain en ce concile, où toutes résolutions doivent estre fondées en sa parole, comprise ès livres des prophètes et apostres. Sur ce ils rembarrent la calomnie de ceux qui accusent l'Escriture saincte d'estre obscure et ambiguë, monstrent quelle doit estre l'authorité des conciles et docteurs anciens, comment il convient les escouter.

Quelques théologiens, entre autres Jean Calvin, François et Martin Kemnitius[1], Allemans, réfutèrent les décrets et canons du concile de Trente; l'un briesvement et en partie, l'autre de bout en bout et fort exactement. Charles du Moulin[2], jurisconsulte renommé, publia les nullitez de ce concile et maintint les privilèges de l'église gallicane[3]. Autres, en divers pays, escrivirent pour et contre. Le sommaire de leurs livres est compris ès décrets, canons et catéchisme du concile; item en diverses confessions et déclarations publiées par les docteurs catholiques et réformez. L'abbrégé s'en peut voir ès deux, trois, quatre et suivans chapitres du deuxiesme livre de notre premier tome d'Histoires.

Les ambassadeurs de France au concile furent Lansac[4], qui, premier des François, céda la place et

---

1. Martin Chemnitz, recteur de l'école de la cathédrale de Koenigsberg et bibliothécaire du duc Albert de Brandebourg, auteur d'un *Examen concilii Tridentini*. Francfort, 1585, 4 vol. in-fol.

2. Charles Dumoulin, né en 1500, avocat au Parlement, calviniste, protégé par Jeanne d'Albret, plusieurs fois fugitif, mort à Paris en 1566. Il a laissé de nombreux écrits sur les coutumes de France et surtout sur celles de Paris, qui lui ont acquis le renom de l'un des premiers jurisconsultes de son siècle. Ses œuvres complètes, publiées en 1681, forment cinq volumes in-folio.

3. Cet ouvrage, intitulé *Conseil sur le fait du concile de Trente*, Lyon, 1564, in-8°, fit emprisonner son auteur à la Conciergerie. Voyez les registres du Parlement (Bibl. nat., vol. 557, f. 359 et suiv.).

4. Louis de Saint-Gelais de Lansac, mort au mois d'octobre 1589. L'instruction qui lui fut donnée par le roi est imprimée par Dupuy (*Mémoires pour le concile de Trente*, p. 168). On conserve à la Bibliothèque nationale de volumineux recueils de sa

l'honneur à l'ambassadeur d'Espagne[1], le président du Ferrier[2] et Pibrac[3], chargez de mémoires concernants la doctrine et discipline de l'Église qu'ils devoyent produire après ceux qui venoyent de la part de l'empereur.

Les historiens catholiques ont produit lettres[4] de Lansac à l'Isle[5], ambassadeur à Rome, pour solliciter que le pape escrivist à ses légats, pour faire qu'ils donnassent plus paisibles audiences aux harangues et remonstrances des ambassadeurs et députez, et les mesmes autheurs catholiques y adjoustent ces mots : « Ne permettre point que l'on die que les présidents

correspondance durant le concile de Trente, dans les vol. 15409 et 15410 du f. fr. et 357 et 358 de la coll. Dupuy.

1. Lansac ne céda pas, comme le dit d'Aubigné, son droit de préséance à l'ambassadeur d'Espagne, mais, sur la proposition du cardinal de Gonzague, soutenue par le cardinal de Lorraine, il accepta que Claude Ferdinand de Quinones, comte de Luna, ambassadeur de Philippe II, occupât un siège à part en dehors du rang. De Thou a raconté cette affaire (liv. XXXII).

2. Arnaud du Ferrier, président des enquêtes du parlement de Paris.

3. Guy du Faur, seigneur de Pibrac, né à Toulouse en 1529, conseiller au parlement de Toulouse, avocat général au parlement de Paris, conseiller d'État, négociateur très employé aux plus secrètes missions du règne de Henri III, mort en 1584. Colletet a écrit une vie de Pibrac, qui a été publiée par M. Tamizey de Larroque, dans la *Revue de Gascogne,* en 1869 et 1870. M. Cougny a aussi consacré, en 1869, une étude à ce personnage.

4. La lettre de Lansac est datée du 19 mai, d'après de Thou qui en donne l'analyse (liv. XXXII). Elle ne figure pas dans le recueil de Dupuy (*Mémoires pour le concile de Trente,* in-4°, 1654).

5. André Guillart du Mortier, seigneur de l'Isle (t. I, p. 329). Une partie de sa correspondance diplomatique pendant le concile de Trente, qui est restée inédite, occupe le vol. 3955 du fonds français.

du concile attendent le Sainct-Esprit qui leur sera envoyé de Rome empaqueté dans une valise ; finalement donner ordre que les décrets des Pères ne soyent point censurez ni falsifiez à Rome, par gens malins et de néant. »

Le pape, irrité de telle hardiesse, venue à sa cognoissance, et de quoi on commençoit à disputer si le concile estoit par dessus le pape, s'achemina à Boulongne[1], sous couleur de se trouver au couronnement de l'empereur qui devoit y venir, mais c'estoit pour s'approcher du mesnage de Trente. Il se mocqua d'une remonstrance que lui fit l'ambassadeur d'Espagne, et puis d'une autre faite par les François, ne laissant pas de trouver très mauvais en la harangue de Pibrac[2], parlant aux députez, sur leurs craintes, les termes qui s'ensuivent : « Quant à vous, ici assemblez au nom de Dieu, non seulement pour délibérer, mais pour juger, vous avez le droict et l'authorité, le pouvoir d'ordonner, définir et décerner sans exception quelconque. Ceste liberté vous est asseurément baillée d'en haut suivant la louable discipline des conciles anciens. Nostre roi Charles se fait fort de vous maintenir seul en vostre authorité, si la nécessité le requiert. » Après, les ayant appellez *esclaves de robbe longue*, les menace que les princes qui les ont envoyez leur feroyent finir leur vie dans un cachot.

Les ambassadeurs de l'empereur faisoyent cependant de grandes instances sur tous les abus touchez

---

1. Au mois de mai 1562, Pie IV vint à Bologne pour être plus rapproché du concile.
2. La harangue de Pibrac fut prononcée, d'après de Thou, le 4 juin 1562, au nom du roi.

par la lettre de la roine, et autres qu'on peut lire en l'histoire expresse pour ce faict.

Il n'est point mal à propos d'adjouster ici une lettre de l'Isle, escrite de Rome au roi en ces termes :

« Sire, j'ai commencé de négocier avec le pape de la despesche de Vostre Majesté, spécialement sur le point de la communion sous les deux espèces, ce qu'il a bien pris à mon jugement; et m'a dit qu'il a tousjours estimé cest article et le mariage des prestres estre de droict positif, et pouvoir recevoir mutation, et que par ceste cause il fut réputé luthérien au dernier conclave; que toutesfois il ne peut rien conclure en telles choses sans en conférer avec ses frères les cardinaux. A ceste fin m'a asseuré qu'il assembleroit, au premier jour du consistoire, pour cest effect. Sa Saincteté m'allégua que l'empereur a fait autrefois pareille requeste pour le roi de Bohême son fils, pource que sa conscience l'induisoit à mesme opinion ; et depuis sa Majesté Cœsarée en demanda autant pour tous les subjects de son patrimoine ; à quoi lesdits cardinaux ne se sont jamais voulu accommoder. Mais, mettant en considération les dangers qui sont en vostre royaume et toutes les particularitez que je lui ay spécifiées en cest endroit, sadicte Saincteté m'a promis de s'accommoder, autant qu'il lui sera possible, à ce que Vostre Majesté soit satisfaicte, et les affaires de vostre royaume conduictes à l'honneur de Dieu et de l'Église[1]. »

La harangue de Pibrac fut si peu respectée, voire

---

1. Cette lettre figure dans le recueil de Dupuy (*Mémoires pour le concile de Trente*, p. 110).

si mal accueillie, que, six sepmaines après, la question de la communion sous les deux espèces, tant demandée par les ambassadeurs de l'Empire, de France et de Bavière, fut traictée et décidée comme s'ensuit : « Si quelcun dit que, par le commandement de Dieu ou par nécessité de salut, tous et chascuns fidèles de Christ doivent recevoir les deux espèces au très sainct sacrement de l'eucharistie, qu'il soit anathème. »

Quant aux autres articles de réformation en la doctrine, le pape ni le concile n'y changea rien, ains anathématiza quiconque s'opposeroit en cela à l'Église romaine et à son chef. Au regard de la réformation des mœurs et de la discipline des ecclésiastiques, toutes les demandes des empereurs, des rois et princes, furent partie mesprisées, partie considérées, mais en effect anathématizées; tesmoing ce que les papes et leur clergé, depuis ce concile, ont fait et font jusques à présent.

Devant que quitter ces Pères de Trente, je donnerai copie d'une lettre de monsieur de Xainctes[1], docteur en théologie, et envoyée de Trente à monsieur Despense[2], aussi docteur en théologie. Voici ces mots : « Monsieur, vous ne fustes jamais mieux inspiré que de ne venir point par deçà, car je croi qu'y fussiez mort des indignitez qu'on y commet pour obvier à la réformation. Les François s'y portent plus vertueusement et sincèrement que les autres, qui souvent se

---

1. Claude de Saintes, docteur en théologie (voyez t. I, p. 164). Sa lettre à Despense, datée de Trente, du 15 juin 1563, est reproduite dans le recueil de Dupuy (p. 440).

2. Claude Despense, vice-recteur de l'Université de Paris (t. I, p. 318).

mocquent d'eux, les voyans en adversité. Quant nous arrivasmes ici, on traictoit desjà *De Sacramento Ordinis*, où les Espagnols insistoyent fort qu'on déclarast les évesques *institutos a Christo et presbyteris jure divino superiores*. Les François se joignirent avec eux pour empescher la conséquence de ce propos. Les Italiens entremesloyent en ce seul canon dix ou douze titres pour le pape, par lesquels ils prétendoyent icelui estre seul évesque institué de Jésus Christ immédiatement, et que tous les autres n'avoyent aucune puissance, sinon de la sienne et de lui. Il n'y a celui de mes collègues qui ne voulust estre en la Sorbonne, voire en danger d'y mourir. Il ne m'est possible de vous raconter par le menu tous les actes que j'ai veus et entendu en ce concile de Trente. Ce cinquiesme juin mil cinq cents soixante trois. »

Voilà ce qui s'est trouvé digne d'estre récité d'une action tant célèbre, et qui se termina par les décisions que l'histoire expresse vous apprendra à la fin de laditte année.

Chapitre XXII.

De l'Orient[1].

Maximilian, empereur, ayant sçeu les préparatifs du Turc vers l'Afrique, ne voulut perdre le temps; mais en bon chrestien divertit sur ses bras partie des forces

1. D'Aubigné, dans ce chapitre, suit le texte de de Thou, qui lui-même avait eu pour guide les ouvrages de Jean Lœuwenklau (en latin Leunclavius), érudit allemand qui a publié les *Annales sultanorum Othmanidorum* (Francfort, 1596, in-fol.) et traduit plusieurs chroniques turques.

de ce grand adversaire. Il fit son général d'armée Lazare[1] Scuhendius, auquel, pour sa suffisance, obéirent de bon cœur André Batori, Melchior Balasse et tous les principaux de la Hongrie[2]. Ceux-ci, ayans dressé une bonne et forte armée, et donné leur rendé-vous général en Scépicie[3], prennent résolution d'attaquer Tokai[4], où commandoit, pour le Turc, François Nesmet avec une grosse garnison, comme estant le passage de la Dace. Ce fut le dernier de janvier qu'ayants pillé Kerestre[5], ils coulèrent le long du Tibisque[6] pour en tenir les deux bords. Ils avoyent mené quatre pièces qu'ils logèrent sur le terrier de la rivière, pour battre en courtine. Il y eut merveilleuse peine à ces tranchées pour ce qu'ils remuoyent plus de glace que de terre.

Après quelque légère batterie et deux mines, les soldats, en l'absence du chef, sans recevoir ordre et sans avoir recogneu le retranchement, donnèrent un assaut. Les assiégez leur laissèrent gaigner le front de la bresche, et puis, les ayans bien frottez au retranchement, demandèrent à parlementer; ce qui leur fut refusé. Et eux, qui cogneurent bien que c'estoit pour la haine qu'on portoit à leur chef Nesmet, relevèrent

1. Lazare Schuendi, capitaine hongrois, précédemment disgracié avec Sébastien Vogelsperghem (De Thou, liv. XXXVII).
2. De Thou appelle ces seigneurs André Batori, Melchior Balassi, Gabriel Pereni, Jean Ruber Pixendorf, Jacques Schutenbourg, Henry Gleizentala, Jean d'Ascenbourg, Jean Wernher et Rodolphe Salis.
3. Gépicie, partie de la Sarmatie (provinces Danubiennes), habitée par les Gépides.
4. Tokai, au confluent de la Theiss et du Bodrogh, était défendu par François Nemethi.
5. Kereszter, non loin de Tokai.
6. La Theiss.

le drapeau blanc avec promesse d'une bonne nouvelle : c'estoit que leur gouverneur estoit mort d'une mousquetade par la teste. Là dessus ils reçoivent capitulation, à laquelle ils ne s'affermirent qu'à emporter le corps de ce chef; et, pour ce qui touchoit la vefve, la foi bien gardée par Scuhendius contre le désir des capitaines.

Sur l'effroi de ceste prise, les chrestiens emportent Zérence[1], Zathmar, bruslée par les ennemis, rebastie par les chrestiens; et, puis de là le Tibisque, Erdende, Cuvare, Battori, Wibannie et Senderenie[2].

Il nous doit souvenir du prince de Dace, nommé Jean, autrefois Estienne. Cestui-ci, sous la tutelle des Turcs, assisté du gouverneur de Themesuare[3], fait une armée, prend Pacotte, Yene et Deseme[4], petites places autour de Yulla, en espérance de l'assiéger. Six cents hommes, ayans entrepris de lever un logis de ceste armée, partent de Zigueth, exécutent; et, s'en revenans après avoir tué deux cents hommes, sont deffaits par la cavallerie de Jean comme elle accouroit au secours, et si rudement menez qu'il ne s'en sauva que deux. D'autre costé, les Turcs perdirent douze ou treize cents hommes, quelques pièces et sept drappeaux, qui estoyent allez pour empescher la fortification de Zathmar; de quoi Jean eut revanche à Erdende, qu'il assiégea et prit par famine à discrétion, dont, usant de son droict, il les fit tous mourir et rasa la place[5].

1. Février 1565.
2. Erdend, Kwar, Bathor, Wibania et Saint-André.
3. Temeswar.
4. Pacota, Jena et Desene. — Plus loin, Giulla, Zigeth.
5. Jean mit le siège devant Erdend le 1er juin 1565; la ville, défendue par le duc de Saxe-Lauembourg, se rendit le 6.

Il y eut plusieurs autres petits combats de moindre marque, mais il y en eut un grand à la rive du Save, qui donna entièrement l'avantage aux chrestiens[1]. Les Turcs y perdirent deux mille hommes et sept pièces d'artillerie. Il estoit temps que nos gens fissent quelque chose à propos, pource que plusieurs villes se jettoyent entre les mains de Jean, entr'autres Neustat[2]; les habitants de laquelle furent surpris en donnant le signal aux ennemis pour se jetter ès mains de Jean et partant massacrez jusques aux femmes et enfans. Depuis toutes choses tournèrent en faveur de Scuhendius, qui emporta les places perdues, horsmis Paquotte. Lors, sous un traicté[3] de paix, le gouverneur de Javarin, qui dès longtemps préparoit une entreprise sur Albe Royalle, par l'intelligence qu'il avoit avec le juge du lieu et quelques habitans, se préparant pour l'exécuter, et voyant qu'on l'empeschoit, tant sur la révérence du traicté, comme sur le doute de l'exécution, il falut, pour en monstrer la facilité, qu'il spécifiast les moyens à ses chefs, qui ne peurent tous estre secrets; et les Turcs, ayant sçeu la menée, empalèrent quarante des soupçonnez. Toutes ces choses advinrent sur le point que Soliman, pressé de tous ses capitaines, tourna ses affaires vers le Midi, et nous tournerons la teste du mesme costé.

1. Voyez de Thou, liv. XXXVII.
2. Neustadt, surnommé le *Ruisseau des dames*, était défendu par le capitaine Gleismeners.
3. Le 12 octobre 1565, le magistrat d'Albe-Royale (Stuhl-Weissenburg) traita avec le comte de Salm, gouverneur de Raab ou Javarin.

Chapitre XXIII.

Du Midi.

Sans la peur que donna à plusieurs Italiens l'armée de mer, conduicte par Mandosse[1], et sans les brouilleries qui continuèrent entre les Génevois et Petre[2] Corse, et la prise des galères, que les Turcs gaignèrent sur les chrestiens à la coste de Sicile, les gens de guerre de ces quartiers-là nous auroyent donné plus grande chose à dire des affaires du Midi; mais ces accidents firent distraction de forces, des fonds, des intelligences et mesmes des volontez qui ne se peurent unir à aucun acte public.

Sur tout, ce mal fut fomenté par la partialité de Petre Corse Ornane[2], lequel, ayant en vain sollicité tous les princes voisins, jusques à taster le Turc, les trouva tous froids à son affaire. Pourtant, sous quelque

---

1. François de Mendoza, marquis de Almazan.
2. San Pietro d'Ornano, dit *Corso*, capitaine corse, servit d'abord dans les bandes noires florentines et passa, en 1533, au service du roi de France. En 1553, le maréchal de Brissac le recommandait au connétable (f. fr., vol. 20642, f. 29). Plus tard, il le désigna pour le commandement de Seve (ibid., f. 135) qui fut accordé au s. de Gordes (ibid., f. 154). San Pietro, ennemi acharné des Génois, devint l'âme de la politique de la France en Corse. Il fut assassiné le 17 janvier 1567. Fourquevaux (*Grands capitaines*, p. 83), Brantôme (t. IV, VI et IX, *passim*), et de nos jours M. Arrighi (in-8°, 1842) ont écrit la vie de ce personnage singulier. Voyez aussi une notice en tête de la biographie de son fils, Alphonse d'Ornano, maréchal de France (f. fr., vol. 22224 et 23990). Le nom de ce capitaine est presque toujours écrit *Sanpiero Corso*, mais il signait *San Pietro Corso* (f. fr., vol. 3159, f. 71).

sourde promesse de Philippe, depuis duc de Florence[1], et qui lors, bien que Cosme ne fust pas mort, mais seulement avoit déposé ses charges et dignitez dans le sein du jeusne prince, estoit puissant d'agir, Petre voulut essayer si, en mettant le feu à ses desseins, quelqu'accident heureux et nouveau n'eschaufferoit point le courage de quelque grand à la faveur de sa cause. Ainsi, prenant conseil de son désir avec plus de fiel que de cervelle, sans argent, sans esquipage de guerre, il part de Marseille avec une galère et une frégatte, cent cinquante soldats corses, aborde en son pays, surprent Istrie[2]; et là, ayant reçeu quelques capitaines et soldats affidez et, à leur branle, ceux qui cerchoyent besongne, il se rendit maistre de la campagne et de tous les endroits où il ne se trouva point de garnison. Il arrive encores que plusieurs troupes, que les Génois levoyent à la haste, furent mises en pièces par lui, estans en mauvais ordre et demi armez. En peu de temps, il estonna le pays de la défaicte de trois mille hommes, et puis osa assiéger Vieuxport[3], que les Génois pensoyent secourir, mais il falut qu'ils le laissassent prendre, et laisser, comme nous ferons aussi, la Corse en cest estat, horsmis que le gouverneur que Petre avoit mis dans Vieuxport, le rendit aux Génois.

Les Espagnols ameinent donc le secours que désiroyent ceux de Gennes, et nostre discours au Pignon

---

1. François (et non Philippe) de Médicis, fils et successeur de Cosme le Grand, associé par son père au gouvernement de la Toscane dès 1564, mourut en 1587. Il fut le père de la reine Marie de Médicis.
2. Istria, près de Sartène.
3. Porto-Vecchio.

de Vellez, petite place à la coste d'Afrique, qui consiste en une villette retirée d'un quart de lieue dans la mer, et une forteresse à la coste, tranchée en roche de tous costez. Dom Garcie de Tolède[1], vice-roi de Cathalongne et admiral de Tolède, eut la charge de l'entreprise. Et pour tant il avoit fait un voyage dès le mois de may[2] par les costes d'Italie, embarqué les terces[3] de Naples et de Milan. Et ayant receu les galères des ducs de Savoye et Florence, celles d'André Dorie, trois mille lanskenets sous le colonnel Annibal[4], il s'amusa quelque temps à attendre les forces de Portugal, celles des chevaliers de Jérusalem, comme aussi celles de Saint-Estienne[5], que Philippes de Florence[6] mit en un équippage excellent, tant pour la nouveauté de l'Ordre que pour faire florir sa nouvelle administration, mais encor plus pour expier les intelligences et assistances d'hommes et de munitions, desquelles il estoit accusé d'avoir favorisé Petre Corse.

Dom Garcie, ayant donc mis ensemble près de cent galères, et embarqué dix mille hommes de pied et six cents chevaux, arriva le dernier d'aoust[7] à la tour

1. Don Garcias de Tolède Osorio Pimentel, vice-roi de Catalogne et amiral, mort en 1578. Il avait épousé Vittoria Colonna, fille d'Ascanio Colonna, grand connétable du royaume de Naples.
2. Il s'était embarqué le 10 mai 1564 à Barcelone.
3. *Terze,* régiment.
4. Annibal Altaemps.
5. Cosme de Médicis, en souvenir de la victoire de Marciano (2 août 1554) (voyez t. I, p. 57, note 4), créa, quelque temps après, un ordre de chevalerie auquel il donna le nom de Saint-Étienne, le saint fêté le 2 août (De Thou, liv. XIV).
6. Cosme de Médicis, que d'Aubigné appelle *Philippe,* comme son fils François.
7. Le 31 août 1564. Il était parti de Malaga le 29 (De Thou, liv. XXXVI, 1740, t. III, p. 512).

d'Alcala, en la coste d'Afrique, où il fit à sa descente un fort pour la retraicte de ses magasins, gardé de huict cents hommes, et puis il marche vers le Pignon, qui estoit à cinq lieues de là, faisant sa teste de la moitié de ses Espagnols, conduits par Anthoine de Lève[1], ayant pour les soustenir donné à Chappin Vitelle[2], mareschal général de ceste armée, les chevaliers de Malte et de Saint-Estienne. Il avoit à sa bataille tout le reste des Espagnols, Italiens et Portugais, horsmis quatre cents laissez à André Dorie, avec ses lanskenets pour la retraicte. Ils n'eurent pas marché une lieue et demie en ceste ordonnance qu'ils se voyent sur les bras cinq cents hommes de pied et quatre cents chevaux légers Mores, qui voulurent essayer la teste, mais l'ayans trouvée trop gaillarde, se jettent à part, laissent passer la bataille, pour estre plus importuns à la troupe de retraicte.

André Dorie n'ayant rien laissé traîner, l'armée arrive à la ville, qu'elle trouve abandonnée, avec six pièces de campagne laissées par les habitans, faute de loisir. Vitelle, ayant eu la charge de recognoistre la place, se mit à la nage dans la mer, et par ce moyen la vit de plus près et plus seurement; il jugea la forteresse de cent pas de diamètre, et quelques petits sentiers dans le rocher, par lesquels avec beaucoup de peine on pourroit monter après les deffenses ostées. Sur ce rapport, les batteaux, bien qu'avec danger, portèrent quatre pièces sur la rive à l'ouest de la place, desquelles on fit batterie tout le lendemain. Et puis le jour d'après, comme on en dressoit une autre sur une

---

1. Don Sanche de Leyve, d'après de Thou.
2. Chiapino Vitelli, marquis de Cotessa, mort en 1576.

roche qui porte quelque commandement, André Dorie, recognoissant[1], apperçoit trois Mores, au signe desquels s'estant approché, il trouve la place quittée de nuict par le moyen des batteaux qu'ils avoyent au pied de la roche.

Dom Garcie, ayant advisé et pourveu à réparer et munir la place, y laisse quatre cents Espagnols, pense à la retraicte, qui ne fut pas sans danger, car les rois de Fez et de Marroque[2] avoyent mis promptement une armée sus pied, de laquelle ils ne vouloyent point attaquer le logis du siège, tant pour estre les tranchées bien tenaillées que d'autant que la principale force des Affriquains estoit en cavallerie. Ce fut aux chrestiens à marcher en bon ordre, tout le bagage devant les lanskenets; au milieu toute la fleur des Espagnols; à la retraicte la plus grosse troupe, menée par Vitelle; la dernière et plus choisie par André Dorie.

Les Mores se présentèrent sans oser joindre jusques à ce qu'ils virent partie de l'armée embarquée; mais lors ils avancèrent deux grosses troupes, qui vindrent d'assez près faire une salve dans la retraicte. Chacune de ces bandes estoit suivie d'une grosse multitude, à laquelle les premiers ayant fait place, toute ceste foule donne et renverse les rangs de Vitelle; l'autre n'en fit pas moins à André Dorie. Luy porté par terre se relève et résout de faire un pelotton serré des plus vaillans hommes qu'il verroit près de lui. Avec ce peu et bien choisi, il perce jusques à Vitelle, qui avoit aussi fait un r'alliement. Là bien à propos vint le général Garcie

---

1. *Recognoissant*, c'est-à-dire faisant une reconnaissance.
2. Les rois, c.-à-d. Abdala, roi de Fez et de Maroc.

avec une trie[1] de noblesse et de chevaliers ; il donna si roide qu'ayant mis ces deux troupes hors de la presse, et eux le rafraichissant après, les ennemis les trouvèrent si rudes qu'onques plus n'en voulurent taster, et l'embarquement, qui durant ce combat n'avoit point esté interrompu, se parfit.

L'armée de Fez empescha les chrestiens d'entreprendre d'avantage pour ceste année et nous nous retirons du Midi avec elle, parce que nous avons eschappé jusques à soixante et quatre[2] pour descharger autant le livre suivant.

Chapitre XXIV.

De l'Occident.

Pour ce que l'Espagne, fournissant d'un peu de bois à beaucoup d'embrasement, a esté spectatrice des tragédies sans jouer, et que par ce moyen elle nous a donné peu ou point d'argument pour cette saison, nous prendrons ce loisir pour dire un mot du présent qu'elle a fait à toute l'Europe, des Jésuites. Et en dirons moins et plus sobrement que les historiens et autres escrivains de mesme religion qu'eux ; prenans l'occasion qu'à la sortie de la guerre civile ceste secte s'employa plus ouvertement à se loger en France.

Ignace Loyola de la Giposque[3], ayant perdu Pampelone, estropié de quelques coups et mesmes de l'honneur, pour n'avoir pas fait heureusement, voulut

---

1. *Trie*, choix.
2. C'est-à-dire jusques à 1564.
3. Ignace de Loyola, de Guipuscoa, né en 1491, mort en 1556.

changer de mestier, se mit à estudier à Barcelonne et à Salamanque, aagé de trente trois ans. A cause de cest aage, il voulut au commencement estudier par abrégez. Mais ne profitant rien, il changea d'advis et, pour y travailler à plein fonds, vint à Paris. Là il attira à son amitié plusieurs compagnons, entr'autres François Xavier, de mesme pays que lui, Jaques Layné de Sagonte, Alphonse Salmeron de Tollede, Nicolas Baubaguille, Simon Roderic, Claude Graque, Jean Codier et Pasquier Broüet[1]. Tous ceux-là, à l'envi d'un ordre de Théatins ou Quiettins, qu'avoit institué le cardinal Carraffe, depuis pape Paul quatriesme, entreprirent de faire une secte nouvelle, de l'aller commencer en Jérusalem et cercher la couronne du martyre ; mais la crainte et incommodité de ce voyage les fit contenter de celui de Rome. Le conte dit que Loyolle, accompagné de deux, entra dans une chapelle, y trouva Dieu le Père, qui leur monstra son fils Jésus portant à grand' peine sa croix et endurant des torments très cruels, qu'il recommanda à sondit fils Ignace et ses compagnons, ce que Jésus accepta et promit de les favoriser à Rome ; et c'est pourquoi la société prit le nom de Jésuites. Arrivez à Rome, ils mettent leur dessein en avant. Ils eurent pour contraire le cardinal de Lucques[2], qui en leur défaveur escrivit un livre contre

1. François-Xavier, de Biscaye; Jacques Laynez, d'Almaçan en Castille, près de Siguenca, général de l'ordre après saint Ignace; Alphonse Salmeron de Tolède, savant dans les lettres anciennes; Nicolas Bodavilla, de Palencia; Simon Rodriguez, de Portugal; Claude le Jay et Jean Codure, de Genève; Pasquier Brouet, d'Embrun.
2. Barthélemy Guidiccioni, cardinal, oncle de Guillaume Guidiccioni, le poète.

les nouvelles religions; mais le pape Paul leur donna bulle[1], à la charge qu'ils ne passeroyent jamais le nombre de soixante[2]. Jules confirma les privilèges que Paul leur avoit donnez. Depuis, un évesque de Clermont[3] leur donna le collège de Clermont, duquel ils voulurent prendre le nom, voyans presque tous les docteurs de la chrestienté escrivans et preschans contr'eux, pour le superbe nom qu'ils avoyent pris, comme si aux autres sectes n'eust point appartenu, non moins proprement qu'à eux, le nom de Jésus.

La Sorbonne tost après prononça contr'eux[4] que ceste nouvelle société d'une insolente appellation, qui recevoit et appelloit à soi toutes personnes illégitimes, scélérates et infâmes, qui se gardoit toutes libertez de laïcs et cependant administroit les Sacrements; qui estoit eslevée à la ruine des évesques et de tout ordre sacré, ruineuse pour tous rois, princes et seigneurs, à la charge du peuple, contre les privilèges de l'Université de Paris; que ceste secte donc leur sembloit violer toute l'honnesteté de tout ordre monastique, enerver tout exercice pie et reigle de vertu et abstinence, donner occasion de rompre tous les autres vœux; privoit tous seigneurs ecclésiastiques de leurs droicts injustement, et enfin introduisoit troubles en la civile et sacrée administration, emplissant tout de

---

1. Cette bulle est du 3 octobre 1540.
2. Cette clause restrictive fut supprimée par un bref du 14 mars 1543.
3. Guillaume du Prat, fils du cardinal du Prat, évêque de Clermont (1528-1560).
4. L'arrêt de la faculté de théologie, daté du 1er décembre 1550, est traduit dans l'*Histoire de l'Université de Paris,* par Crevier, t. VI, p. 8.

complaintes, procez, débats, querelles, mutations, schismes et rébellions. Et par ainsi déclaroyent ceste société estre contre la religion et paix de l'Église, propre à destruire et non à édifier.

Ceste rude sentence fit mettre bas les compagnons jusques au règne de François second, que les princes de Lorraine les remirent en avant, et quelque violence qu'apportast contr'eux du Bellai, évesque de Paris[1], suivant entièrement le procez de la Sorbonne, le cardinal de Lorraine leur fit obtenir lettres patentes du roi[2] et bref du pape. Le Parlement[3] déclara que leur affaire devoit estre renvoyé au concile de Trente : mais ils pressèrent tant que la cour les reçeut, en corrigeant leurs libertez, sur tout ostans de leur lettre le nom de Jésus et les soubmettans à la discipline des évesques, les escholes à eux défendues.

Depuis, la cour donna charge de ceste question à Charles du Moulin[4], grand jurisconsulte, qui en opina par escrit. Verçoris[5] plaida pour eux[6], insistant sur la belle et miraculeuse entrée de ceste religion. Pasquier[7] n'oublia rien contre, l'appellant secte ambi-

1. Eustache du Bellay, évêque de Paris (1550-1563) (t. I, p. 236, note).
2. Les lettres du roi sont adressées au Parlement et datées du 25 avril 1560.
3. Arrêt du 22 février 1560 (1561).
4. L'avis de Charles Dumoulin est analysé par de Thou (liv. XXXVII, 1740, t. III, p. 544).
5. Pierre Versoris, avocat au Parlement, né à Paris en 1528, devint un ligueur fougueux, fut député aux états de Blois et mourut le 25 décembre 1588 (*Mémoires de Condé*, t. I, p. 137).
6. Le procès s'engagea au sujet de l'autorisation à donner aux Jésuites de recevoir le legs de l'évêque de Clermont.
7. Étienne Pasquier, avocat au Parlement, né en 1529, auteur

tieuse et religion fardée, née en Espagne, avancée à Paris, exercée à Venise, repoussée et puis receue à Rome, avec des privilèges par delà le droict commun, condamnée par la Sorbonne, propre à dévorer les familles par testaments, et, sous couleur d'instruire les enfants pour rien, les corrompre, et, en fascinant leurs esprits, les préparer dès cette heure par superstition aux séditions et défections qui se machinent maintenant, pour esclatter à la ruine du royaume. Il reprochoit encore par son plaidoyer les vœux qu'ils prestent à leur chef, tousjours choisi du roi d'Espagne[1], lequel ils révèrent comme un Dieu présent en terre, lui promettent l'obéissance aveugle en tout et par tout. Après il les accomparoit à Martin Luther, alléguant pour leur nom que le mesme titre avoit esté usurpé, il y a deux cents ans, par quelques hérétiques que Dieu avoit exterminez par son juste jugement, que leur but estoit de rendre[2] tous les chrestiens à porter, les uns le titre de Jésuites, les autres de chrestiens. Je tranche ici ce que dirent les gens du roi de mesme opinion que Pasquier, pour conclurre que le Parlement, par les menées de la cour, ou en haine des réformez, ausquels ceux-ci faisoyent la guerre, laissèrent l'affaire indécis, laissans à la société permission d'instruire[3].

des *Recherches de la France,* poète, littérateur, magistrat, jurisconsulte, politique aussi modéré que sagace, dont les *Lettres* sont une des meilleures sources historiques de la seconde moitié du XVIe siècle, mort en 1615. Ses œuvres complètes ont été publiées en 1723, 2 vol. in-folio.

1. Cette accusation, vraie en 1564, était justifiée par la circonstance que tous les jésuites étaient espagnols.

2. *Rendre,* lisez *réduire.*

3. Les conclusions des gens du roi furent présentées par Bap-

Cependant, le bien et le mal qui viendront par ceste compagnie seront deus à l'Espagne, non seulement pour leur création, mais pour leur entretien et envoi aux régions lointaines, mesmes jusques au Jappon[1], où l'on dit que Xavier a fait choses merveilleuses, comme d'envoyer resusciter les morts par un garçon qui portoit son baston, lesquelles je n'ai pas pensé dignes de l'histoire, qui est dénuée de foi par ceux qui la remplissent de miracles.

Voilà que nous avons à dire de l'Occident, employé non sans raison à instruire nostre lecteur, d'où vient ceste secte, qui nous taillera tant de besongne, adorée de tant de gens, haye de plus, méprisée de nul[2].

Chapitre XXV.

Du Septentrion.

Pour gaigner le Septentrion, l'Escosse nous donnera le couronnement et entrée de la roine, le rappel du comte de Lenos[3] et de son fils[4]. Nous sauterons en Suède et en Moscovie pour dire le siège de Polotia[5] en

---

tiste du Mesnil, avocat général. L'arrêt fut rendu le 5 avril 1565, contrairement aux conclusions, en faveur du droit des Jésuites.

1. Saint François Xavier partit pour les Indes en 1540 et pour le Japon en 1549. Il mourut dans l'île de San Chan le 2 décembre 1552.

2. *De nul*, de personne.

3. Mathieu Stuart, comte de Lennox, régent du royaume d'Écosse, fut tué en 1572. Il avait épousé Marguerite Douglas.

4. Henri Stuart, lord Darnley, petit-neveu de Henri VIII, né en 1541, épousa Marie Stuart le 29 juillet 1565. Nous le retrouverons dans la suite.

5. Jean, fils de Basilowitz, duc de Moscovie, après avoir déclaré

Lithuanie, par Jean, fils de Basille, où l'artillerie estoit telle qu'il falloit quarante mille pionniers pour la mener. La ville et le chasteau furent rendus à la mi-février, le gouverneur envoyé prisonnier en Moscovie, tout le reste tué ou vendu aux Tartares, hors mis les canonniers; cela fait, le Moscovite se retire. Le mal fut attribué à Henri de Suède[1], qui fut cause avec autres malversations que ceux de Lubec lui déclarèrent la guerre[2]. Et en mesme temps ceux de Revalie et de Narva[3] eurent un procez devant l'empereur Sigismond, pour la défense du trafic de leur rivière; ceux-là s'armèrent pour le roi de Suède; celui de Dannemarc[4] prit le parti contraire et envoya un héraut dénoncer guerre[5]. A ce messager ceux de Lubec joignirent le leur. Le Suédois fit response que, pour le roi de Dannemarc, qui avec qualité de roi estoit son parent[6], quoi qu'il ne lui eust donné aucune occasion d'inimitié, il recevoit son héraut, mais non pas celui de Lubec, n'appartenant qu'aux rois de déclarer la guerre aux rois, et aux bourgeois et pitaux[7] à leurs semblables.

Le roi de Dannemarc, avant sa déclaration, avoit employé le comte de Schwartzbourg[8] de mettre sur

---

la guerre aux Polonais en mai 1562, assiégea et prit la ville de Polocz, en Lithuanie, le 15 février 1563.

1. Eric XIV, roi de Suède (1560-1577).

2. Le 9 juin 1563.

3. Reval et Narva, en Esthonie.

4. Frédéric II, roi de Danemark (1558-1588).

5. Le 31 juillet 1563.

6. Éric et Frédéric étaient cousins germains; l'un fils de Dorothée, l'autre de Catherine de Saxe.

7. *Pitaut*, paysan qui servait dans l'infanterie, terme de mépris.

8. Gunther, comte de Schwartzburg.

pied cavallerie et infanterie, et par son admiral[1] faisoit garder le destroit, afin qu'il ne passast rien en Suède. Pour lui arriva le duc de Brunsvich[2], qui, en attendant d'estre employé, jetta ses troupes dans la Westphalie et bransqueta l'évesque de Monstre[3] et ses voisins de trente deux mille escus, sur une vieille querelle d'Allemagne. Mais le duc Albert[4], son beau-frère, lui mit tant de chiens aux fesses qu'il fut contraint se sauver de vitesse, les drapeaux à la pochette et les canons abandonnez. Cependant le roi de Suède, avec dix-neuf navires, donna le premier de juin[5] sur les gardes, desquelles nous avons parlé, prit le navire admirale avec son admiral et deux grands vaisseaux de Dannemarc, deffict huict cens hommes de guerre et autant de matelots. Frideric, roi de Dannemarc, fait armée de trente quatre mille hommes de pied, quatre mille chevaux et jette seize enseignes sur cinquante navires en y comptant les treize de Lubec. Le Suédois estoit entré à ceste guerre mal préparé, et eut ce moumon[6] sur les bras, n'espérant rien de si prest ; toutesfois fut plus surpris qu'estonné[7], car, ayant retranché et rempli les passages des montagnes qui sont frontières, il rendit nuls les premiers efforts des ennemis, lesquels allèrent passer leur colère sur le chasteau d'Elbourg[8], au passage de Norvègue en l'Océan. Ceste place rendue et garnie,

1. Jacques Brokenhausen.
2. Éric, duc de Brunswick.
3. Bernard Ratzfeld, évêque de Munster.
4. Albert de Brandebourg.
5. Le 1er juin 1564.
6. *Moumon*, masque.
7. *Étonné*, ébranlé.
8. Helsinbourg, aux extrémités du Halland et de la Norvège.

quoi que ce ne fust qu'au mois de septembre, par l'advis des chefs, les troupes furent mises ès garnisons.

Le duc de Saxe et Landgrave de Hesse[1] s'en meslèrent, mais pour néant, car le roi de Suède attira contre lui le roi de Pologne[2] et mesmes le duc de Finland[3], son frère, lequel il mit prisonnier jusques à ce que la chance tourna contre lui. Il assiégea avant l'hiver Helmestad[4], mais les Danois retirèrent de leur Hiberne[5] une troupe gaillarde, conduicte par le comte Schwartzbourg; avec cela, ils donnèrent sur les doigts des assiégeants, mettent sur la place trois mille hommes de pied et emmenèrent quarante pièces de canon.

Les Suédois ne laissèrent pas d'emporter cest hiver Likonie, Overce et Sundebe[6]. Nous ne trouverons plus en nostre chemin que le faict de Grombac[7], qui, ayant fait tuer l'évesque de Wirtzbourg[8], voulut guérir une playe privée par une offense publique. Se voyant menacé du ban de l'Empire, il vint d'une longue trette

---

1. Auguste, électeur de Saxe. — Philippe, landgrave de Hesse.
2. Sigismond II Auguste, roi de Pologne (1548-1572).
3. Jean, duc de Finlande, frère d'Éric, roi de Suède.
4. Helmstadt, ville maritime du Halland. Le 9 novembre 1564, les Danois et les Suédois se livrèrent un grand combat sous les murs de la ville.
5. *Hibernia* (Irlande). D'Aubigné a confondu l'Irlande avec l'Islande, qui appartenait au roi de Danemark.
6. Lickow, Overse et Sondebuy, villes de Suède.
7. Guillaume Grombach, gentilhomme de Franconie, lieutenant d'Albert de Brandebourg en 1558, et agent de l'électeur de Saxe, Auguste, pendant la guerre de Gotha. Il fut pris et écartelé à Vienne le 18 avril 1567 (*Lettres de Catherine de Médicis*, t. II, p. 130).
8. Melchior Zobel, évêque de Wurtzbourg, avait été assassiné le 15 avril 1552, à l'instigation ou par les émissaires de Grombach, alors capitaine dans l'armée d'Albert de Brandebourg.

surprendre la ville; eut par siège la forteresse, quoi que plus foible dans les murailles; rançonna tout le clergé par un accord que l'empereur invalida.

Au Pays bas[1] commandoit lors Marguerite[2], jouant le personnage que nous avons commencé de toucher. On n'osoit là parler que de requestes contre l'Inquisition d'une part, et de l'autre de subtilitez pour l'établir, en lui changeant de nom, l'appellant tantost Conseil, tantost Chambre de justice[3]. Là dessus force assemblées d'Estats, ou des principaux du païs, soit contre la nouvelle érection des éveschez[4], soit contre le cardinal Granvelle[5], contre lequel ils firent publier un livre, qui s'appelloit sa légende[6], où ils le diffamoyent en son extraction, en son enfance et en tous les aages de sa vie, l'accusant de toutes sortes de pollutions et puis de perfidie ès choses publiques et particulières.

1. Ce passage, jusqu'à la fin du chapitre, se retrouve dans le chap. XXI de l'édition de 1616 (numéroté XXII par erreur).

2. Marguerite, fille naturelle de Charles-Quint, femme d'Octave Farnèse, duc de Parme, gouvernante des Pays-Bas.

3. Sur ces tergiversations administratives de Philippe II, voyez Motley, *Hist. de la fond. des républiques unies*, trad. Guizot, t. I, p. 255.

4. Une bulle de Paul IV, datée du 18 mai 1559, confirmée par un acte de Pie IV, de janvier 1560, établissait, à la demande de Philippe II, trois nouveaux archevêchés et cinq évêchés dans les Pays-Bas. Voyez Motley, t. I, p. 321.

5. Antoine Perrenot de Granvelle (t. I, p. 347).

6. Il y eut un grand nombre de pamphlets publiés contre le cardinal de Granvelle, mais aucun ne porte le titre de *Légende*. Du moins Paquot (*Mémoires pour servir à l'histoire littéraire des Pays-Bas*, Louvain, 1763, 18 vol. in-8) n'en mentionne aucun. D'Aubigné confond certainement le cardinal Granvelle avec le cardinal Charles de Lorraine, contre lequel un huguenot publia la *Légende de Charles, cardinal de Lorraine*, pamphlet mordant, réimprimé dans le tome VI des *Mémoires de Condé*, p. 1.

Ils despeschèrent en Espagne vers le roi des principaux du pays[1] avec des plaintes et accusations si atroces qu'il fallut rappeler le cardinal vers le roi son maistre[2], où ils eurent en lui un agent fort peu favorable, car, à sa sollicitation, la persécution fut eschauffée de plus contre les réformez, si bien qu'en peu de temps furent exécutez André Michel, aveugle de Tournai, duquel la fermeté esmeut les juges à redoubler les gehennes de leurs mains; après lui, Charles Elinclz, François Varlut de Tournai, Alexandre Daiken. Ceux-ci, après longues disputes, lettres en proses et en vers, quelques-unes escrites de leur sang, furent les uns bruslez, les autres eurent la teste tranchée. De mesme temps moururent Anthoine Charon de Cambrai, Regnaudine de Franqueville bruslez, et de mesme vollée quelques filles noyées, entr'autres Barbe et Cline, desquelles les surnoms ont esté incognus. Suivent Thomas de Watelet de Francimont et Jean de Namur bruslez. Le tout en l'an mil cinq cens soixante deux. En l'année suivante, Guillaume Cornu de Hainaut, Wonter, Oom d'Anvers, Jean de Wolf de Audenarde, Nicaise de la Tombe, Tournesien, et Roger Dumont, de mesme lieu[3].

Pour le voisinage, nous adjousterons le ministre Fabri, que le peuple recourut, mais le bourreau le poignarda. Nous n'avons que cela à remarquer quant au Païs bas.

---

1. Florens de Montmorency, seigneur de Montigny, frère du comte de Horn, fut envoyé à Madrid dans l'automne de 1562. Voir Motley, t. I, p. 433.

2. Un ordre de Philippe II du 19 février 1564 éloigna le cardinal. Voir une étude de M. Gachard dans les *Bulletins de l'Académie royale de Belgique*, t. XVI, n° 6, p. 22.

3. Crespin, *Hist. des martyrs*, 1582, f. 569 et suiv.

Chapitre XXVI.

Retour de l'armée après la paix conclue.

En France, l'admiral, ayant relevé les affaires en Normandie, vint[1] après plusieurs mandements à Orléans[2], où il ne se put tenir de blasmer en public et en privé cest édict de paix[3], fait à la haste[4], lors que les affaires des réformez reprenoyent vigueur. Peu s'en falut que la noblesse ne se ralliast pour la rupture du traicté. Ce n'estoit que reproches contre le prince, accusé d'avoir halené[5] les filles de la roine[6], comme il parut depuis. Il falut enfin que l'admiral lui-mesme appaisast ces murmures et que l'édict fust vérifié par quelques-unes des cours[7], en la forme que nous le coucherons de son long comme pièce nouvelle. Et pource que tous mes autres livres finiront par paix ou tresve, je me contenterai ci-après d'y cotter les différences, augmentations et diminutions, sans ennuyer mon lecteur de redites.

1. Coligny partit de Caen avec sa cavalerie le 14 mars 1563 (*Mémoires de Castelnau*, t. I, p. 150).
2. Coligny arriva à Orléans le 23 mars 1563.
3. Coligny désapprouva formellement et publiquement le traité accepté par le prince de Condé (Lettre publiée dans le *Bulletin de la Société de l'hist. du Prot. français*, t. II, p. 542).
4. L'édit de paix, dit Édit d'Amboise, fut arrêté le 12 mars, dans une conférence de la reine avec le prince de Condé, et signé par le roi le 19. Il a été souvent imprimé et se trouve notamment dans le recueil de Fontanon, t. IV, p. 272.
5. *Haleiner*, respirer le parfum.
6. Isabelle de Limeuil. Voyez plus loin, p. 196, note.
7. Voyez plus loin, p. 193 et 194, notes.

PREMIER ÉDICT DE PAIX.

« Charles, par la grâce de Dieu roi de France, à tous ceux qui ces présentes lettres verront, salut. Chacun a veu et cogneu comme il a pleu à Nostre Seigneur, dès quelques années en çà, permettre que cestui nostre royaume ait esté affligé et travaillé de beaucoup de troubles, séditions et tumultes de nos subjects, eslevez et suscitez de la diversité des opinions pour le faict de la religion et scrupule de leurs consciences. Pour à quoi pourvoir et empescher que ce feu ne s'allumast davantage, ont esté faites ci-devant plusieurs assemblées et convocations des plus grands et notables personnages de nostre royaume, et, par leur bon conseil et advis, fait plusieurs édicts et ordonnances, selon le besoing et la nécessité qui s'offroit, estimant par là prévenir le mal et aller au devant de l'inconvénient. Toutesfois la malice du temps a voulu, et Nostre Seigneur a aussi par son jugement incogneu (provoqué comme il faut croire de nos fautes et péchez), lasché la bride ausdits tumultes, de façon qu'on est venu à mettre la main aux armes, si avant qu'en sont sortis infinis meurtres, vengeances, pilleries, forcements et saccagements de villes, ruine des temples et églises, batailles données et tant d'autres maux, calamitez et désolations, commises et exercées en divers endroits, que, continuant ce mal, et voyant desjà tant d'estrangers en nostredict royaume, sçachans aussi les préparatifs faits pour en introduire davantage, la ruine évidente d'icelui estre inévitable; joint la grande et irréparable perte qu'à nostre très grant regret nous avons faite, dès ces tumultes commencez, de tant de princes, seigneurs, chevaliers de nostre ordre, grands capitaines et gens de guerre, qui est sous la main de Dieu, le vrai soustien, appui, défense et protection de nostre couronne, et un argument à nos voisins, qui auroient mauvaise volonté de nous entamer et envahir, comme nous en avons esté et sommes menacez. Ce que par nous considéré, cerchans tous remèdes possibles, encores que graces à Dieu nos forces soient grandes et qu'en apparence celles des hommes ne nous défaillent, voyans néantmoins que tout le mal et inconvénient qui sort de ceste guerre tourne à la diminution et dommage de nostre royaume, et ayant expérimenté avec nostre grande perte tel remède n'y estre propre ni convenable (estant la maladie cachée dans les entrailles et esprits de nostre peuple), avons estimé que la meilleure et plus utile qu'y pouvons appliquer estoit (comme le prince très chrestien, dont nous portons le nom, par l'infinie grâce et bonté de Nostre Seigneur et avec son aide) trouver moyen de pacifier par nostre douceur l'aigreur de ceste maladie, en rappelant et réconciliant les volontez de nosdits subjects à une union et à la recognoissance qu'ils doivent tous à nostre obéissance, à l'honneur de Dieu, bien, salut et conservation de cestui nostre royaume, en pourvoyans des moyens qui puissent retenir et conjurer nosdits subjects, espérant qu'avec le temps, le fruict d'un bon, sainct, libre et général ou national concile, et la vertu de nostre majorité prochaine, conduite et dirigée par la main et grâce de Nostre Seigneur, qui par sa bonté a tousjours eu soing et garde de ceste couronne, y apporteront ci après le seul et vrai establissement à son honneur et gloire, repos et tranquillité de nosdits peuples et subjectz. Sur quoi avons bien voulu prendre le bon et prudent conseil de la roine, nostre très chère et très honorée dame et mère, de nos très chers et très amez cousins, les cardinal de Bourbon, prince de Condé, duc de Montpensier et prince de la Roche-sur-Ion, princes de nostre sang, aussi de nos très chers et très amez cousins les cardinal de Guise, duc d'Aumale, duc de Montmorenci, connestable, pairs de France, duc d'Estampes, maréchaux de Brissac et de Bourdillon, sieurs d'Andelot, de Sansac, de Cipierre, et autres bons et grands personnages de nostre Conseil privé, qui ont tous esté d'advis pour le bien public de cestuy nostre royaume, faire et ordonner ce que s'ensuit.

« Sçavoir faisons que nous, suivant icelui leur bon conseil et pour les causes, raisons et dessus considérations dictes et autres bonnes et grandes, à ce nous mouvans, avons dit, déclaré, statué et ordonné, disons, déclarons, statuons, ordonnons, voulons et nous plaist que tous gentilshommes qui sont barons, chastellains, hauts justiciers et seigneurs tenans plein fief de haubert, et chacun d'eux, puissent vivre en leurs maisons, esquelles ils habiteront en liberté de leur conscience et exercice de la religion, qu'ils disent réformée, avec leur famille et subjects, qui librement et sans aucune contraincte s'y voudront trouver, et les autres gentilshommes, ayans fief aussi en leurs maisons pour eux et leur famille tant seulement, moyennans qu'ils ne soient demeurans ès villes, bourgs et villages des seigneurs hauts justiciers et autres que nous, et auquel cas ils ne pourront esdicts lieux faire exercice de ladicte religion, si ce n'est par permission et congé de leurs dits seigneurs hauts justiciers et non autrement.

« Que chacun bailliage, séneschaussée et gouvernement tenant lieu de bailliage, comme Péronne, Montdidier, Roye, La Rochelle et autres de semblable nature ressortissans, nuement et sans moyen en nos cours de Parlement, nous ordonnons, à la requeste desdits de la religion, une ville, aux fauxbourgs de laquelle l'exercice de ladicte religion se pourra faire de tous ceux du ressort qui y voudront aller, et non autrement ni ailleurs ; et néantmoins chacun pourra vivre et demeurer par tout en sa maison librement et sans estre recerché ne molesté, forcé ne contraint, pour le fait de sa conscience : qu'en toutes les villes, esquelles ladicte religion estoit jusques au septiesme de ce présent mois de mars exercée, outre les autres villes, qui seront, ainsi que dit est, particulièrement spécifiées desdits bailliages et séneschaussées. Le mesme exercice sera continué en un ou deux lieux dedans ladicte ville, tel ou tels que par nous sera ordonné, sans que ceux de ladicte religion puissent s'aider, prendre ne retenir aucun temple, ni église des gens ecclésiastiques, lesquels nous entendons estre dès maintenant remis en leurs églises, maisons, biens, possessions et revenus, pour en jouyr et user tout ainsi qu'ils faisoient auparavant ces tumultes, faire et continuer le service divin et accoustumé par eux en leurs dictes églises, sans moleste ne empeschement quelconque, ni aussi qu'ils puissent prétendre aucune chose des démolitions qui ont esté faictes. Entendons aussi que la ville et ressort de la prévosté et vicomté de Paris soyent et demeurent exempts de tout exercice de ladicte religion, et que néantmoins ceux qui ont leurs maisons et revenus dans ladicte ville et ressort puissent retourner dans leursdictes maisons et jouyr de leursdits biens paisiblement sans estre forcez, contraints, recerchez ne molestez, du passé ni pour l'advenir, pour le faict de leurs consciences.

« Toutes villes seront remises en leur premier estat et libre commerce et tous estrangers mis et renvoyez hors cestui nostre royaume le plus tost que faire se pourra.

« Et pour rendre les volontez de nosdits subjects contentes et satisfaites, ordonnons, voulons aussi et plus nous plaist que chacun d'eux retourne en sa maison, y soit conservé, maintenu et gardé sous nostre protection, en tous ses biens, honneurs, estats, charges et offices, de quelque qualité qu'ils soyent, nonobstant tous décrets, saisies, procédures, jugements, sentences et arrests contr'eux donnez, dès le trespas du feu roi Henri, nostre très honoré seigneur et père, de louable mémoire, et exécution d'iceux, tant pour le fait de la religion, voyages dedans et dehors ce royaume par le commandement de nostredit cousin le prince de Condé, que pour les armes à ceste occasion prinses et ce qui s'en est ensuivi ; lesquels nous avons déclaré et déclarons nuls et de nul effect, sans que pour raison d'iceux eux ni leurs enfans et héritiers, ayans cause, soyent aucunement empeschez en la jouyssance de leurs biens et honneurs, ne qu'ils soyent tenus en prendre ne obtenir de nous autre provision que ces présentes, par lesquelles nous mettons leurs personnes et biens en pleine liberté.

« Et afin qu'il ne soit douté de la sincère et droicte intention de nostredit cousin le prince de Condé, avons dict et déclaré que nous reputons icelui nostredit cousin pour nostre bon parent, fidelle subject et serviteur, comme aussi nous tenons tous les seigneurs chevaliers, gentilshommes et autres habitans des villes, communautez, bourgades et autres lieux de nostre royaume et pays de nostre obéyssance, qui l'ont suivi, secouru et accompagné en ceste présente guerre durant lesdicts tumultes en quelque part et lieu que ce soit de nostre royaume, pour nos bons et loyaux subjects et serviteurs, croyant et estimant ce qui a esté fait ci-devant par nosdits subjects tant pour le fait des armes qu'establissement de la justice, mise entr'eux, jugements et exécutions d'icelles, a esté fait à bonne intention et pour nostre service.

« Ordonnons aussi et nous plaist que nostredit cousin le prince de Condé demeure quitte, et par ces présentes, signées de nostre main, le quittons de tous les deniers qui ont esté, par lui et par son commandement et ordonnance, prins et levez en nos receptes et de nos finances, à quelque somme qu'ils se puissent monter.

« Et semblablement qu'il demeure deschargé de ceux qui ont esté, ainsi que dict est, par lui et par son ordonnance, aussi prins et levez des communautez, villes, argenteries, rentes, revenus des églises et autres, de par lui employez pour l'occasion de la présente guerre, sans que lui, les siens, ni ceux qui y ont esté par lui commis en puissent estre recerchez.

« Lesquels et semblablement ceux qui les ont fournis en demeureront quittes et deschargez sans en estre aucunement recerchez ni molestez pour le présent ni pour l'advenir. N'aussi de la fabrication de la monnoye, fonte d'artillerie, confections de poudres, fortifications de villes, démolitions faictes pour lesdictes fortifications par le commandement de cestui nostredict parent et cousin le prince de Condé, en toutes villes de cestui nostre royaume et pays de nostre obéïssance, dont les corps et habitans d'icelles villes, demeureront aussi deschargées. Et iceux en deschargeons par cesdictes présentes.

« Que tous prisonniers, soit de guerre ou pour le faict de la religion, seront respectivement mis en liberté de leurs personnes et biens, sans payer aucune rançon ; en ce non compris les voleurs, brigands, larrons et meurtriers, lesquels ne seront compris en cesdictes présentes.

« Et pour autant que nous désirons singulièrement que toutes les occasions de ces troubles, tumultes et séditions cessent ; réconcilier et unir les intentions et volontez de nosdits subjectz les uns avec les autres, pour se contenir en l'obéyssance qu'il nous doivent ; avons ordonné et ordonnons, entendons, voulons et nous plaist que toutes injures et offenses, que l'iniquité du temps et les occasions qui en sont survenues ont peu faire naistre en nosdits subjects, et toutes autres choses passées de ces présents tumultes demeureront esteinctes, comme mortes, ensevelies et non advenues.

« Deffendans très estroittement, sur peine de la vie, à tous nosdits subjects, de quelque estat et qualité qu'ils soyent, qu'ils n'ayent [à] s'attaquer, injurier ne provoquer l'un l'autre, par reproches de ce qui est passé, disputer, quereller ne contester ensemble du faict de la religion, ne s'outrager de faict ni de paroles, mais se contenir ensemble comme frères et concitoyens, sur peine à ceux qui y contreviendront d'estre[1], sur le champ et sans autre forme de procez, punis selon la rigueur de nostre présente ordonnance. En considération aussi de laquelle et du contenu ci-dessus, et pour faire cesser tout scrupule et doute, nosdits subjects se départiront et désisteront de toutes associations qu'ils ont dedans et dehors ce royaume et ne feront doresenavant aucune levée de deniers, enrollemens d'hommes, congrégations ni assemblées autres que dessus, sans armes, ce que nous leur prohibons et deffendons aussi sur peine d'estre punis rigoureusement et comme contempteurs et infracteurs de nos commandements et ordonnances.

« Si donnons en mandement par ces présentes à noz amez et féaux les gens tenans nos cours de Parlement, Chambres de nos comptes, Cours de nos aides, baillifs, séneschaux et autres officiers et justiciers qu'il appartiendra ou à leurs lieutenans que ceste présente déclaration et ordonnance ils facent lire, publier et enregistrer en leurs cours et juridictions, et icelles entretenir et faire entretenir, garder et observer inviolablement de point en point et du contenu jouyr et user pleinement et paisiblement ceux qu'il appartiendra, cessans et faisans, cesser tous troubles et empeschements au contraire. Car tel est nostre plaisir.

« En tesmoin de ce, nous avons fait mettre le seel à ces dictes présentes.

1. Var. de l'édit. de 1616 : « ... *contreviendront* et qui seront cause et motifs de l'injure et offense qui en adviendroit, *d'estre*... »

« Donné à Amboise le dix neufiesme jour de mars, l'an de grâce mil cinq cens soixante trois, et de nostre règne le troisiesme.

« Signé : Charles.

« Et au-dessous :

« Par le roi en son conseil,

« Robertet.

« Et seellées de cire jaune à double queuë de parchemin pendant. »

FIN DU TROISIESME LIVRE.

LES HISTOIRES

DU

SIEUR D'AUBIGNÉ

LIVRE QUATRIÈME.

Chapitre I.

Conséquences de la paix.

Beaucoup de difficultez se trouvoyent en la réception et exécution de l'édict que les réformez observèrent, comme les ayant trouvez sur la lassitude; mais les grosses villes, qui n'avoyent pas senti le dommage de la campagne, se monstrèrent fort difficiles. La cour de Paris fut la première qui le reçeut et le publia[1]; donnant en mesme temps arrest pour relever la réputation de ceux que l'on trouvoit avoir esté trop légèrement condamnez à mort à Orléans, comme le président Sappin, l'abbé de Gastine, négocians en

1. Les arrêts du Parlement de Paris portant enregistrement de l'édit d'Amboise, datés du 22 et du 27 mars, sont publiés dans les *Mémoires de Condé*, t. IV, p. 321 et 324.

Espagne[1], et Des Landes Moulins pour adultère[2]. Ces sentences furent abolies et l'honneur restitué aux familles. Il y eut peine à renvoyer les Allemans, pour la longueur de leur payement[3].

On despesche commissaires par toute la France pour remettre les réformez en leurs biens et charges[4]; ce qui ne fut pas sans grande difficulté à Thoulouse[5], tant pour l'humeur des habitans que pour l'exemple que leur donnoit le mareschal d'Amville[6] (que nous appellons ainsi par avance), qui faisoit ses entrées ès

---

1. Les arrêts de réhabilitation du conseiller Sapin et de l'abbé de Gastines sont du 12, du 13, du 14 et du 16 novembre 1562 (*Mémoires de Condé*, t. IV, p. 107 et suiv.).

2. Des Landes, s. du Moulin, avait séduit la dame Godarde, femme de Jean Godin, pendant que son mari était à l'armée. Ils furent pendus tous deux à Orléans.

3. Après le traité d'Amboise, les reîtres acceptèrent d'être renvoyés moyennant une indemnité de deux mois de solde et partirent au mois d'avril sous la conduite du prince de Portien. Leur retraite fut un désastre pour les provinces de l'Est. Voyez les *Mémoires de Claude Haton*, t. I, p. 355, les documents cités dans les *Lettres de Catherine de Médicis*, t. II, p. 15, 16 et 42, et la correspondance du prince de Portien (f. fr., vol. 3196).

4. Armand de Gontaut-Biron fut envoyé en Guyenne et François de Vieilleville en Languedoc. La commission du roi, datée du 18 juin 1563, est imprimée dans les *Mémoires de Condé*, t. IV, p. 498.

5. D'Aubigné commet ici une erreur. Le traité de pacification, présenté par le cardinal d'Armagnac et par Antoine de Levis, s. de Caylus, au Parlement et aux capitouls, fut enregistré sans opposition le 16 avril. La Faille (*Annales de Toulouse*, t. II, p. 265) parle de certaines restrictions imposées par le Parlement, mais l'*Histoire du Languedoc* prouve, d'après la correspondance du cardinal d'Armagnac, combien ces réserves sont invraisemblables (t. V, p. 249).

6. Henri de Montmorency, seigneur de Damville, nommé lieutenant de roi en Languedoc le 12 mai 1562, sur la démission du connétable (Ménard, *Hist. de Nîmes*, liv. XV).

villes réformées comme s'il les eust prises par force[1], faisant planter les drapeaux aux tours et guarites, désarmant les habitans jusques aux espées, avec recerche qui ne se faisoit point sans pillage, principalement par les Albanois, où il les mettoit en garnison. A Nismes, il fit fouetter par la ville un qui avoit trop tardé à apporter son espée, osta à ceux du conseil de la ville l'usage de prier Dieu, pour ne vouloir pas, disoit-il, imposer ce fardeau aux autres. Il interpréta l'article des presches où ils estoient en possession, y adjoustant, « pourveu que les seigneurs du lieu y consentent[2]. » Il bannit tous les prestres et ecclésiastiques qui se vouloyent servir de la clause de l'édict pour ne retourner pas dans leur ordre. Il condamna Mutonis, ministre d'Usez[3], à estre pendu, pour avoir déclamé contre ces choses; et, quand le pays dépescha Clauzonne[4] pour porter les plaintes à la cour, le mareschal[5] lui fit donner la prison pour

1. Damville fit son entrée à Toulouse le 16 octobre 1563 (La Faille, *Annales de Toulouse*, t. II, p. 260); à Montpellier le 9 nov. et à Nîmes le 16 du même mois (Ménard, *Hist. de Nîmes*, liv. XV).
2. Le roi, dans une ordonnance explicative de l'édit d'Amboise, en date du 7 avril, avait énuméré les lieux où l'exercice de la religion réformée serait toléré, mais il n'avait pas ajouté la restriction imaginée par Damville. Cette pièce est imprimée dans les *Mémoires de Condé*, t. IV, p. 333.
3. Jean Mutonis, moine jacobin, de Grasse en Provence, ministre protestant à Nîmes et dans diverses villes du Languedoc. En 1563, il osa adresser à Damville des reproches sur ses excès. Arrêté peu après à deux lieues du Pont-Saint-Esprit, il fut pendu le 14 février 1564.
4. Guillaume Roques, seigneur de Clausonne, membre du présidial de Nîmes, et plus tard président de la chambre mi-partie de Lisle en Albigeois (*Mémoires de Gaches*, 1879, p. 50).
5. Var. de l'édit. de 1616 : « ... *à la cour*, le connétable *lui fit...* »

audience. Le pis fut que toutes les interprétations de l'édict inventées en Languedoc furent suivies et augmentées par tout, comme les prestres bannis, leurs mariages déclarez nuls, et les villes, que les réformez avoyent possédées sans armes, privées de l'article de possession pour les presches. Si telles plaintes alloyent jusques au prince de Condé, les caresses de la roine et les amours de Limeuil[1] employoyent tout son esprit; les complaignans receus de mauvaise grâce et bien tost après les remonstrances des ministres; et enfin devindrent en mesme estime les pleurs de la princesse, qui de ce temps mourut[2], éthique, accablée (comme quelques-uns ont voulu) de déplaisir. Et lors les actraicts redoublèrent quand la roine donna à celles qui l'avoyent empiété[3] espérance de son mariage. Mais, parmi les pleurs et la tristesse, ce prince but les remonstrances des pasteurs et des amis et rompit les mauvaises espérances de la cour, en espousant la sœur du duc de Longueville[4].

1. Isabelle de Limeuil, fille de Gilles de la Tour d'Auvergne et de Marguerite de la Cropte, devint, peu après la paix d'Amboise, maitresse du prince de Condé. Elle accoucha presque publiquement à Dijon pendant le voyage de la cour et fut enfermée dans un couvent à Tournon. Le prince de Condé la fit enlever l'année suivante et vécut quelque temps avec elle. Elle épousa plus tard Scipion Sardini, un des favoris de la reine mère. Le duc d'Aumale a écrit sur elle, d'après des documents conservés dans les archives de Condé, une intéressante notice biographique, in-8°, s. l. n. d.

2. Éléonore de Roye, princesse de Condé, mourut le 22 juillet 1564.

3. En outre d'Isabelle de Limeuil, on cite Marguerite de Lustrac, veuve du maréchal de Saint-André.

4. Françoise d'Orléans-Longueville épousa le prince de Condé à Vendôme, le 12 novembre 1565 (Languet, *Lettres,* 1595, p. 10).

Chapitre II.

Siège et prise du Havre de Grâce[1].

De la paix faicte entre les François nasquit une petite guerre angloise, déclarée par lettres patentes du sixiesme de juillet[2], après que la Roine d'Angleterre eut esté sommée de rendre le Havre et eut fait refus en alléguant ses intérests ; principalement la reddition de Calais, promise d'estre restituée dans huict ans[3]. A quoi il fut répliqué qu'il y a une clause à la promesse, couchée en ces termes : « Au cas que, dans le terme de huict ans, les Anglois ne commettent aucun acte d'hostilité sur les François. » Par ainsi qu'ils sont descheus de ceste promesse, dès lors qu'ils ont apporté leurs armes en France au secours des réformez.

Sur ces différents, le comte de Warvich, général des Anglois venus en France, ayant le commandement de sa souveraine, chassa toutes les personnes inutiles de sa place, empoigna tous les vaisseaux qu'il put en sa coste, et, en se fortifiant comme le temps le permettoit, se prépara au siège, dans lequel se jettèrent plu-

---

1. Ce chapitre est en entier tiré de de Thou (liv. XXXV, 1740, t. III, p. 417), qui lui-même a presque copié un récit du temps qui est imprimé dans les *Mémoires de Condé*, t. IV, p. 560. Le vol. 3243 du f. fr. contient un grand nombre de pièces sur le siège du Havre dont plusieurs sont inédites.

2. Ces lettres sont imprimées dans les *Mémoires de Condé*, t. IV, p. 551.

3. La restitution de Calais avait été promise, sous certaines conditions, par le traité de Cateau-Cambrésis. La réponse de l'ambassadeur d'Angleterre à la sommation de la reine mère est imprimée dans les *Mémoires de Condé*, t. IV, p. 558.

sieurs soldats françois, détestans, comme ils disoient, la lascheté de leurs chefs, ne pouvans, comme eux, combattre pour leurs bourreaux contre leurs deffenseurs, ni abandonner ceux qui avoyent laissé leur patrie pour venir à leur secours.

D'ailleurs, ils alléguoyent les conditions publiques desjà mal observées. C'estoyent soldats offensez par la paix, mauvais politiques et bons partisans.

Le mareschal de Brissac, qui avoit envoyé le Reingraff avec ses bandes et quelques François loger à Chef-de-Caux[1], après avoir fait sommer en vain la place, l'investit, et, le vingtiesme de juillet[2], le connestable y arriva avec les mareschaux de Montmorenci et de Bourdillon. Le premier commandement de recognoissance fut donné à Valfrenières[3], réformé, qui ayant fait són rapport au Conseil en l'abbaye de Granville[4], on dressa les approches vers le boulevard de Saint-Adresse, avec espérance de vuider l'eau des fossés, que ce capitaine avoit jugez plus eslevez que la mer. Les tranchées furent bientost avancées dans le sablon à la faveur d'une batterie, qui égrigna[5] la poincte du boulevard et ouvrit une tour qui lui servoit de cavalier. Par mesme travail fut coupée la source d'une seule fontaine qui donnoit au Havre devers Witanval[6],

1. Chef-de-Caux, château près du Havre.
2. Le 21, dit le récit du temps cité plus haut.
3. René de Provanes, seigneur de Valfenières, capitaine huguenot, prit part à la défense de Rouen, commandait les Enfants perdus à la bataille de Saint-Denis et fut tué au siège de Bourg en Bordelais, en mai 1569.
4. Grainville-Ymanville (Seine-Inférieure).
5. *Égrigner,* ébrécher.
6. Vitanval, château près du Havre, que la reine occupa pendant la durée du siège.

dont avint avec autre chose qu'ils eurent en la ville presque aussi tost la peste que le siège.

Sur ceste nouvelle, le connestable fit encor sommer le comte de Warvich, ce qui fit ouvrir un parlement, durant lequel il y eut de grandes reproches entre Letom[1], Anglois, et Mounins[2], enseigne colonnelle de Dandelot, ces deux ayans fait n'aguères la guerre ensemble à Rouan; Letom, irrité qu'il n'avoit en teste de ce costé-là que Mounins et les huguenots, plus eschauffez ce lui sembloit que le reste de l'armée. La batterie commença assez furieuse à la tour du gué, qui fit abandonner aux Anglois de grandes pallissades estendues vers la mer, aussi tost gaignées par Poyet[3], portant l'autre enseigne blanche de France sous Dandelot. Cestui-là se jeta dans la tour avant qu'elle fust achevée de ruiner, au poinct que se présentèrent quelques navires anglois et une galère, et que les assiégés envoyèrent une chaluppe les convier de terir, ce qu'ils n'osèrent pour le respect de quatre canons, que les assiégeans avoyent logé au bout de la trenchée. Le lendemain, qui estoit un dimanche, la grand' batterie fut approchée, mesme jour que le roi arriva à Fecan[4], et le prince de Condé aux tranchées, qui

1. Lord Leighton.
2. Le capitaine Monins avait pris part à la défense de Rouen. Il fut fait prisonnier à la bataille d'Arnay-le-Duc et assassiné à la Saint-Barthélemy.
3. Deux capitaines du nom de Poyet servirent avec éclat dans les armées protestantes jusqu'à la fin du règne de Charles IX. Haag a vainement essayé de les différencier d'après les récits de La Popelinière, de Brantôme, de de Thou et de d'Aubigné (*la France prot.*, t. VIII, p. 314).
4. Le roi était à Gaillon le 24 juillet 1563 (f. fr., vol. 3198, f. 5), et à Fécamp le 25 (*Mémoires de Condé*, t. IV, p. 573).

furent son logis tant que le siège dura ; ce fut lui qui pressa tellement les batteries et les avancements que le mardi il commença à partager le Havre d'un costé, et de l'autre fit commencement de brèche.

Les Anglois, pour troubler ceste besongne, firent une grande sortie, de laquelle estans recongnez dans la ville, le comte de Warvich fit sçavoir au connestable qu'il avoit permission de traicter[1]. Lors commença le parlement, pour lequel sortirent trois de la ville[2] ; là se conçeut la reddition par le connestable seul, monstrant la jalousie contre les mareschaux[3]. Il fut donc accordé que le mecredi, vingt-huictiesme de juillet[4], le comte de Warvich remettroit la ville et la tour du Havre, avec toutes munitions et navires appartenans au roi et à ses subjets, entre les mains du connestable, sans que les soldats françois peussent entrer dans la ville, gardée par les Anglois, sans arborer enseignes jusques au partement limité à six jours, si ce n'est que le vent devint contraire, prisonniers libres d'une part et d'autre, et ostages donnez[5].

Le roi et la roine sa mère visitèrent l'armée le

---

1. La lettre du comte de Warwick est adressée au rhingrave et datée du 26 juillet ; elle est imprimée dans les *Mémoires de Condé,* t. IV, p. 570.

2. Jean de Losses, le capitaine Pelham. Le troisième n'est pas nommé dans le récit original qui a servi de guide à de Thou et à d'Aubigné (*Mémoires de Condé,* t. IV, p. 560).

3. Les maréchaux de Brissac, de Bourdillon et François de Montmorency.

4. L'original de l'acte de capitulation du Havre est conservé dans le f. fr., vol. 3243, f. 12. Il est daté du 28 juillet. Cependant la copie imprimée dans les *Mémoires de Condé* porte la date du 2 août (t. IV, p. 566).

5. Les otages étaient au nombre de quatre : Olivier Manens,

mesme jour¹ que parut celle des Anglois de soixante voiles, sans faire effort à cause de la capitulation. Le roi envoya conjurer l'admiral Clitton² de le venir visiter, de quoi il s'excusa honnestement. Il sçavoit pourtant bien que la roine Élisabeth avoit despesché l'ambassadeur Troquemarton³ pour renouer la paix, ou pour mieux dire asseurer la continuation et reformation de la précédente⁴.

Ceste princesse, ne demeurant offensée que contre les réformez, comme s'estans monstrez les plus eschauffez en tout ce siège, par lettres et par rapports elle les accusoit d'ingratitude et de folie, tant pour l'oubliance des choses passées que faute de prouvoyance pour l'advenir; comme elle leur a plusieurs fois représenté de paroles, et fait sentir par effect. Et mesme dès lors elle estoit bien advertie comment l'édict de paix se falsifioit partout, tant par interprétations que par violence. Elle receut pourtant charitablement le reste des soldats qui s'estoyent renfermez dans le Havre, et qui avoyent coulé en la capitulation, sous ces termes :

frère du comte de Rutland, les capitaines Pelham, Horsey et Leighton (Acte de capitulation ; *Mémoires de Condé*, t. IV, p. 567).

1. Le 1ᵉʳ août 1563.
2. L'amiral Clinton mit à la voile le 30 juillet 1563, de Portsmouth, mais il n'arriva en vue du Havre qu'après la capitulation de la place. Voyez les documents publiés par M. le comte de la Ferrière, *le XVIᵉ siècle et les Valois*, p. 154.
3. Nicolas Throckmorton, ambassadeur d'Angleterre en France, conseiller de la reine Élisabeth, mort le 12 février 1570. On trouve une notice sur lui dans les *Lettres de Walsingham*, in-4°, 1700, p. 620. Sa correspondance pendant son ambassade en France a été publiée par Forbes. Londres, 2 vol. in-fol. s. d., vers 1740.
4. Une partie de ces négociations est relatée dans les *Mémoires de Condé*, t. IV, p. 558, 571 et 594.

« Sortiront librement tant Anglois qu'autres qui sont en la présente ville. » De ces François, il en mourut durant le siège six cens, et des Anglois trois mille à cause de la peste. Contre l'ordinaire des sièges, moindre fut la perte du dehors.

Chapitre III.

Majorité du roi. Infractions diverses de l'édict.

Voilà le roi paisible dans son royaume, qui va faire son entrée à Rouan[1]. Là premièrement fut faict un édict pour deffendre toutes ligues et intelligences avec estrangers, port d'armes, et telles choses[2]. Le chancelier, ayant eu quelques picques avec la cour de parlement de Paris pour les évocations et pour les authoritez que le privé conseil s'attribuoit et pour les causes importantes qui passoyent par le grand Conseil, ordonna, ou pour la facilité ou pour quelques vengeances, que le roi fust déclaré majeur à Rouan[3]. L'ordonnance en estant faite et envoyée à Paris par Lansac, furent despeschés vers le roi le président de Thou et quelques autres, pour remonstrer qu'un tel acte n'estoit convenable que dans la cour des pairs ; à quoi eust cédé le privé conseil sans les résolutions du chancelier et l'évesque de Valence. Tant y a que le

1. Le roi entra à Rouen le 12 août 1563. Le récit de son entrée et des cérémonies qui l'accompagnèrent est conservé dans le f. fr., vol. 7833, f. 173.
2. Cette ordonnance, datée du 16 août 1563, est imprimée dans les *Mémoires de Condé*, t. IV, p. 575.
3. La déclaration de majorité, datée du 18 août, est imprimée dans les *Mémoires de Condé*, t. IV, p. 574.

roi l'emporta de haute lutte, et fit passer sa majorité par l'arrest du privé conseil, le vingt-quatriesme septembre, en termes fort absolus[1].

Le chancelier s'estendit en haranguant sur l'aage convenable au roi, sur les exemples des rois et empereurs ; mais voici ce qu'en particulier il disoit à la roine : « Il est temps, Madame, que vostre régence change de titre sans perdre son effect. Ès choses meilleures et plus douces on prononcera vostre nom ; ès plus insupportables, celui du roi[2] fera tout enduire[3]. Bienheureux qui règne en pouvant partager ce qui offense à un nom puissant et les grâces au sien[4]. » Il fallut employer peu de persuasions à un esprit si deslié. Le roi donc s'assit dedans son lict de justice, et sous le haut dais receut aux baise-mains et hommages le duc d'Orléans, son frère[5], le prince de Navarre, le cardinal de Bourbon, le prince de Condé, le duc de Montpensier, son fils le comte Daulphin[6], le prince de la Roche-Sur-Yon, et puis les cardinaux de Chastillon et de Guise, le duc de Longueville[7], le connestable et

1. Les actes d'opposition du Parlement de Paris à l'édit de majorité et plusieurs pièces relatives à cette affaire sont imprimés dans les *Mémoires de Condé*, t. IV, p. 582, 587, 590, et t. I, p. 133.

2. Var. de l'édit. de 1616 : « ... *nom; ès plus dures, celui du roi.....* »

3. *Enduire*, endurer.

4. La harangue du chancelier de l'Hospital au parlement de Rouen fut prononcée le 17 août 1563 et est imprimée dans les *OEuvres* du chancelier, édit. Dufey, 1824, t. II, p. 49.

5. Alexandre de Valois, plus tard Henri, duc d'Anjou, et enfin le roi Henri III.

6. François de Bourbon, duc de Montpensier, fils aîné de Louis de Bourbon-Montpensier, gouverneur de Touraine et de Normandie, mort à Lisieux le 4 juin 1592.

7. Léonor d'Orléans, duc de Longueville, né en 1540, gouver-

le chancelier, trois mareschaux de France et le grand escuyer[1]. Cela fut suivi de plusieurs édicts, notamment à l'advantage des ecclésiastiques.

Le roi et la roine, arrivez à Paris, ouïrent derechef les plaintes de la cour des pairs et y respondirent avec authorité et menaces, ausquelles l'évesque de Valence adjousta plusieurs reproches; si bien que la cour ploya et enregistra les choses passées, avec une fort légère couleur de déférence[2].

A Paris arriva toute la maison de Lorraine vestue de dueil, pour faire une solennelle demande de justice exemplaire sur la mort du duc de Guise[3], à quoi le roi fut conseillé d'esquiver pour lors[4], n'y ayant rien de clair sur les différentes confessions de Poltrot à sa première audition, à celle de la question, à ce qu'il dit en public à la mort, et à quelque juge en particulier. D'ailleurs, ces choses mal à propos en un temps où Paris estoit rempli d'armes par le concours des partisans, et de plus tout retentissoit de plaintes, qui sembloyent devoir esmouvoir les réformez; comme de ce que le pape avoit cité la roine de Navarre à Rome, et de nouveau mis son royaume et tous ses biens en interdit[5]; notamment la commission adressée au roi

---

neur de Picardie, époux de Marie de Bourbon, avait obtenu de Charles IX, en raison de son origine, le titre de prince du sang.

1. Claude Gouffier, duc de Roannez, marquis de Boisy, grand écuyer de France en 1556 après Galiot, mort à Villers-Cotterets en 1570.

2. Le 28 septembre 1563.

3. La requête de la maison de Guise au roi, datée du 26 septembre, est imprimée dans les *Mémoires de Condé*, t. IV, p. 667.

4. Voyez sur ce sujet un mémoire adressé au roi (*Mémoires de Condé*, t. IV, p. 493).

5. La citation de la reine de Navarre en cour de Rome sur le

d'Espagne, fort habile à succéder; de ce qu'on commençoit à refuser aux escholes les enfans des réformés, ou bien qu'estans là on les contraignoit à quelques cérémonies contre leur confession; de ce que le roi avoit respondu aux ambassadeurs du pape, de l'empereur et du duc de Savoye, demandans l'observation du concile de Trente[1], qu'il n'avoit fait la paix que pour chasser les estrangers et puis amener tout à son point; de ce que le parlement de Dijon refusoit ouvertement l'édict[2]; mais plus de ce qui s'estoit passé en plusieurs endroits du Languedoc, et notamment à Pamiers[3]. C'est qu'ayant refusé les garnisons que leur envoyoit le mareschal d'Amville, qui avoit lors reçeu le baston par la mort du maréchal de Brissac[4], ils demandoyent de jouyr du bénéfice de la paix. La responponse fut que ceux-là ne sentoyent point la paix qui

fait de la religion, datée du 28 septembre 1563, est imprimée dans les *Mémoires de Condé*, t. IV, p. 669. Le roi protesta contre cette bulle et envoya d'Oisel à Rome, avec une instruction qui est conservée dans le f. fr., vol. 16958. La bulle fut annulée.

1. Ces messages n'eurent lieu qu'au mois de février 1564. Les demandes des ambassadeurs et les réponses du roi, datées des 12 et 26 février, sont imprimées dans les *Mémoires de Condé*, t. V, p. 45.

2. Le 18 mai 1563, les états de Bourgogne avaient adressé au roi une protestation contre l'édit d'Amboise (Orig.; f. fr., vol. 18690). Le roi y répondit par une injonction impérative à l'adresse du parlement de Dijon (*Mémoires de Condé*, t. IV, p. 413). Le parlement céda (Lettre de Chantonay du 7 juin; *ibid.*, t. II, p. 159).

3. A la suite de l'édit de 1563, une bande de huguenots, venue de Castres, avait pillé Pamiers et massacré tous les moines (Lettre du parlement de Toulouse à la reine, du 13 avril 1563; f. fr., vol. 15879, f. 180). La répression, dirigée par Damville, fut terrible (Voyez Lahondés, *Annales de Pamiers*, t. II, p. 16).

4. Damville fut nommé maréchal de France le 10 février 1565 (Journal de Bruslard dans les *Mémoires de Condé*, t. I, p. 163).

glosoyent les commandements du gouverneur. Cela avec force menaces estonna les consuls de la ville; mais les bourgeois et le peuple, qui avoyent sçeu les actes d'hostilité que les mesmes bandes avoyent rendues ailleurs, dirent qu'ils vouloyent périr pour garder leur vie, biens et honneur de leur famille, touchans par là quelques violements que le mareschal avoit soufferts. Voilà la porte refusée. On y envoya de la cour Remboüillet[1], auquel ils firent de belles remonstrances, alléguans entre autre le faict de la Rochelle si mal traictée par le duc de Montpensier[2].

Après un refus, ce conseillier avisé les battit de si spécieuses remonstrances, joint aussi que comme les Rochelois furent troublez par leur maire Pineau, ceux-ci, par les factions de leurs consuls, furent contraints d'ouvrir les portes, et, pour apaiser le gouverneur, lui dresser une entrée de beaucoup de despense. Ainsi receu, le mareschal fit comme son père à Bordeaux[3]; fait prendre prisonniers tous les apparents, en départ les rançons, en fait tuer quelques-uns, pendre le ministre Tachard[4], qui lui reprocha jusques au dernier souspir sa cruauté; oste les privilèges de

---

1. Jacques d'Angennes de Rambouillet entra à Pamiers le 24 juillet 1566.
2. Voyez ci-dessus, liv. III, ch. vi, *in fine*.
3. Allusion à la conduite dure et cruelle du connétable de Montmorency à Bordeaux, lorsqu'il y fut envoyé, après l'assassinat de Tristan de Monneins, en 1548, pour réprimer l'insurrection au sujet de la gabelle.
4. D'Aubigné se trompe de date. En 1563, Martin Tachard, autrefois ministre de la vallée d'Angrogne, était à Montauban. Il est signalé, dans une attestation des officiers de la ville, datée du 3 novembre 1563, comme un des plus fidèles serviteurs du roi (Orig.; f. fr., vol. 15878). Voyez la note suivante.

la ville, abbat les murs et toutes les marques d'honneur, et puis s'en va à Toulouse recevoir les congratulations du Parlement[1].

D'autre costé on reprochoit aux réformez deux insolences, l'une d'un homme incogneu, qui, à Saincte-Geneviefve, alla ravir l'hostie entre les mains du prestre, aussi tost bruslé à la place Maubert. Et puis estant arrivé que les mestres de camp catholiques, entr'autres Strossi, Brissac et Charri[2], refusèrent ouvertement d'obéyr à Dandelot, ne pouvans recognoistre un colonnel hérétique[3] ; après les plaintes faictes au roi par deux fois, à la seconde desquelles le roi se monstra favoriser les maistres de camp, advint qu'en décembre[4], Charri, accompagné du capitaine la Gorrette[5], basque, et d'un autre soldat, fit rencontre de Bricmaut[6], Mouvans et Chàste-

1. Ce ne fut que le 26 mai 1567 que Martin Tachard fut arrêté, conduit à Foix, condamné à mort et exécuté (*Hist. du Languedoc*, t. V, p. 271).

2. Jacques Prevost, seigneur de Charry, un des fidèles compagnons d'armes de Monluc. Après la première guerre civile, la reine mère choisit le régiment de Charry pour la garde du roi et lui en laissa le commandement (La Popelinière, t. I, f. 374 v°).

3. D'Andelot avait repris, depuis la paix d'Amboise, la charge de colonel général de l'infanterie. Ses démêlés avec Charry étaient fréquents. Voyez le récit de Brantôme, t. V, p. 341.

4. Le 31 décembre 1563, entre huit et neuf heures du matin, dit Brantôme (ibid.).

5. *La Tourette*, d'après Brantôme, *Agorrette*, d'après le chanoine Bruslard (*Mémoires de Condé*, t. I, p. 140), *La Gorrette* d'après Belleforest (*les Grandes Annales*, 1579, t. I, f. 1645 v°) et La Popelinière (t. I, f. 374 v°).

6. Brantôme ne nomme pas Briquemaut et le remplace par Constantin. Nous croyons que Brantôme a raison. François de Beauvais, s. de Briquemaut, avait alors plus de soixante ans et ne se serait pas prêté à un crime. Il fut pendu en 1572, après la

lier[1]; le dernier des trois ayant à demander à Charri[2] la mort d'un sien frère tué par lui en Piedmont[3]. Tous les six mettent la main à l'espée; quelqu'un commence à crier à l'huguenot; le peuple accourt pour y aider, mais non si tost que les trois catholiques ne fussent estendus sur le pavé. Tout le pont de Saint-Michel s'esmeut contr'eux; mais ces trois, se confians bien l'un de l'autre, percèrent tout ce qui les attaqua sur le gué[4] des Augustins[5], et gaignèrent leurs chevaux, qui les attendoyent à la porte de Nesle.

Les prescheurs de Paris et à leur exemple plusieurs autres exaggerèrent ce faict, dont s'ensuivirent maintes esmeutes en divers endroits, comme en Vandosmois le meurtre de la Curée[6], lieutenant de roi, toute justice refusée. Tels désordres et les plaintes qui s'en faisoyent à la cour furent causes ou plustost couvertures du voyage qu'entreprit le roi par tout son royaume pour y employer l'an mil cinq cens soixante-quatre.

Saint-Barthélemy, et on ne voit pas qu'on lui ait reproché la mort de Charry (Arrêt contre Briquemaut, du 27 oct. 1572, dans les *Mémoires de Charles IX*, 1578, t. I, p. 566 v°). Constantin, au contraire, était un aventurier des bandes qui, au commencement de la guerre civile, s'était attaché à d'Andelot (Brantôme, t. V, p. 344).

1. Le seigneur de la Tour, dit *Chastelier Portaut*, gentilhomme poitevin, guidon de la compagnie de l'amiral (*Mémoires de Castelnau*, 1734, t. II, p. 628, note de Le Laboureur).

2. Sous-entendu *compte de la mort...*, etc.

3. A la Mirandole, dit de Thou, liv. XXXV.

4. *Gué*, quai.

5. Le crime fut commis devant le pont Saint-Michel, au coin de la rue de la Huchette ou du Parvis, rue détruite pour l'agrandissement du Parvis Notre-Dame.

6. Gilbert de la Curée, gentilhomme huguenot, assassiné à la chasse en 1564. Voyez plus loin.

Chapitre IV.

Commencement du voyage de Bayonne.

Auparavant le voyage entrepris à Bayonne, il fallut passer trois ou quatre mois aux préparatifs et aux précautions : pour ce dernier, despescher en Angleterre à faire achever la confirmation de la paix avec serments nécessaires[1] ; en Allemagne, sur la mutation de l'empereur, comme nous le traitterons en son lieu, et mesme pour jetter les projets du mariage de sa fille. Il fallut aussi visiter[2] la roine Marie d'Escosse sur son nouveau mariage[3], qui nous donnera des subjects estranges ; et puis, comme affaire principale, envoyer prendre du roi d'Espagne toutes les circonstances de l'entrevue de Bayonne.

Le roi séjourna à Fontainebleau[4] pour commencer le voyage, où il ouyt plus particulièrement les ambassadeurs sur les points qui suivent, en expliquant le concile de Trente, qu'ils avoyent desjà demandé. Asça-

---

1. Le traité de paix entre la France et l'Angleterre fut signé à Troyes, le 11 avril 1564, par les trois représentants de la reine Élisabeth, Somers, Smith et Throckmorton, et ratifié à Windsor le 27 octobre suivant. M. de la Ferrière a publié une étude sur ce sujet (*Revue des questions historiques*, janvier 1883). Le texte du traité a été imprimé par La Popelinière (t. I, f. 369 v°) et souvent depuis. On conserve dans le vol. 15590, 2, du fonds français, f. 807 et suiv., diverses pièces sur cet acte.

2. Lisez *envoyer visiter*.

3. Voyez le ch. xxi.

4. Le roi partit de Paris le 24 janvier 1564, coucha à Fontainebleau le 31 et à Montereau le 13 mars (Journal d'Abel Jouan dans le tome II des *Pièces fugitives* du marquis d'Aubais).

voir : « Que les biens ecclésiastiques demeurassent sans aucune surcharge. Qu'il se face de bons édicts pour punir de mort et bruslements les hérétiques. Qu'il se face une sévère et curieuse recerche sur ceux qui ont démoli les temples et images, sans s'amuser au pardon qui en a esté publié; n'appartenant qu'à Dieu seul de remettre les offenses de ceux qui s'attaquent à lui ouvertement. Qu'on face et parface le procès aux complices de l'assassinat du duc de Guise[1]. » Pour cest effect le roi est convié à députer à l'assemblée que la plus part des princes chrestiens avoyent assignée sur la fin de mars à Nanci, expressément et purement pour l'extirpation des hérésies.

A ceste fois encores la roine eut crainte de l'authorité des Lorrains à telles assemblées, où ils vouloyent engager le roi par leurs mouvements à choses qui augmenteroyent leur créance et dedans et dehors le royaume. Et pourtant on fit escrire du Moulin[2], grand jurisconsulte, et quelques évesques contre le concile de Trente. Enfin le roi, ayant fait publier avec feu de joye la continuation de paix pour l'Angleterre[3], d'autre costé payer les Suisses, et reçeu d'eux nouveaux serments[4], s'achemine, fait son entrée à Sens, à Troye[5], de là à

---

1. D'Aubigné a déjà parlé de cette négociation au chapitre précédent.

2. Voir le ch. xxi du liv. III.

3. Le *Te Deum* en l'honneur de la paix fut chanté à Paris le 14 avril 1564 (Récit de la cérémonie; f. fr., vol. 18528, f. 44).

4. Le roi avait envoyé à Berne, en mission extraordinaire, le maréchal de Vieilleville et Sébastien de l'Aubespine, évêque de Limoges, et, comme ambassadeur ordinaire, le s. d'Orbais. La correspondance de ce dernier pendant une partie des années 1563 et 1564 est conservée en copie dans le vol. 7116 du fonds franç.

5. Le 15 mars, le roi entra à Sens et, le 23, à Troyes (A. Jouan).

Barle-duc[1], où il présenta avec le roi d'Espagne au baptesme Henry[2], fils du duc de Lorraine. De là ayant fait ses autres entrées à Mascon, à Dijon[3] et à Lyon[4], où il ordonna citadelle, enfila la rivière du Rosne, attendu par le duc de Savoie à Roussillon[5]. Là il reçeut force plaintes des réformez : « Que leur édict estoit de nul effect en la plus part du royaume. Qu'aux estats de Bourgoigne on avoit ordonné d'enfreindre l'édict. Qu'un conseiller de Dijon, au lieu d'excuser le faict devant le roi, avoit par une longue harangue, depuis infirmée, maintenu que le royaume ne pouvoit porter deux religions. Que les confréries du Saint-Esprit exigeoyent partout les serments contre les vies des réformez. Que les prescheurs eslevoyent en leurs chaires le roi d'Espagne, l'appellans le seul interprète de l'édict. Que l'assemblée de réformez à Cravan[6] estoit mise en pièces sans l'arrivée de quelque noblesse.

On conserve dans le fonds français, vol. 7833, f. 182, un curieux récit de l'entrée du roi dans cette ville.

1. Le 1er mai 1564, le roi arriva à Bar-le-Duc (A. Jouan).

2. Le baptême du prince Henri de Lorraine fut célébré le dimanche 7 mai 1564. Ses parrains furent le roi, Pierre-Ernest de Mansfeld, gouverneur du Luxembourg, représentant du roi d'Espagne, et la duchesse douairière de Lorraine, Christine de Danemarck (A. Jouan).

3. Le roi entra à Dijon le 15 mai 1564. On conserve dans le vol. 22302 du fonds français un récit détaillé de cette fête.

4. Le roi entra à Mâcon le 8 juin 1564 et à Lyon le 13 (A. Jouan).

5. Le roi arriva à Rossillon le 17 juillet 1564 et y séjourna jusqu'au 15 août. Ce ne fut pas le duc de Savoie qui rejoignit la cour à Rossillon, mais le duc de Ferrare (Aubais, *Hist. des guerres du Comté-Venaissin*, t. I des *Pièces fugitives*, p. 256). D'après Guichenon (p. 686), le duc et la duchesse de Savoie avaient rejoint la cour à Lyon au mois de juillet.

6. Crevans (Haute-Saône). Il y avait eu, le 11 juin 1564,

Il y eut grandes plainctes de l'évesque du Mans et de ceux de Tours, qui avoyent tué quelques-uns au presche, et le ministre dans la chaire. Le mareschal de Vieilleville et quelques conseillers de la cour[1], estans despeschez pour enquérir sur ces choses, et mesme sur le meurtre de la Curée, assassiné en marchant à la requeste, et pour le support du commissaire Miron[2], qui lui-mesme fit armer ses ennemis pour le tuer. Les enquesteurs furent troublez dès la première information; car mesme Coigniers[3], s'estant employé à prendre quelques-uns des coulpables, eut un adjournement personnel, et à grand peine fut tiré des prisons. Pour rembourser toutes ces plaintes, ce fut là que se fit l'édict d'explication, « que les ministres ne pourroyent demeurer qu'ès lieux establis pour les presches, toutes escholes deffendues, tout exercice auprès de la cour interdit, comme le privilège des nobles pour le presche, et puis force rigueurs sur les synodes[4]. » Sur ce que nous avons dit des prestres, et en tout des clauses si rigoureuses qu'elles firent frémir par toute la France les réformez et, pour eux,

quelques désordres que la reine voulut réprimer. Voyez sa lettre à d'Andelot, du 18 juin 1564 (*Lettres de Catherine de Médicis*, t. II, p. 195 et 203, notes).

1. Ces conseillers étaient Pierre Seguier, président de chambre au Parlement, et Étienne Charlet, conseiller. Ils furent remplacés par Guillaume Briçonnet et Germain Duval (De Thou, liv. XXXVI, 1740, t. III, p. 503).

2. Gabriel Myron, conseiller au Parlement de Paris.

3. Joachim Le Vasseur, seigneur de Cognée, ami de La Curée.

4. L'édit du 4 août 1564 est une déclaration interprétative de l'édit de pacification du 19 mars 1563. Il est imprimé par Fontanon, t. IV, p. 279.

escrire le prince de Condé à la cour[1]; qui vint passer à Valence, à Orange, à Montelimar[2] et puis en Avignon.

Là le cardinal d'Armagnac n'oublia aucune sorte de despense; mais Marseille le renvia avec ses combats maritimes[3]. Il fallut revenir passer en Avignon[4], pour de là gaigner Nismes, où le roi fut desjeuné de plainctes contre le mareschal d'Amville. A tout cela on faisoit de nouvelles publications pour le maintien de l'édict.

La cour passe à Montpelier[5] et vient achever l'année à Béziers, d'où le roi despescha le mareschal de Bourdillon pour arrester une ligue faicte à Cadillac[6] entre le comte de Candale[7], le marquis de Tran[8], Montluc,

---

1. Le 31 août 1564. Cette pièce a été réimprimée dans les *Mémoires de Condé*, t. V, p. 201.

2. Le roi entra à Valence le 22 août 1564, à Montélimar le 15 sept. et, le 22, passa près d'Orange sans y entrer (A. Jouan).

3. Le 6 novembre 1564, le roi entra à Marseille (A. Jouan).

4. Le roi entra à Avignon le 24 septembre et à Nimes le 12 décembre 1564.

5. Le roi entra à Montpellier le 17 décembre 1564 et à Béziers le 3 janvier 1565 (A. Jouan).

6. Il y eut plusieurs ligues en Gascogne à cette époque. La première est du 2 mars 1563 et fut signée à Toulouse. L'acte est publié dans les *Annales de Toulouse* de Lafaille, t. II, *Preuves*, f. 62. La seconde, datée du 13 mars, fut signée à Cadillac (Lettre de Candale du 20 mai; f. fr., vol. 15875, f. 495). On trouve dans le même recueil, f. 491, une déclaration collective des gentilshommes de Guyenne sur le but de leur association.

7. Frédéric de Foix, seigneur de Candale, comte de Benauges et d'Astarac, père de Henri de Foix, dont nous parlerons plus loin, mourut en août 1571 (Lurbe, *Chron. bourdeloise*, 1619, f. 48).

8. Germain-Gaston de Foix, marquis de Trans, capitaine d'ordonnance, avait embrassé sous François II le parti des princes qu'il abandonna après la conjuration d'Amboise (Vᶜ de Colbert, vol. 27, f. 78). Sous Charles IX, il prit les armes en faveur du parti catholique et devint, sous Henri III le chef de la ligue en Guyenne.

l'évesque d'Ayre[1], Caumont[2], Lauzun, Descars et Merville[3]. Le mareschal n'ayant fait aucune punition des meurtres donna plus d'occasion de plainctes.

Le roi commença son année par Narbonne[4]. De là son entrée de Carcassonne lui fut empeschée par un merveilleux amas de neige, dont il fut assiégé dix jours[5], chose plus estrange en Languedoc, qui est au quarante deux et quarante trois degrez. Ceux du pays monstroyent par leurs archives qu'il y avoit cent vingt-trois ans que Marie d'Anjou[6], femme de Charles septiesme, avoit esté assiégée au mesme lieu trois mois par les neiges de six pieds de hauteur.

Chapitre V[7].

Peur du cardinal à Paris. Magnificences notables. Entrevuë des cours françoise et espagnole. Plainctes.

A Carcassonne vindrent nouvelles que le cardinal

---

1. Christophe de Foix-Candale, nommé évêque d'Aire le 5 mai 1560, mort en 1570 (*Gallia christ.*, t. I, col. 1166).
2. Geoffroy de Caumont, d'abord abbé de Clairac et d'Uzerche, prit le nom de Caumont après la mort de son frère aîné, épousa, en 1568, la veuve du maréchal de Saint-André et mourut en 1574 (*Mémoires du duc de la Force,* publiés par le marquis de la Grange, t. I, p. 8).
3. Jacques de Peyrusse, frère de François d'Escars, seigneur de Merville, grand sénéchal de Guyenne. Sur ce capitaine, voyez la coll. Clairembault, vol. 285, f. 125.
4. Le roi entra à Narbonne le 4 janvier 1565 et à Carcassonne le 12 (A. Jouan).
5. Du 12 au 22 janvier 1565 (*Mémoires de Gaches,* 1879, p. 44).
6. Marie d'Anjou, fille de Louis II, roi de Sicile. D'Aubigné a emprunté ce souvenir aux *Mémoires de Gaches* (p. 44) dont il a eu connaissance.
7. Le numéro et l'en-tête du chapitre manquent à l'édit. de 1616.

de Lorraine[1], revenant du concile, accompagné du duc d'Aumale et des principaux serviteurs de la maison de Lorraine, marchant avec toutes sortes d'armes, selon une permission pour cela[2], avoit passé à Soissons[3], pour voir le prince de Condé et lui secouer la bride du mariage de sa belle-sœur[4], et par là donné grande jalousie aux partisans du prince, puis après, pour faire une entrée honorable à Paris, avoit pris sa couchée à Sainct-Denis[5]. Là il fut adverti que le duc de Montmorenci, gouverneur du pays, lui défendoit l'entrée de Paris, avec armes[6], s'il ne faisoit paroistre de sa commission[7]. Le cardinal, jugeant cela indigne de sa grandeur, ne laissa pas de s'acheminer, et se hasta si bien

1. Charles de Lorraine, frère du duc de Guise (t. I, p. 79, note).
2. Le cardinal de Lorraine avait une garde particulière commandée par le capitaine La Chaussée (Brantôme, t. III, p. 355, et t. VI, p. 492).
3. Au mois de décembre 1564, Condé était auprès de sa sœur, Catherine de Bourbon, abbesse du couvent de Notre-Dame de Soissons.
4. Anne d'Este, veuve du duc de Guise. Le bruit s'était répandu que le parti catholique voulait reconnaître la rentrée du prince de Condé en lui faisant obtenir la main de cette princesse (*Mémoires de Condé*, t. V, p. 240). D'après l'ambassadeur d'Espagne, Francis de Alava, le card. de Lorraine aurait proposé à Condé d'épouser une fille du duc de Guise (Lettres des 18 janvier, 7 février et 2 mars; Arch. nat., K. 1503, nos 33, 46 et 53).
5. Le cardinal de Lorraine était abbé de Saint-Denis.
6. Le roi avait rendu, le 13 décembre précédent, à Nîmes, une ordonnance qui défendait aux « seigneurs quelqu'ils soient, s'ils « ne sont princes de la maison de France, d'entrer au gouverne- « ment de l'Isle-de-France avecques aucune garde. » Cette ordonnance est inédite et nous est conservée dans un rapport à l'ambassadeur d'Espagne (Arch. nat., K. 1505, n° 31).
7. Le maréchal lui envoya Jean Hurault de Boistaillé, ancien ambassadeur à Venise, ancien favori de la maison de Lorraine (Félibien, *Hist. de Paris,* t. II, p. 1092).

qu'il eut passé la porte de Sainct-Denis avant que le gouverneur y eust mis ordre, bien qu'il eust receu dans le chemin une défense par le prévost de la connestablerie, accompagné d'archers portans la casaque[1]; chose qui lui avoit esté dure.

Au cimetière Sainct-Innocent[2], se trouve en son chemin le prince Porcian[3] qui menoit la teste du gouverneur. Ceux du duc d'Aumale voulurent passer malgré eux. Les voilà chargez et les plus avancez par terre; le cardinal et son petit nepveu quittent les chevaux et se jettent dans les maisons[4]; le gouverneur retint les siens d'user de leur avantage[5]. Sur le soir, le cardinal et le duc d'Aumale[6] gaignèrent l'hostel de Cluni, où tous les jours passoyent en armes ceux de Montmorenci, apprenans au peuple à chanter : « Fi fi fi du cardinal[7], » et autres folies. De mesme il fallut mettre entre les mains du prévost des marchans[8] la

---

1. Le prévôt des maréchaux était chargé de désarmer pacifiquement l'escorte, mais il fut insulté et mis en fuite.

2. Près de l'église des Saints-Innocents, au coin de la rue Saint-Denis.

3. Le prince de Portian avait des raisons particulières de haïr les Guises qui lui disputaient une partie de la succession du duc de Nevers. Voyez sur ce point une lettre détaillée de Damville à la reine mère, du 18 janvier 1564 (1565) (f. fr., vol. 15880, f. 97).

4. Dans la boutique d'un cordier, appelé Garrot.

5. Ce combat eut lieu le lundi, 8 janvier 1565. Nous avons publié dans le tome VI des *Mémoires de la Société de l'Histoire de Paris* un récit de cet événement.

6. Le duc d'Aumale s'était séparé de son frère avant d'entrer dans Paris et avait gagné l'hôtel de Cluny par la porte du Louvre.

7. Voyez Dusommerard, *les Arts au moyen âge*, t. I, p. 243, note.

8. Claude Guyot, seigneur des Charmeaux, prévôt des marchands depuis le 31 août 1564 (Journal de Bruslard, dans les *Mémoires de Condé*, t. I, p. 146 et 148).

permission de porter armes. Encores il falut que le cardinal et le duc d'Aumale quittassent la ville[1]. Leur contraire pour se tenir plus fort appelle l'admiral[2], puis tous ensemble envoyèrent au Parlement leurs raisons. Cela estant donc sceu à la cour, fut envoyé vers eux le chevalier de Seure[3], et puis force escrits en campagne d'une part et d'autre[4].

Cependant le roi passe par Castelnau-d'Arri à Thoulouze[5], où Monsieur et Monsieur d'Alençon changèrent leurs noms d'Alexandre et de Hercule en ceux de Henri et François[6]. Là Montluc arriva bien accompagné, effaçant de son lustre toutes les plaintes qu'on avoit fait de lui[7]. Il n'y eut rien de remarquable jusques à Bordeaux[8], où la despense et les inventions

1. Le cardinal et le duc d'Aumale sortirent de l'hôtel de Cluny et de Paris le 11 janvier, à deux heures du matin, et se retirèrent à Meudon (Lettre de François de Montmorency à la reine de Navarre; Arch. nat., K. 1503, n° 2).
2. L'amiral arriva à Paris avec une suite de 70 gentilshommes, le 22 janvier, et y resta jusqu'au 30 (*Discours du voyage de M. l'admiral*, in-8°, s. l. n. d.). De Thou a reproduit presque toute cette pièce (liv. XXXVIII).
3. Michel de Seure, chevalier de Malte (t. I, p. 355, note).
4. Nous avons énuméré ces pamphlets dans le mémoire cité plus haut.
5. Le roi entra à Castelnaudary le 28 janvier 1565 et le 31 janvier à Toulouse (A. Jouan).
6. Le 18 mars 1565, le duc d'Anjou et la princesse Marguerite reçurent à Saint-Étienne de Toulouse, du cardinal d'Armagnac, le sacrement de confirmation. A cette occasion, la reine voulut que le duc d'Anjou changeât son nom d'Alexandre en celui de Henri et donna ordre que son dernier fils, le duc d'Alençon, qu'elle avait laissé à Paris, prît le nom de François au lieu du nom de César (Lafaille, *Annales de Toulouse*, t. II, p. 272).
7. Voyez les *Commentaires*, t. III, p. 79.
8. Le roi entra le 9 avril 1565 à Bordeaux (A. Jouan).

surmontèrent toutes les autres. Là trois cens chevaux se présentèrent au roi, douze bandes de Grecs, Turcs, Arabes, Égyptiens, Canariens, Mores, Éthiopiens, Indiens, Taprobaniens[1], Cannibales, Margajats[2] et Thaupinambous; desquels les chefs firent une harangue au roi en leur gergon, ayant chacun leur interprète. Il y eut d'autres magnificences moins dignes du mestier de l'historien[3].

Les réformez de Bordeaux avoyent, dès que le roi estoit à Valence, présenté une requeste et impétré lettres patentes pour estre exempts de plusieurs charges importantes, contre leur liberté, comme « pour le pain bénit et pour jurer sur le bras saint Anthoine, ou n'estre point creus en justice[4]. » Leurs lettres n'avoyent point esté receues à la cour. Pour la venue du roi on les mit entre les mains du prévost de Guienne, contre toute coustume. Le roi esteint en ce lieu[5] l'émotion du comte de Candalle, de laquelle nous avons parlé[6]. Pareilles nouvelles venans de divers

---

1. L'île de Ceylan était connue des anciens sous le nom de *Taprobane.*

2. *Margajat,* nom donné à certaines peuplades du Brésil (Littré).

3. Voyez Devienne, *Histoire de Bordeaux*, t. I, p. 146 et suiv. M. Tamizey de Larroque a publié, en 1882, un récit nouveau des fêtes de l'entrée de Charles IX à Bordeaux.

4. Cette requête est datée du 30 avril 1564. Elle est imprimée dans les *Mémoires de Condé,* t. V, p. 214, et dans les *Archives curieuses* de Cimber et Danjou, t. VI, p. 271.

5. D'Aubigné commet ici une petite erreur. Ce fut à Mont-de-Marsan que le roi prit ces mesures. Voyez la note suivante et les *Commentaires de Monluc,* t. III, p. 80.

6. Il s'agit de la ligue catholique signée à Cadillac. Voyez ci-dessus, p. 213, note 6. Le roi imposa à tous ses officiers une déclaration contre les ligues présentes et futures (acte daté du 18 mai 1565 et de Mont-de-Marsan; f. fr., vol. 20461, f. 58).

endroits, et entr'autres la dispute du cardinal et de Salcède[1] à Metz; cestui-ci voulant empescher les defférences du cardinal à l'Empire, sous ombre des devoirs de l'évesque, et l'autre renouant par liens ecclésiastiques à sa cordelle les interests d'Austriche[2]. Toutes ces choses mirent le roi et la roine en peine. Montluc dit qu'il lui conseilla, pour rompre tant de ligues, d'en faire une, de laquelle il fust chef[3], comme il est arrivé depuis au roi Henri troisiesme; mais les autres ne trouvoyent point de goust à lier le roi avec ses subjects d'une chaîne plus ferme et plus honorable que celle de la royauté.

La roine Élisabeth estant approchée, Monsieur, frère du roi, accompagné de plusieurs princes et seigneurs, va au devant d'elle jusques dans la Gipousque[4]; à Sainct-Sébastien se trouva le duc d'Alve[5], portant au

1. Pierre de Salcède, capitaine espagnol, s'était donné au roi de France en Italie (*Commentaires de Monluc*, t. I, p. 228). Après le traité de Cateau-Cambrésis, il devint bailli de Metz. Quoique catholique, il fut assassiné à la Saint-Barthélemy, victime de la vengeance des Guises.

2. Le cardinal de Lorraine avait obtenu de l'empereur des lettres qui le déclaraient vassal de l'empire comme évêque de Metz. Salcède, les trouvant injurieuses pour le roi, refusa de les laisser publier. Le cardinal leva des troupes et commença, le 17 juillet 1565, une petite guerre qu'on appela *la guerre cardinale*. Elle cessa le 8 août après une déclaration du roi. Le récit de cette guerre, attribué à Salcède lui-même, est imprimé dans les *Mémoires de Condé*, t. V, p. 527. On conserve dans le vol. 3197 du f. fr. une lettre de Salcède et du duc d'Aumale sur le même sujet (f. 93 et 95).

3. Voyez les *Commentaires*, t. III, p. 80.

4. Le *Guipuscoa*. Le prince arriva le 9 juin 1565 à Saint-Jean-Pied-de-Port (Basses-Pyrénées).

5. Ferdinand de Tolède, duc d'Albe (t. I, p. 59, note).

roi l'ordre de la Toison d'Or, comme cause de son voyage.

Le roi receut sa sœur sur la frontière, la roine ayant passé l'eau[1] pour embrasser sa fille premièrement. Tout ce que la France, pleine de bons esprits, pût marier d'inventions à la despense fut employé à Bayonne, si bien que les plus subtils et deffians ne pouvoyent estimer que les grands eussent lors autre intention qu'à telles voluptez. On n'avoit oublié Ronsard pour faire les vers qui furent prononcez en diverses entreprises[2]. Presque tous les historiens, et entre ceux-là Jean-Baptiste Adrian[3], qui avoit entre les mains les chiffres et secrets du duc de Florence, ont voulu, comme d'un consentement, que là ayent esté projettées les guerres des Pays-Bas et les massacres qui ont depuis ensuivi ; que là se soit establie une correspondance spirituelle entre les royaumes, et la leçon d'un chacun prise sur les accidents[4].

---

1. La Bidassoa, appelée *Marguery* par La Popelinière et de Thou.

2. Ronsard composa des stances qui furent chantées à l'arrivée de la reine d'Espagne. Elles sont imprimées dans l'édition des *OEuvres* de Ronsard de la *Bibliothèque elzévirienne*, t. IV, p. 137.

3. Jean-Baptiste Adriani, né à Florence en 1513, a écrit une *Histoire de son temps*, de 1536 à 1574, qui fait suite à celle de Guichardin et que de Thou cite souvent (1583, in-fol.; 1587, 3 vol. in-4°). Il mourut en 1579.

4. La question de savoir si le massacre des chefs réformés fut concerté dans les conférences de la reine mère et du duc d'Albe à Bayonne a longtemps excité et excite encore les recherches des historiens. Le P. Griffet (*Histoire de France* de Daniel, t. X, p. 557), le comte de la Ferrière (*Revue des questions historiques*, oct. 1883) ont adopté la négative; M. Combes (*l'Entrevue de Bayonne* de 1565, in-8°, 1882), l'affirmative. Nous ne citons que les dissertations spéciales et nous n'énumérons pas les nombreuses études sur la préméditation de la Saint-Barthélemy, qui,

Le duc d'Alve demanda que les réformez n'eussent aucun exercice de religion ès frontières, et puis que les endroits de Bisquaye, qui appartenoyent à l'Espagne, ne despendissent plus de l'évesque de Bayonne. Le premier ne fut pas trouvé de saison, l'autre fut accordé à grand contrecœur du Conseil.

Les Espagnols estant séparez, le roi ouyt un chambrier du Grand-Seigneur, venu pour reconfirmer leur amitié sur le dessein de Malthe; on l'amusa pour attendre la séparation[1].

Le retour du voyage fut par Nérac[2], où fut remise la messe discontinuée, et puis par Agen[3], Périgueux et Angoulesme[4], où le roi receut une grand'complainte sur l'impunité des meurtres, et sur une petite guerre faicte par le cardinal de Lorraine au pays Messein, où

---

presque toutes, ont traité la question des conférences de Bayonne. Voy. H. Bordier, *la Saint-Barthélemy et la critique moderne*, 1879, in-4°. On conserve dans le fonds espagnol, vol. 161, un recueil de lettres du duc d'Albe qui pourraient éclairer le problème.

1. On ignore quel était l'objet de l'ambassade que Soliman envoya au roi. Le baron de la Garde, chargé de la recevoir à Dax, ne put rien pénétrer (Lettre à la reine du 14 juin; Orig., f. fr., vol. 15881, f. 179). L'opinion la plus répandue était que le sultan demandait au roi un abri pour ses flottes pendant le siège de Malte (Flor. de Raymond, *Hist. de l'hérésie*, 1618, p. 591). La chancellerie espagnole partageait ce soupçon (Archives nat., K. 1504, n° 6).

2. Le roi entra à Nérac le 28 juillet 1565 (A. Jouan). L'arrêt par lequel *fut remise la messe discontinuée* est une décision du roi, en date du 31 juillet, qui est conservée en copie dans le vol. 16221 du f. fr., f. 158 v°.

3. Ici d'Aubigné fait confusion en rapportant le passage du roi à Agen après l'entrevue de Bayonne. Le roi entra à Agen le 22 mars 1565, avant d'aller à Bayonne (voyez le récit des registres consul. d'Agen; Arch. munic., BB. 30).

4. Le roi entra à Angoulême le 18 août (A. Jouan).

il avoit assiégé et pris le gouvernement de Salcède[1] ; là dessus force promesse sans autre changement. La cour gaigne Touars, Angers, et puis vint par Saumur à Tours[2], où il y eut de rudes plaintes contre le duc de Montpensier et contre Chavigni[3], tout cela payé de belles paroles. Cependant, tous les hommes d'Estat disoyent de tant de plaintes qu'il n'y avoit plus moyen de souffrir deux religions dans un royaume; et les plus licentieux faisoyent leur profit d'un terme du duc d'Alve à Bayonne, « que dix mille grenoüilles ne valoyent pas la teste d'un saumon[4]. » Si bien que les uns ne respiroyent que craintes et remèdes, et les autres rudes exécutions. On se reposa longtemps à Blois[5], où fut délibéré pour l'année, d'après les petits estats de Moulins, ceste façon d'assemblée observée par tous les princes, qui ont à craindre la trop grande liberté que les peuples prétendent par les autres estats. Nous en parlerons ailleurs.

1. D'Aubigné a déjà parlé de cette affaire. Voy. p. 219.
2. Le roi entra à Thouars le 25 septembre 1565, à Angers le 5 novembre, à Tours le 21 (A. Jouan).
3. François le Roy, s. de Chavigny, lieutenant de roi à Metz en 1556 (*Mémoires de Carloix,* liv. VI, ch. XLVIII et XLIX), dans les provinces d'Anjou et Maine sous Charles IX. Il mourut à la fin du règne de Henri III. Le Laboureur lui a consacré une notice (*Mémoires de Castelnau,* t. I, p. 507).
4. Ce mot aurait été entendu par le jeune Henri de Béarn (Mémoires de Calignon dans les *Mémoires de Nevers,* t. II, p. 577). Jean de Serres (*Mémoires de la troisième guerre civile,* 1571, p. 28) et Jacques Gaches (*Mémoires,* 1879, p. 577) lui donnent créance.
5. Le roi entra le 5 décembre à Blois.

Chapitre VI.

Amorses de la prise des armes en divers lieux.

On appella pour les petits estats de Moulins[1], outre les princes et grands de la cour, les premiers présidents de Paris, de Thoulouse, de Bourdeaux, de Dijon, d'Aix et de Grenoble[2], et force personnes notables de ceste profession. Ce n'est de la mienne de vous dire comment ils s'employèrent aux conseils secrets, mais ouy bien monstrer comment ils establirent plusieurs loix, observées dès lors en l'administration de la justice[3].

On mit la main par acquist encore une fois à la reconciliation des Guisars et des Chastillons[4], et puis de

---

1. D'Aubigné appelle *petits états de Moulins* un grand conseil, présidé par le roi, dans lequel fut arrêtée la célèbre ordonnance sur la réformation de la justice. Cette réunion fut marquée, le 16 mars, par une violente altercation entre le cardinal de Lorraine et le chancelier de l'Hospital, au sujet des deux cultes. On en trouve le récit dans une pièce du temps (f. fr., vol. 3951, f. 100 et suiv.; coll. Moreau, vol. 741, f. 20; et ailleurs). Le *Journal de L'Estoile* (t. I, p. 19) et le *Bulletin* de la *Société du Protest. français* (t. XXIV, p. 412) ont donné des récits de cet incident.
2. Christophe de Thou, premier président du Parlement de Paris, et Pierre Seguier; Jacques Benoist de Lagebaston, de Bordeaux; Louis Le Fevre, de Dijon; Henri Fourneau, d'Aix; Jean Truchon, de Grenoble (De Thou, liv. XXXIX, 1740, t. III, p. 600).
3. L'ordonnance sur la réformation de la procédure, dite *ordonnance de Moulins,* en 86 articles, a été réimprimée par Isambert, t. XIV, p. 189.
4. Le 12 janvier 1566, à Moulins, sur un long réquisitoire du card. de Lorraine contre Coligny (Copie; f. fr., vol. 3951, f. 95 et

ceux-là et de la famille de Montmorenci[1]; le jeune duc de Guise monstrant tousjours un mauvais consentement à ses feinctes oubliances[2].

On toucha encores au mariage clandestin entre le duc de Nemours et Françoise de Rohan[3]; mais autant qu'il falut pour mettre la complaignante vers le vent, en haine de sa religion, et l'autre en puissance d'espouser la doüairière de Guise[4]. Ceste dispute en attira

suiv.), le roi rendit un arrêt qui défendait aux Guises et aux Coligny « de mesfaire ni mesdire les uns des autres » (Coll. Brienne, vol. 206, f. 240). Cependant, le 17, le cardinal et la duchesse de Guise présentèrent contre l'amiral de Coligny une requête directe, dans laquelle ils l'accusaient d'être le promoteur du crime de Poltrot de Méré (ibid.). Sur cette requête, le roi, précisant son arrêt, prononça, le 28, l'acquittement de l'amiral (Copie; f. fr., vol. 17286, f. 41).

1. La querelle du cardinal de Lorraine et du maréchal de Montmorency (voyez ci-dessus, p. 215) fut également pacifiée par la reine à Moulins. Les maréchaux de Vieilleville et de Bourdillon avaient été chargés de négocier un accord qui fût accepté par les deux partis. Cette pièce est conservée dans le vol. 3243, f. 79, du f. fr.; copie sans date.

2. Le jeune duc de Guise, dont la cour connaissait les sentiments vindicatifs contre l'amiral, était déjà parti pour la Hongrie à l'époque de l'assemblée de Moulins; du moins sa présence n'y est-elle signalée par aucun témoignage. De Thou se contredit sur ce point (1740, t. III, p. 664). Cette question a été discutée dans une dissertation du P. Griffet (*Hist. de France* de Daniel, t. X, p. 570).

3. D'Aubigné se trompe. Le duc de Nemours et Françoise de Rohan ne comparurent pas à Moulins, mais à Monceaux, le 28 avril 1566. La reine de Navarre présenta un acte de récusation (Orig.; f. fr., vol. 6606, f. 30) qui n'empêcha pas le conseil du roi de débouter Françoise de Rohan de son appel (Copie authent., f. fr., vol. 4657, f. 33). Le lendemain, 29, le duc de Nemours et la duchesse de Guise signèrent leur contrat de mariage (Minute orig.; f. fr., vol. 6609, f. 74).

4. Le duc de Nemours épousa la duchesse de Guise le 5 mai 1566.

une célèbre entre Vigor et de Sainctes d'une part, et de Spina et Des Rosiers de l'autre[1]; ce labeur fut long et inutile. Ce qui employa le plus la compagnie fut l'assiduelle plainte des Lorrains pour la mort du duc de Guise, sur le poinct qu'il parut un assassin accusant l'admiral, qui lui maintint en face avoir esté employé de lui pour tuer les personnes royales; mais les juges, ayans le tout examiné avec une industrie curieuse et mal aggréable à quelques-uns, firent mettre sur une roue le calomniateur[2]. Lors de tous costez les esprits aigris commencèrent à remuer.

L'on trouva à Lyon une mine qui commençoit dans le jardin d'un réformé et alloit gaignant le dessous des principaux remparts de la citadelle. Nous avons cheminé dedans deux de front; et ceux qui avoyent veu autresfois des mines en jugeoyent au désavantage des réformez; mais ceux qui les excusoyent faisoyent voir au mesme pays plusieurs labeurs de ceste façon. Cela esmeut une batterie qui se fit un jour de Feste-Dieu, dans la rue Mercière; apprit un chacun de prendre garde à soi[3].

---

1. Cette conférence fut tenue à Paris, à l'hôtel de Nevers, sur les instances du duc de Montpensier, pour ramener au catholicisme le duc et la duchesse de Bouillon, sa fille. Elle n'amena aucun résultat. Simon Vigor, depuis archevêque de Narbonne, Claude de Saintes, plus tard évêque d'Évreux, Jean de Lespine et Hugues Sureau, dit du Rosier, y prirent part (*Actes de la dispute et conférence tenue à Paris* en 1566. Paris, 1568, in-8º).

2. Ce misérable se nommait Simon de May et habitait près de Châtillon-sur-Loing.

3. L'édit. de 1616 ajoute : « ... *à soy*. On s'est fort voulu excuser de la mine; mais, ayant depuis appris comme quoy elles se font, j'advoue avec vérité que c'estoit avec dessein de prendre la citadelle. »

Le feu s'embrasa plus promptement à Foix[1], pour ce que les réformez ayans perdu l'exercice de leur religion à Pamiers, les autres devindrent plus insolents, si bien qu'ès processions qui sont plustost danses générales, comme nous en avons veu allans aux eaux à Bagnières qui tenoient deux lieues françoises, les jeunes garçons d'une part et d'autre vindrent aux coups de pierre, séparez pour ceste fois par quelques gens de bien[2]; mais à la Pentecoste[3] d'après, force hommes masquez ayans accompagné une procession, et les uns et les autres ayans appellé leurs voisins, les catholiques qui avoyent agacé, furent coingnez dans l'évesché[4], où la nuict auparavant Rochebonne[5] estoit entré avec cent cinquante hommes choisis. Les réformez les enfoncèrent, et puis les chanoines se deffendirent par toutes leurs maisons. Il en fut tué un et les autres prisonniers. Les Carmes, les Augustins et les Cordeliers[6] se sen-

1. Var. de l'édit. de 1616 : « *Le feu s'esmut plus chaudement en Foix.* »
2. A la suite de provocations, le 19 mai 1566, les protestants de Pamiers se soulevèrent, pillèrent les églises et, le 5 juin, se rendirent maîtres de la ville. Le roi envoya contre eux Joyeuse avec des troupes (Lettre du 20 août, minute; Autogr. de Saint-Pétersbourg, vol. 34, 2, f. 51; copies de la Bibl. nat.). Mais, dès le 23 juillet, les bandes protestantes avaient quitté la ville (Lahondès, *Annales de Pamiers*, t. II, p. 21).
3. Var. de l'édit. de 1616 : « *... d'une part et d'autre se jettèrent quelques pierres et les plus gens de bien empechèrent le tout de venir aux mains; dont advint qu'à la Pentecoste...* »
4. Var. de l'édit. de 1616 : « *... procession. Cela mit le feu aux pièces. Les uns et les autres par prévoyance ayans appelé leurs voisins, les catholiques laschèrent le pied dans l'Evesché.* »
5. De Thou l'appelle *Rochebrune*.
6. Var. de l'édit. de 1616 : « *... Les Cordeliers et l'Hopital se sentirent...* »

tirent de l'insolence du peuple, asçavoir de la pillerie, mais sans meurtre de sang froid[1]. Il arriva qu'un Augustin s'enfuit à Foix[2], et se mit à crier aux armes et à la vengeance des catholiques qui ont tous esté tuez à Pamiers ; en mesme temps il y eut trente-cinq réformez [pris] en leurs maisons et puis[3] esgorgez par les ruës[4].

Les lieutenants de roi du pays estans suspects, on lui despescha encor une fois Rambouillet[5], mais le cardinal de Lorraine, voyant qu'il menoit cest affaire trop doucement, le fit remettre entre les mains de la cour de parlement de Thoulouze, qui y procédèrent comme juges et parties[6]. Si bien qu'ayans fait fuir aux montagnes force gens de guerre qui s'estoyent trouvez à ceste esmeute, ce furent autant d'hommes préparez pour exécuter sur la prise des armes qui ne demeura guères après. Martin Tachard, ministre, duquel nous avons parlé, fut mené à Thoulouze en triomphe, couronné de chapelets. La cour ne respondit à ses deffenses

---

1. Le 5 juin et les jours suivants.
2. C'était un ermite de l'ordre de Saint-Augustin, appelé Polvareil.
3. Var. de l'édit. de 1616 : « ... *réformez* sur le pavé, *et puis...* »
4. Les troubles de Pamiers sont racontés avec détail dans une pièce du temps qui a servi successivement de guide à La Popelinière, à de Thou et à d'Aubigné et qui a été réimprimée par Cimber et Danjou (*Arch. curieuses*, t. VI, p. 309).
5. Rambouillet rendit compte au roi de sa mission à Pamiers le 18 juillet (Lettre publiée dans les Preuves de l'*Hist. du Languedoc*, t. V, p. 189).
6. On conserve dans le f. fr., vol. 15882, f. 192, avec plusieurs pièces de procédure relatives au procès des gens de Pamiers, la liste des conseillers du parlement de Toulouse que les accusés demandèrent à récuser.

et récusations que des sousris. Il demanda, en allant à la mort, qu'on lui ostast les fers, pour aller dispostement au lieu tant désiré; il prononça en latin le pseaume *Lætatus sum in his*[1].

En Béarn, il y eut quelque chose de moins important[2], et en tous les endroits du royaume quelques insolences particulières. Le pis estoit qu'on rioit au nez de ceux qui demandoient justice pour les violements de l'édict. En même temps toutes les compagnies entretenues furent accreues d'un tiers, et puis on vit naistre la levée de six mille Suisses[3]; le prince Porcian estouffé de poison[4]; les requestes que l'on présentoit, pour tout cela respondues par expédients et comme il faloit pour prolonger.

Les réformez se tindrent pour dict qu'ils avoyent la guerre sur les bras. S'apprestans pour parer au coup, pensèrent à la mine de laquelle nous avons parlé, et firent couler dans Mets plusieurs compagnies de leur parti, comme estans du régiment de Pied-

1. D'Aubigné a déjà raconté ce fait. Voyez plus haut, ch. III, p. 206. Il a pris à Olhagaray (p. 559) les détails de la mort de Tachard.

2. D'Aubigné commet ici une erreur : il n'y eut point de troubles en Béarn pendant l'année 1566. La session annuelle des états y fut même plus paisible que les autres années. Voir Bordenave et Olhagaray.

3. Cette levée était motivée par le passage en Franche-Comté d'une armée espagnole conduite en Belgique par le duc d'Albe. Elle était commandée par Louis Pfiffer (Zurlauben, *Hist. militaire des Suisses*, t. IV, p. 355).

4. Antoine de Croy, prince de Porcian, mourut à Paris d'une pleurésie, le 5 mai 1567. L'accusation d'empoisonnement lancée par la *Légende de dom Claude de Guise*, ch. XIV, pamphlet réimprimé dans le tome VI, p. 494, des *Mémoires de Condé*, a été accueillie par Brantôme (t. VI, p. 494).

mont, ordonné pour y entrer. Mais le mareschal de Vieille-Ville, commis pour cela, catéchisant les capitaines, en trouva un qui l'asseura en vérité d'avoir passé par Genève; ce fut pourquoi on ordonna le change, et les réformez ne rompirent point leurs jeusnes pour un tel mets[1].

Chapitre VII.

Commencement des secondes guerres, par l'entreprise de Meaux.

Sur le discours ordinaire, par lequel on se mocquoit des réformez, de ce qu'ès premiers troubles ils ne s'estoyent pas saisis de la personne du roi, on creut qu'ils vouloyent commencer par ce bout, si jamais ils venoyent aux armes. Et pourtant, quand leurs chefs virent marcher à grandes journées les Suisses, on interpréta à feincte une légation d'eux vers le connestable[2], avec nouvelles soubmissions pour supporter l'édict de Roussillon[3], et autres indignitez, qui ne sembloyent point tolérables aux gens de cœur. Ce vieil conseiller, se voyant supplié d'avoir pitié de la France

1. Le maréchal de Vieilleville entra à Metz au commencement de novembre 1567. Son arrivée mit en fuite les réformés, mais il les laissa rentrer peu de jours après (Meurisse, *Hist. de l'hérésie à Metz*, in-4°, p. 298, 312 et suiv.).
2. Var. de l'édit. de 1616 : « ... *Quand leurs chefs* eurent veu marcher à grand journées les 6,000 Suisses nouvellement levez, ilz envoyèrent *vers le...* »
3. L'édit dit *de Roussillon*, sur le règlement de la justice, est du mois de janvier 1563 (1564), mais il ne fut enregistré que sur une déclaration du roi, datée de Roussillon en Dauphiné, du 9 août 1564. Il est imprimé par Isambert (t. XIV, p. 160 et 173).

et de remettre tout en paix aux despens des affligez, paya d'une estrange raison l'humilité de ses nepveux : « Que voudriez-vous[1], dit-il, qu'on fist de ces Suisses bien payez, si on ne les employoit ? »

Le prince de Condé, l'admiral, Dandelot, le comte de la Rochefoucaut, Boucard, Bricmaut et autres chefs s'estans veus à Valérie[2], eurent de grands contrastes; l'admiral, voulant endurer toutes extrémitez et se confier en l'innocence. Dandelot print la parole en ces termes : « Je pense bien que vostre opinion de délai vous est dictée par un grand excès de probité; mais la condition où nous sommes ne peut plus avoir de remèdes que tardifs. La grandeur de nostre péril se veut démesler par péril. C'est à ceste fois que nous avons besoing de beaucoup de courage et constance, si vous ne voulez attendre d'estre bannis du royaume, ou les fers aux pieds dans les prisons, ou que par les bois et déserts nous devenions le gibier de la populace, le passe-colère des grands et le mespris des gens de guerre. Ceste innocence ou plustost dissimulation, ces complainctes si justes, à qui les présenterons-nous ? Quand il ne se trouvera personne qui, par haine

---

1. Var. de l'édit. de 1616 : « ... tollérables; le suppliant d'avoir pitié de la France, et aux dépens de leur humilité remettre tout en paix; ce vieil conseiller les paya d'une estrange raison après plusieurs autres : *que voudriez-vous...* »

2. Valery était un château que la maréchale de Saint-André (Marguerite de Lustrac) avait donné au prince de Condé dans l'espoir de l'épouser. Les chefs réformés s'y réunirent plusieurs fois pendant l'été de 1567. Enfin, le 10 ou 12 septembre, dit Claude Haton, dans une troisième réunion, la prise d'armes fut résolue (*Mémoires*, t. I, p. 428). Ici d'Aubigné s'est surtout inspiré des *Mémoires* de La Noue (chap. 12).

ou par crainte, ne nous refuse les oreilles et les yeux, nous avons afaire à ceux que la pitié eschauffe et qui ne s'arrestent que par la peur. Si nous voulons leur laisser nos vies et trahir les vies qui espèrent en nos armes, au moins ne leur abandonnons point le service de Dieu. » Boucard y adjousta ceste maxime d'Estat : « Que toute soubmission qui fait quelquesfois la paix entre les particuliers ès affaires générales, ne fait que haster la guerre infailliblement, et amener au galop le malheur qui ne venoit qu'au pas. »

L'admiral se rendant à ceste opinion, fait conclure aux armes, et à commencer par la deffaicte des Suisses, de quoi les uns firent difficulté pour la présence du roi. Les autres moins scrupuleux vouloyent essayer tout, et pour cest effect donnèrent le rendé-vous de la noblesse de cinq ou six provinces à Roye[1], et le jour au vingt-septiesme septembre. Et de là marchèrent droit à Meaux, faisans courir le bruit que c'estoit pour présenter une requeste au roi. Le Conseil débatit long-temps si le roi devoit garder la bien-séance à Meaux ou se sauver dans Paris. Le duc de Nemours emporta pour la seureté contre la bien-séance, faisant partir le roi accompagné de sept à huict cens chevaux[2], non point sur l'asseurance de ceste troupe mal armée et

---

1. Roye (Oise) ou, suivant d'autres, Rozai en Brie.
2. Le 28 septembre, à minuit, d'après de Thou (liv. XLII, 1740, t. IV, p. 9), à quatre heures du matin d'après Brantôme (t. VII, p. 294). La cour arriva le soir même à Paris. Le duc de Bouillon donne, dans ses *Mémoires*, sur cette retraite de Meaux, des détails d'autant plus intéressants qu'il était témoin oculaire (coll. Petitot, p. 75). Parmi les documents inédits, voyez une curieuse lettre de Bouchefort à la duchesse de Ferrare (Orig., f. fr., vol. 3347, f. 24).

en partie courtisane[1], mais bien sur la caution de six mille Suisses arrivez le soir auparavant à trois lieuës de Meaux.

Le prince de Condé se présenta à veue avec trois cens chevaux seulement, desquels toute la cour estonnée se mit à l'ombre des picques et bien à propos; car ce bataillon se faisoit faire place. Et le prince de Condé repoussé, s'estant tiré à costé pour se joindre à ceux que menoit Dandelot, le roi, qui au partir alloit au cul des Suisses, fut placé au milieu. Et puis, quand on vit arriver de Paris le duc d'Aumale, le mareschal de Vieilleville, le roi, ayant lors douze cens hommes, quitte les Suisses derrière. Et ceste troupe de cavalerie lui asseure le chemin jusques dans Paris, laissant les réformez en diverses opinions : les uns qu'ils trouvoyent chose délicieuse de charger les Suisses, quelque disparité qu'il y eust de mille chevaux contre une juste armée. Ceste folie fut empeschée par la prudence de Boucard. Le r'aliement des réformez fut à Claye[2], et le lendemain et le jour d'après ils se saisirent de Montereau-faut-Yonne et de Saint-Denis; font un logement au pont de Charanton, un autre à Saint-Clou, fortifient quelque temple, comme Dourdan, et de nuict viennent brusler plusieurs moulins entre la Courtille et le faux-bourg Saint-Honoré. Le mareschal de Montmorenci les visita comme de soi-mesme[3] ; et puis à une seconde fois il reçeut de leur main la requeste, laquelle ils

1. C'est-à-dire composée de gens de cour.
2. Claye-Souilly (Seine-et-Marne). Ils y passèrent cinq jours dans l'inaction.
3. A Torcy, près de Lagny. D'Aubigné brouille ici les dates. La visite de François de Montmorency aux confédérés eut lieu avant la retraite de Meaux.

eussent bien mieux aimé mettre en celle du roi[1].

Il est bon de marquer ici que les opinions avoyent esté fort diverses au conseil du roi ; le connestable et sa faction opiniastroyent que le roi ne devoit point partir de Meaux, que sa retraicte à Paris estoit plus périlleuse que la demeure en une ville assez bonne, deffendue par une armée, que d'ailleurs il y avoit honte à lascher le pied. La roine favorisa ceste opinion, mais en tastant quel il y feroit, pour ce que Paris estant tout Guisard, elle ne pouvoit plus là se conserver d'authorité qu'autant qu'il plairoit à la maison de Lorraine ; si bien que la marée l'ayant emportée dans Paris, elle faisoit parler d'accord à bon escient, et le connestable se repentoit d'avoir allégué l'emploi des six mille Suisses payez. Mais, n'y ayant plus de différence entre les termes des tromperies et véritez, tout prit le chemin de la guerre. Le cardinal de Lorraine n'entra pas dans Paris avec le convoi ; mais aux premières escarmouches, quoique légères, qui s'estoyent attaquées durant le passage du roi auprès de Claye, craignant que tout s'engageast dès là à une bataille, il avoit pris un cheval d'Espagne, et de là le chemin de Chasteau-Thierri, voulant, comme il disoit, aller haster leur secours ; dont advint que sa troupe fut chargée par fort peu de gens, son bagage et sa vais-

---

1. Ce mémoire ne fut pas remis à François de Montmorency, mais au chancelier de l'Hospital, à Vieilleville et à Jean de Morvilliers que la reine envoya aux confédérés. Voyez plus loin. On en trouve l'analyse dans de Thou (liv. XLII, t. IV, p. 11). Il a été imprimé à Orléans, chez Ribier, 1567, in-8°, et par La Popelinière, t. II, p. 20. L'original de cette requête, daté du 8 octobre 1567, est conservé à la bibliothèque de l'Institut, coll. Godefroy, vol. 95

selle d'argent prise, et lui à grand' peine gaigna Reims.

La résolution des réformez fut d'essayer Paris par la faim[1], et pour cest effect ils despeschent par toutes les parties du royaume pour faire accourir à eux. Cependant on fait avec eux trois ou quatre traictez l'un sur l'autre. Le chancelier, le mareschal de Vieille-Ville et Morvilliers[2] y vont à une fois, l'évesque de Limoges[3] et Saint-Supplice à une autre[4]. Puis il y eut un abouchement du connestable, des mareschaux de Montmorenci et de Cossé[5], de Biron et l'Aubespine d'une part, avec le prince, l'admiral, le cardinal de Chastillon, Dandelot, le vidasme de Chartres[6] et le comte de Saux[7]

1. Le 2 octobre 1567, le prince de Condé établit son quartier général à Saint-Denis.
2. La première conférence de ces trois personnages avec le prince de Condé eut lieu le 3 octobre.
3. Sébastien de l'Aubespine, né en 1518, évêque de Limoges, frère de Claude de l'Aubespine, secrétaire d'État, ambassadeur auprès de Philippe II, en Belgique ou en Espagne, depuis la trêve de Vauxelles (5 février 1556) jusqu'au 11 mars 1562. M. Louis Paris a publié dans *Coll. des doc. inéd.* une partie de sa correspondance pendant son ambassade en Belgique et en Espagne.
4. Jean d'Ébrard, seigneur de Saint-Suplice, capitaine d'hommes d'armes, ambassadeur en Espagne, après Sébastien de l'Aubespine, depuis le 25 février 1562 jusqu'au 20 octobre 1565. Il mourut le 5 novembre 1581. Il signait toujours *Saint-Suplice* et non *Saint-Sulpice*.
5. Artus de Cossé, seigneur de Gonnor, frère cadet du maréchal de Brissac, devint maréchal de France en 1567, après la mort de Bourdillon, et mourut en Poitou en 1582. Pendant la guerre civile, il remplit successivement d'importantes fonctions financières, diplomatiques et militaires. On conserve une requête au roi dans laquelle il énumère lui-même ses premiers états de service (Orig.; f. fr., vol. 20471, f. 232).
6. Jean de Ferrières-Maligny, vidame de Chartres (t. I, p. 260, note).
7. François d'Agoult de Montauban, comte de Sault, ancien

de l'autre. Je ne sçaurois accroistre mon livre de tant de raisons, répétées tant de fois et desguisées de tant de couleurs ; aussi peu me voudrois-je enfler d'un gros amas de déclarations, protestations et apologies d'un costé, d'édicts, de lettres patentes, proclamations pour les compagnies et arrièrebans de l'autre. Je me contenterai de dire que ces parlements, comme ils ont tousjours esté, furent ruineux à ceux de qui l'authorité n'estoit point confirmée, pource que ceux qui vendoyent la métairie et le moulin, désireux d'armer, remettoient les affaires quand ils oyoyent parler de traicté ; les autres se faisoyent assister avec bourses et commandements. Ainsi[1] doivent apprendre les partisans de la nouveauté que tous traictez leur sont préjudiciables, et non à ceux de qui la vigueur consiste ès anciens establissements ; et c'est pourquoi vous n'avez veu et ne verrez aucune guerre civile que les rusez conseilliers d'Estat n'ayent fait naistre avec elle un frauduleux traicté.

Les réformez receurent de Normandie le régiment de Bourri[2], quelque trouppe des garnisons de Mets, menées par S. Chosmas[3], sergent-major, Clervant[4] et

gouverneur de Lyon. Étienne Valancier, poète du Forez, a écrit son éloge, 1568.

1. Le passage suivant, jusqu'à la fin de l'alinéa, manque à l'édition de 1616.

2. Charles du Bec-Crespin, s. de Bourry.

3. Meurisse (*Hist. de l'hérésie à Metz*, in-4°, p. 299) l'appelle Camas et dit qu'il était catholique, mais qu'il avait été détourné de la fidélité au roi par le s. d'Auzance.

4. Claude-Antoine de Vienne de Clervant, baron de Copet, Courcelles et Betancourt, négociateur très employé par le roi de Navarre, surtout en Allemagne. Voir les *Mémoires de la Huguerye*, passim, et les *Mémoires de Mornay*, t. I, p. 144.

le capitaine Arambure[1]; et, de l'autre costé, le comte de Montgommeri, la Nouë, la Suze[2] et Lavardin[3], qui avoyent pris Estampes en passant. La Nouë, arrivé, fut aussi tost despesché à Orléans, où il ne mena que quinze chevaux; comme ceux qui ont fait la guerre avec lui, l'ont tousjours veu incurieux de grossir sa troupe. Il les fit entrer trois à trois dans la ville. Sur le point que les habitans intelligeans se jettèrent aux portes, les catholiques firent un r'alliement au Martroy, si brusquement chargez par ces quinze chevaux, que voulans encor se r'allier à l'Estappe[4], et là aussi tost meslez, ce fut à sauve qui peut. Et le capitaine Caban, bien garni d'artillerie dans la citadelle, fut si gaillardement pressé par les tranchées de la Nouë, qui lui grattoyent les pieds par le dehors et par le dedans, qu'il rendit la place, quoi que la Nouë ne peust amasser à ce siège plus de trois cens hommes de pied, et ne creust[5] sa cavalerie que de cinq ou six. Ainsi Orléans demeure paisible au parti des réformez[6].

1. Le capitaine Arambure, d'une ancienne famille du Béarn, établie en Berry, probablement de la même origine qu'un seigneur d'Arambure que nous retrouverons parmi les plus fidèles compagnons du roi de Navarre.

2. Nicolas de Champagne, comte de la Suze, avait fait ses premières armes au siège de Metz et à la bataille de Saint-Quentin. Il fut tué à la bataille de Saint-Denis, à l'âge de quarante et un ans.

3. Charles de Beaumanoir de Lavardin, d'une illustre famille du Maine, devint plus tard gouverneur de Henri de Navarre et fut assassiné à la Saint-Barthélemy (Haag).

4. Le Martroy, l'Estappe, places d'Orléans.

5. *Ne creust,* n'accrût.

6. François de la Noue, chargé par le prince de Condé de surprendre Orléans, s'empara de la ville le 28 septembre 1567 par un coup de main audacieux, avec quinze cavaliers seulement. Après s'être fortifié dans la ville basse, il se rendit maître, le

Chapitre VIII.

Amas de forces d'une part et d'autre, avec divers exploits.

De Saint-Denis le prince avoit saisi Argenteuil[1], Busanval et autres bicocques, les unes par escalade, les autres en y portant des sauvegardes, les autres d'emblée; tout cela trop foible pour attendre un effort des Parisiens, sans le secours qu'on leur tenoit prest par le moyen de plusieurs grands batteaux et gabarres que ceux qui estoyent logez à Sainct-Ouin gardoyent assez curieusement. Ceste grand'ville ne demeura guères à sentir de l'incommodité par ces petites garnisons; la cavalerie qui estoit dedans, ayant bien tost pris à ferme les grands chemins de Normandie, du Perche et du Meine, et rendu celui d'Orléans dangereux. Les vivres donc estans courts et chers, la multitude du peuple eschauffa de reproches et menaces les pesantes considérations du connestable sur le point d'un traicté auquel tous les plus grands du parti réformé avoyent desployé, après une grande suite de raisons, une belle parade de hautes résolutions. Le roi fut conseillé d'envoyer un héraut, avec des injonctions majestueuses et pleines de menaces non accoustumées,

---

12 octobre, de la porte Banière, qui avait été transformée en citadelle. Ce fait d'armes, que La Noue mentionne à peine dans ses *Mémoires*, a été l'objet d'un récit spécial par Jean Legeay, 1573, in-4°. Voyez aussi la relation de Le Maire, *Antiquités d'Orléans*, in-4°, p. 343.

1. Argenteuil fut pris par Bourry.

donnant un terme fort bref pour poser les armes et se venir jeter à ses pieds[1].

A ce haut stile et nouveau, le conseil des réformez se coeffa de sa chemise, corrigeant leurs protestations et demandes en choses plus basses et plus douces. A cela ils eurent pour dernière response que c'estoit folie à eux d'alléguer ni édict de janvier, ni édict de paix ; telles choses extorquées ne se pouvant octroyer qu'à temps, et n'y ayant moyen qu'un roi de France, sans se bander contre la chrestienté, puisse establir en son royaume deux religions.

Le connestable, ayant fait de sa bouche telle response[2], commença à entreprendre sur les réformez, et premièrement sur les batteaux de Sainct-Oüin, ce qui s'exécuta par le moyen de quelques grands vaisseaux couverts à preuve[3]. Là dedans plusieurs hommes de guerre, avec leurs charpentiers, la nuict estant noire et pluvieuse, se laissèrent dériver si à propos qu'ayans surpris et deffait un corps de garde, combattu de veilles et de pluye, ils emmenèrent facilement tous les batteaux pour les percer et caller à fond à une lieue de là[4]. Le premier fruict de cest exploit fut de faire assiéger Busanval par le duc d'Aumale, qui se rendit après cent canonnades[5], comme firent aussi les autres

---

1. Cette sommation, signée au nom du roi par Claude de l'Aubespine et par Florimond Robertet, fut signifiée au prince de Condé, le 7 octobre, à Saint-Denis.

2. Dans une conférence que le connétable eut avec le prince de Condé à la Chapelle-Saint-Denis.

3. C'est-à-dire *à l'épreuve des balles*. De Thou a décrit ces bâtiments (liv. XLII, 1740, t. IV, p. 19).

4. Ce coup de main eut lieu le 4 novembre.

5. Le château de Buzenval, près Rueil, était défendu par le capitaine Brechainville.

bicocques que la rivière séparoit de leur secours. Et tels petits succès esmeurent les Parisiens à demander bataille, estans venus de la crainte au mespris, pour avoir sçeu que leurs ennemis estoyent pour le plus quinze cens chevaux et douze cens arquebusiers; Dandelot absent avec une bonne troupe pour saisir et asseurer le passage de Poissi, rendu nécessaire à ceste armée par la perte de leurs batteaux. De plus, ils voyoyent arriver de toutes les parts du royaume des secours qui se pouvoyent appeller petites armées, entr'autres les troupes de Provence, de Languedoc, de Querci, de Limousin et d'Auvergne, qui sous la charge du grand prieur arrivèrent en corps; comme aussi d'une autre part Philippe Strosse, commandant au régiment de Picardie, ayant r'allié les légionnaires de Champagne, quelque noblesse de Bourgongne et un amas de garnisons, avoit percé dextrement et gaigné les fauxbourgs de Paris.

Le connestable donc se voyant dix-huict mille hommes de pied des bandes entretenues, autant de volontaires parisiens bien armez et dorez comme calices, et qui plus est que la profession de vouloir combattre avoit fait trier entre quatre vingts mille, d'ailleurs six mille Suisses tous frais, sans compter ceux des gardes; se voyant encore quatre mille lances des ordonnances, il ne fit plus de difficulté de prendre la campagne avec dessein d'oster aux réformez Sainct-Ouin et Aubervilliers, qui couvroyent Sainct-Denis. De faict il y avoit apparence que, ces deux logis ostez, il faudroit quitter Sainct-Denis et le pays. D'autres estoyent d'avis de partager l'armée en deux; estant chasque moitié de plus de vingt-quatre mille hommes, et partant huict fois plus forte que tous les réformez, disans par là que de ceste façon on leur osteroit l'espoir de la fuitte, et qu'on les feroit venir à se rendre ou à combattre, comme desjà condamnez. Le vieillard aima mieux supporter des injures que d'oublier la valeur du prince et de ses nepveux, se contentant de fortifier les corps de garde de sept à huict cens chevaux pour tout un jour, qui estoit le neuviesme de novembre, fatiguer les ennemis par escarmouches, deffits et gallanteries ordinaires, employant à cela les courtisans et la noblesse volontaire, que nous n'avons pas compté entre les forces de l'armée.

A ce jeu fut tué Dampierre[1], et plusieurs d'une part et d'autre blessez; cela ne se passa point aussi sans prisonniers, par lesquels on print langue de toutes parts; mais les uns ne portoyent aux réformez que nouvelles de forces terribles, et les autres mesme, en ventant leurs forces, les rendoyent mesprisables. Un Picard de la compagnie de Lavardin interrogué combien il y avoit de cornettes en leur armée, respondit : « Dix-huict ; chasque trouppe, l'une portant l'autre, de quatre vingts chevaux ; pour le moins y en a-il septante cinq en la nostre. » On s'enquiert des chevaux et des armes : « Il y a bien, dit le prisonnier, de plus grosses troupes que la nostre, mais fort peu de ceux qui entreroyent au combat, car je puis asseurer que nostre drapeau seroit suivi de quarante cinq ou de quarante. » A cela cognut-on que, de ces quinze cens chevaux, il en faloit compter la moitié qui suivoyent les drapeaux

---

1. Le s. de Dampierre, gentilhomme picard, capitaine protestant, avait assisté au siège de Bourges. Il servit auprès de Coligny et de d'Andelot (Haag).

pour leur seureté, emplissans les rangs avec la casacque blanche et le pistolet, que ceux qui avoyent des chevaux de cinquante escus portoyent cuirasse et casque, et s'appelloyent les gens de combat, et peut-estre en chasque troupe, horsmis en celle des plus grands, y avoit-il dix ou douze gentilshommes équippez en gendarmes, au despens desquels s'exécutoyent les résolutions.

Les deux ou trois jours avant la bataille furent employez à doler[1] des tronçons plustost que des lances, tant ceste sorte d'arme estoit lors en estime. La nuict du neufiesme au dixiesme fut toute d'alarmes et d'attaques feinctes, par lesquelles le connestable voulut incommoder ceux qu'il vouloit attaquer le lendemain.

Chapitre IX.

Bataille de Sainct-Denis.

Au point du jour du dixiesme[2], le connestable, ayant pris congé du roi, vint à la porte Sainct-Denis, pour faire couler les bandes qui avoyent battu aux champs avant soleil levé. Au sortir du fauxbourg, il desploya son armée à gauche et à droicte du grand chemin, selon son project de bataille. Est à noter qu'au sortir de la porte, il avoit crié le plus haut qu'il avoit peu : « Ceste

1. *Doler,* fabriquer.
2. La bataille de Saint-Denis fut livrée le 10 novembre 1557. Tavannes (Coll. Buchon, p. 326), Castelnau (Ibid., p. 215), La Noue (Ibid., p. 305), Bouillon (Ibid., p. 379) en ont parlé avec détails. Une lettre du roi à Fourquevaux, du 14 novembre 1567, contient un autre récit de cette victoire (f. fr., vol. 10751, f. 1094).

journée me délivrera des reproches du peuple et de l'envie de mes ennemis; car l'on me verra aujourd'hui retourner par ici victorieux, ou on me r'apportera mort[1]. » Il s'avance donc vers la Chapelle. Y ayant laissé un gros d'infanterie, va prendre sa place de combat comme l'on va joindre le grand chemin. Il arme sa main droicte d'un bataillon de Suisses, en parsemant leurs costes de seize cens arquebusiers; à la corne de cela et sous leur ombre, il place quatorze pièces de batterie. Cela fait, il pousse devant soi le duc de Montmorenci, son aisné, avec huict compagnies d'ordonnances, desquelles y en avoit trois doubles, asçavoir la sienne, celles des ducs de Nemours et de Longueville. Encores voulut-il armer la main droicte de son fils de la moitié des arquebusiers à cheval de l'armée, soustenus, afin qu'ils fissent leur salve d'asseurance, de six compagnies de chevaux légers. Il emplit le grand espace d'entre la Chappelle et la Villette de la grosse foule des Parisiens, horsmis de ceux qui de gayeté de cœur demandèrent d'estre enfans perdus; et ceux-là prindrent place d'eux-mesmes, sans sergent de bataille, comme c'est la mauvaise coustume, sur le pavé, si bien que pour les cornes qui s'avancèrent plus outre, ceux-là n'estoyent pas plus logez en enfans perdus qu'il ne faloit. De là il fait marcher les deux régiments de Strosse et de Brissac dans le chemin d'Aubervilliers, laissant un peu les Suisses à main gauche; et un quart d'heure après maria avec ces deux régiments six cens chevaux fort avancez au mesme chemin sous la charge du mares-

---

1. *Sic,* de Thou, liv. XLII, 1740, t. IV, p. 20.

chal de Cossé et celle du sieur de Biron comme mareschal de camp, leurs compagnies avec eux. La gauche estoit desgarnie. Là il envoye le duc d'Aumale avec six cens lances, desquels la file droicte estoit dans le pavé, et plus à gauche et plus loing le duc d'Amville[1] avec autres six cens chevaux; chacun de ces scadrons ayant devant soi force cavallerie desbandée, sur tout les espées dorées de la cour derrière ces deux gros de cavallerie. Tout le reste de l'infanterie composa trois grands bataillons quarrez. De ceux-là quelques uns voulurent aussi l'honneur des enfans perdus ; on leur laissa prendre la lisière gauche du pavé.

Les réformez, ayans veu la matinée ce qui se préparoit, instruits de plusieurs particularitez par les prisonniers, entrèrent au conseil le cul sur la selle. Il y eut trois advis, les uns vouloyent quitter Aubervilliers et Sainct-Ouïn, resserrer le tout dans Sainct-Denis et au derrière pour attendre le sieur Dandelot, qui lors estoit à Poissi. Les autres, desquels estoit l'admiral, vouloyent, pour garder la réputation de l'armée, aller entretenir le camp du roi d'escarmouches légères et de fausses charges, en trompant le temps, pour leur faire passer la journée et par là esquiver le combat. Le prince de Condé prend sa raison sur ceste réputation, et emporta qu'ils iroyent à un bon et résolu combat, de la furie duquel il estoit plus aisé et plus seur de se démesler que des retraictes par escarmouches, par lesquelles bien souvent on ne faisoit rien tant que d'eschauffer la hardiesse des ennemis : « Bien, disoit-il,

---

1. Henri de Montmorency, seigneur de Damville, n'était point duc de Damville.

en un pays couvert pourroit-on faire retraicte par semences et sans rien engager par infanterie. Il faut donc que ceste petite troupe apporte par sa valeur aux ennemis l'admiration, de laquelle on vient presque tousjours à l'estonnement. » Cela dit et accordé, il ne donna pas beaucoup de façon à son ordre de bataille; seulement de ses trois logis il fit trois gros.

L'admiral, qui sortoit de Sainct-Ouin avec six cornettes, entre autres celles de Clermont d'Amboise[1] et de Ranti[2], va affronter ce qu'il trouva de plus avancé à la main droicte du pavé. Valfrenière mena à son estrier quatre cens harquebusiers. D'Aubervilliers sortirent quelque temps après Genlis, suivi de Lavardin, Bersaut[3], Besancourt[4] et autres, faisans quelques quatre cens chevaux et un peu moins de gens de pied, logez bien à propos dans un fossé rafraichi de nouveau, qui vient d'Aubervilliers au moulin; ceux-là avoyent en teste le mareschal de Cossé et le sieur de Biron. Le prince partant de Sainct-Denis, comme estant logé au milieu, aussi accompagné du cardinal de Chastillon,

---

1. Georges de Clermont d'Amboise, marquis de Gallerande.

2. On trouve plusieurs capitaines du nom de Renty dans les armées protestantes sous le règne de Charles IX. L'un, le baron de Renty, était un homme de guerre de profession. L'autre était ministre, mais portait les armes comme son homonyme. Voyez Haag.

3. René de la Rouvraye, s. de Bressault, capitaine protestant, célèbre en Anjou par ses brigandages, fut supplicié le 10 novembre 1572. M. André Joubert lui a consacré une notice dans la *Revue hist. et archéol. du Maine*, t. X, p. 129, 1881.

4. Le capitaine Vauviliers, dit *Bezancourt*, seigneur de Courgis près Chablis, capitaine de Vezelay (Challe, *le Calvinisme dans l'Yonne*, t. 1, p. 268).

des vidasmes de Chartres et d'Amiens[1], des comtes de Saux et de la Suze, ayant pris pour miroir Stuart[2] avec trente trois Escossois, tout cela marcha jusques au pavé. Aussitost qu'arrivez, ils sont saluez de l'artillerie catholique, à laquelle n'ayans que respondre, Genlis, commandé d'aller au combat, fait faire une charge légère par Vardres[3], qui mit en desroute Biron et le mareschal de Cossé. Le duc d'Aumale les relevant emporte Vardres jusqu'au fossé que nous avons dit. Le salve des arquebusiers ayant estonné ces poursuivans, Genlis part de la main, et ne se contentant pas de r'amener le mareschal, une partie de sa troupe eschappe dans les Suisses. Mais le duc de Montmorenci, descouplant à propos sur ce foible scadron, le remena battant de ce qui estoit devant lui, sans mesler pour lors; ce qui fit avancer l'admiral, qui congna tout jusques dans le gros du duc. Ceste charge eut si bonne mine que les Parisiens la perdirent, et tenans la bataille desjà achevée, tout ce gros si bien doré print la fuite, ce qui apporta quelque confusion. Cependant au duc de Montmorenci se r'allièrent toutes les troupes que nous avons logées à sa main droicte; ce gros amas renversa tous les réformez avancez. Mais le prince de

---

1. Charles d'Ailly, seigneur de Pequigny, vidame d'Amiens, tué à la journée de Saint-Denis.
2. Robert Stuart, capitaine écossais, se disant allié à la reine Marie Stuart, avait été accusé en 1561 du meurtre du président Mynard et compromis dans les troubles qui avaient précédé la conjuration d'Amboise.
3. Pierre du Bec, seigneur de Vardes, frère cadet du s. de Bourris, suivit son frère dans le parti réformé, assista à la bataille Saint-Denis et revint plus tard à la religion romaine.

Condé vint jetter son espaule gauche à relever tout cela, et lui avec son reste donne au connestable. Le fils fut mieux servi que le père, comme ayant aussi la fleur de toute la gendarmerie de France, avec laquelle il receut ce qu'avoit r'amené le prince, et, ne desmordant point, mena battant l'admiral par toute la plaine; si bien qu'il fut tenu pour perdu et cerché depuis comme prisonnier caché à Paris au logis de la Chappelle aux Ursins[1].

Le prince, quoi qu'ayant laissé au passage un tiers de sa troupe, perce toutes celles que le connestable avoit mis au devant de soi, comme nous les avons descrites; si bien[2] que, quatre vingts chevaux en perçant bien quatre mille, sans le désordre que la grosse infanterie y apportoit par les flancs, il donna jusqu'à la personne du connestable, lequel, abandonné des siens et non de son courage, blessé au visage et ailleurs, tombe ès mains de Stuart, auquel, le pressant de se rendre, il donna de la garde de son espée dans la bouche, lui cassa trois dents et receut en mesme temps d'un Escossois un coup de pistolet dans l'espaule qui la perça à travers[3].

D'autre part, le prince de Condé à six pas de là estoit porté par terre, son cheval lardé d'un tronçon de lance. Les réformez, quoique tous esperdus par les

---

1. L'amiral de Coligny fut emporté par son cheval au milieu des fuyards catholiques. Le lendemain le bruit se répandit qu'il était rentré dans Paris et la reine le fit chercher au logis de Christophe de la Chapelle-aux-Ursins.

2. Ce passage, jusqu'à *il donna*, manque à l'édition de 1616.

3. Voir la lettre de Robertet au duc de Nemours, du 15 novembre 1567 (f. fr., vol. 3159, f. 151).

divers combats, s'amutoyent[1] à retirer le prince. Le mareschal de Cossé, voyant à la main gauche de l'armée le duc d'Amville, et les forces qui le couvroyent n'avoir pas encor donné un coup d'espée, et voyant à son gré le passetemps trop froidement, il les envoya solliciter. Les premiers de ceste troupe passèrent sur le ventre de Clermont d'Amboise, qui retournoit au combat. Le duc d'Amville eut pour but principal de donner où il avoit veu mal mener son père, tout estant en confusion, les uns à relever le prince, les autres à tirer le connestable vers Paris. Les catholiques eurent moins de peine à leur dessein, n'ayans rien en leur chemin que leur infanterie; mais il falut que les autres, presque tous blessez, passassent à travers force bandes qui poursuivoyent l'admiral. La nuict aida à couvrir la lassitude des uns et des autres. Voilà quelle fut la bataille en laquelle les catholiques ne perdirent homme de marque que le comte de Chaune[2], quarante gentilshommes et quatre cens hommes de pied. Les réforméz y laissèrent les comte de Saux et de la Suze, Sainct-André[3], frère de Saux, le vidame d'Amiens, Pequigni, de qui le corps ne se put trouver, et Canis[4], avec cinquante gentilshommes presque tous de notable qualité.

1. *Esperdus*, dispersés. — *S'amutoyent*, s'ameutaient, se rassemblaient.
2. Le comte de Chaulnes, seigneur de Verdilly, lieutenant en Picardie (Toussaint Duplessis, *Hist. de l'église de Meaux*, t. I, p. 374).
3. Le capitaine Saint-André était frère de François d'Agoult de Montauban, comte de Sault.
4. François de Barbanson, s. de Cany, beau-père de Jean de Rohan-Frontenay (*Mémoires de Condé*, t. I, p. 54).

Chapitre X.

Suite de la bataille. Mort du connestable et négociation des deux partis.

Plusieurs ont débattu à qui demeura la victoire. Les uns veulent que la perte du champ et la possession des morts par quelque espace soyent marques suffisantes à l'honneur des catholiques. Les autres allèguent [que] la perte du chef général et la présentation de bataille au lendemain, par attaques et combats dedans le logis de l'armée, soyent marques de victoire pour les réformez. Et cela est fondé sur ce que Dandelot, ayant joinct l'armée la nuict et marri d'avoir perdu sa part des coups, fit dès le soleil levant quitter place à la cavallerie de garde qui estoit vers la Chappelle, les mena battant jusques dans les fauxbourgs de Paris, brusla plusieurs moulins, mesmes entre les maisons. Et pource que là le capitaine Guerri[1] en avoit retranché un avec le fauxbourg, qui estoit basti de très bonne estoffe et bien fossoyé, Valfrenière, y voyant un drapeau, fit mettre pied à terre pour l'emporter, et les sergens avoyent desjà fait brusler l'esmorche[2] ; mais Dandelot, y voyant trop de difficulté, fit sonner la retraicte, et, après avoir fait crier par plusieurs fois bataille, s'en retourna au petit pas.

Ceste bataille eut un spectateur que nous ne pou-

---

1. A la suite de ce fait d'armes, le capitaine Guerry fut fait colonel de gens de pied (De Thou).
2. *Esmorche,* amorce.

vons oublier, ce fut ce mesme chambrier du Grand-Seigneur, qu'on avoit amusé depuis Bayonne, qui fut convié avec des principaux de Paris d'aller à Montmartre voir le passetemps du combat, ce qui a esté jugé une grande ignorance à celui qui avoit la charge des ambassadeurs de lui laisser voir un roi, que son maistre tient estre le plus grand des chrestiens, avoir des subjects qui osent présenter des batailles sous sa moustache. Quoique ce soit, l'ambassadeur, voyant sortir les trois gros de Sainct-Denis et puis les trois charges, mais surtout voyant enfoncer tant d'escadrons et de bataillons par une poignée de gens et donner au général, s'escria par deux fois : « O, dit-il, si le Grand-Seigneur avoit deux mille hommes de mesme [que] ces blancs, pour mettre à la teste de chacune de ses armées, l'univers ne lui dureroit que deux ans. »

Il faut venir au connestable, lequel le lendemain[1] mourut chargé de six coups, en aage, en lieu et condition honorable; grand capitaine, bon serviteur, mauvais ami, profitant des inventions, labeurs et pertes d'autrui, agissant par ruses; mais, à leur défaut, usant de sa valeur.

La roine donna à ce mort des obsèques pareilles aux princes du sang[2], entr'autres choses l'effigie. Fit ceste despense joyeusement, comptant la mort de son contrerolleur pour l'une de ses prospéritez, asseurance et grande caution pour ses desseins, pource qu'elle fit dèslors et promptement tomber la charge générale et

1. Le connétable mourut le 12 novembre 1567.
2. Le récit des obsèques du connétable de Montmorency est conservé dans le f. fr., vol. 18528, f. 70.

le régime des armées entre les mains du duc d'Anjou[1], lequel n'eut depuis et n'aura en nostre histoire autre nom que *Monsieur*, jusques[2] à l'eslection de Polongne.

Le dueil fut plus véritable dans le cœur des vieux conseillers d'Estat, lesquels, à l'ombre et sous l'authorité du connestable, osoyent débattre des opinions moyennes et ne voyoyent plus d'asseurance ni de liberté en leurs sentiments.

La première besongne qui s'offrit à ce conseil fut un advis d'Allemagne, où Chastelier-Portal et Francourt[3], peu de temps auparavant, despeschez secrettement, practiquoyent des levées de reistres et de lanskenets[4]. Il n'y avoit guères que Lansac avoit esté envoyé au mesme lieu[5], tant pour haster le marquis de Bade, qui avoit capitulé[6] avec le roi pour quatre mille chevaux, que pour destourner les préparatifs du duc Casimir[7] à

---

1. Le duc d'Anjou, plus tard Henri III, fut nommé lieutenant général par lettres patentes du 12 novembre 1567.

2. Ce membre de phrase, jusqu'à la fin de l'alinéa, manque à l'édition de 1616.

3. Gervais Barbier de Francourt, secrétaire du prince de Condé, devint chancelier de la reine de Navarre après la mort de son maître et fut tué à la Saint-Barthélemy (La Popelinière, t. II, f. 66).

4. Chastelier et Francourt furent envoyés auprès de l'électeur palatin, Frédéric III, qui chargea son fils Casimir de conduire une armée en France. Le 5 déc. 1567, l'électeur écrivit à la reine mère (Copie; f. fr., vol. 6619, f. 190); le 6, il publia une déclaration sur l'objet de la guerre (*Bull. de l'hist. de la Soc. du Prot. franç.*, t. XVI, p. 118). Voyez aussi les lettres du marquis de Bade et du prince Casimir, du 31 décembre (f. fr., vol. 15543, f. 102 et 176).

5. Cette mission donna lieu à de très longues correspondances qui sont conservées en grande partie dans le vol. 15553 du fonds français.

6. *Capitulé*, traité.

7. Jean-Casimir de Bavière, fils de Frédéric III de Bavière,

la faveur des réformés. Ce négociateur avoit dextrement mesnagé le duc de Saxe, le marquis de Brandbourg et le landgrave de Hessen, leur monstrant lettres escrites par des réformez de France, pleines de louanges sur le bon entretien de l'édict, de blasme contre le prince de Condé et les Chastillons, qui, en troublant l'Estat par leur ambition, comme il disoit, ruinoyent aussi la religion. Tel artifice prit si bien feu que ces trois princes rompirent tous leurs projects de secours.

Le comte palatin ne fut pas si facilement mené à la mutation de son opinion; pria Lansac d'emmener avec soi un de ses conseillers, Soulègre[1], jusques en France, pour remonstrer à ceux qui estoyent eslevez le peu de secours qu'ils pouvoyent et devoyent espérer des princes souverains contre un souverain, quand la cause de la religion ne marche point seule, avec autres discours favorables à la négociation de Lanssac; lequel compta cest envoi à la cour pour une de ses plus heureuses practiques. Soulègre, autant venu pour cognoistre que pour remonstrer, apprit de l'estat de France chose toute contraire au propos de Lanssac; et le palatin à son retour releva les volontez des princes d'Allemagne, fit haster les levées de son fils, de quoi vint bien à propos la nouvelle au prince de Condé, deux jours après sa rencontre, pour, avec cause honneste et après six jours de repos, prendre le chemin

comte palatin, et de Marie de Brandebourg, né le 1er mars 1543, administrateur de l'électorat pendant la minorité de Frédéric IV, son neveu, calviniste aussi passionné qu'il était hostile aux luthériens, mourut le 6 janvier 1592.

1. Wenceslas Zuleger, conseiller de l'électeur palatin dès 1567, négociateur en France, souvent cité par La Huguerye (*Mémoires*, t. I, p. 222, etc.).

de Montereau-faut-Yonne, qui estoit celui de l'avance vers ses Allemans.

Chapitre XI.

La Rochelle saisie. Réception des forces de Guienne. Prise de quelques places commodes au passage. Acheminement de l'armée et négociations de paix.

Pour seconder ceste première nouvelle, arriva celle de la Rochelle, saisie[1] par les menées de Sainct-Hermine[2], et par l'authorité et résolution que prit Truchard[3], nommé pour un des trois aspirans à la Mairie et choisi par Jarnac[4], séneschal et gouverneur en la justice. Il y avoit lors un assesseur nommé Blandin[5], qui avoit donné advis, et à Jarnac mesmes, que si Truchard estoit esleu maire, la ville seroit au prince de Condé; ce qui arriva à la correspondance de lui et de Sainct-Hermine avec plusieurs habitans. Cestui-ci

1. Le 10 février 1568.
2. Sainte-Hermine, seigneur du Fa en Angoumois et de la Leigue en Aunis, capitaine protestant, un des auteurs de la conjuration qui livra la place aux protestants (Arcere, *Hist. de la Rochelle*, t. I, p. 356). Voyez sur ce capitaine les *Chroniques fontenaisiennes*, 1841, p. 96.
3. François Pontard, écuyer, seigneur de Trueil-Charays, que les historiens du temps appellent *Truchares,* fut élu maire en 1567, à l'âge de vingt-sept ans (Arcere, *Histoire de la Rochelle*, t. I, p. 352).
4. Guy Chabot de Jarnac, lieutenant du roi héréditaire en Saintonge, le héros du célèbre combat avec La Chasteigneraye, fut tué en duel vers 1568. Le Laboureur lui a consacré une notice (*Mémoires de Castelnau,* t. II, p. 270).
5. Amadour Blandin, assesseur et lieutenant particulier au présidial de la Rochelle, resté fidèle au roi (Arcere, t. I, p. 351).

donc, s'estant jetté à l'une des portes bien à propos et soustenu du dedans, se fit recevoir lieutenant de roi pour M. le prince, establi plus absolument et avec plus d'obéissance que les Rochellois, qui depuis ont tousjours tenu le parti réformé, n'en ont voulu déférer et rendre aux princes mesmes de leur parti; contre lesquels ils se sont souvent picquez, en resveillant et conservant curieusement leurs privilèges. Mais nous en parlerons à plus propre occasion.

En mesme temps, le comte de la Rochefoucault, qui avoit commencé le rendez-vous en sa ville mesme, le donna aux compagnies amassées de toutes les parts de Guyenne, Poictou, Xainctonge et Angoumois. Puis s'estans r'alliez à lui les sieurs de Soubize, Sainct-Cire, Languilliers[1], Pluviaud[2], Landereau[3] et Sainct-Martin de la Coudre[4], pour cavallerie, et pour gens de pied les régiments de Pardaillan, Pilles et Champagnac[5], tout se trouva à Confoulant, où ils menèrent deux moines, desquels ils firent peur en passant au Dorat[6],

1. Jules Harpedanne, s. de Languillier et de Belleville, capitaine huguenot, quitta plus tard la réforme et se fit catholique (*Dict. des familles du Poitou*, t. II, p. 207). Il vivait encore en 1580 (*Arch. hist. du Poitou*, t. XIV, p. 156).
2. Christophe Claveau, seigneur de Puyviaud-Claveau (*Chroniques fontaisiennes*, p. 111).
3. Charles Rouault, s. du Landreau et de Bournezeau, capitaine protestant, revint au catholicisme vers 1568 (*Arch. hist. du Poitou*, t. XII, p. 335).
4. François Bouchard d'Aubeterre, seigneur de Saint-Martin-de-la-Coudre.
5. Bernard de Gontaut-Saint-Geniès, seigneur de Campagnac, plusieurs fois cité dans la correspondance de Henri IV (t. I, p. 345, et t. VIII, p. 100). De Thou dit que c'était un ancien moine, mais le fait n'est pas vraisemblable.
6. Le Dorat (Haute-Vienne).

pillé par la témérité de Champagnac. De là ils viennent munir Luzignan[1] et vouloyent muguetter Poictiers, mais l'arrivée du comte du Lude[2], de Ruffec[3] et autres leur en fit perdre le goult et reprendre le chemin d'Orléans, où ils reçeurent en passant quelques compagnies, trois pièces de batterie; laissent Pluviers derrière, pour s'attacher à Pont-sur-Yonne, où l'on avoit jetté Sainct-Loup[4], depuis lieutenant de Strosse, avec trois compagnies de gens de pied. Ceste ville est commandée d'un costau de vigne, où les assiégeants logèrent leurs moindres pièces et firent bresche à la faveur du commandement. La garnison et les habitans se résolurent, à l'envi les uns des autres, d'attendre l'assaut, ce qu'ils firent assez opiniastrement; mais la résolution de Pluviaud et de Champagnac, qui eurent la poincte, fit perdre celle des deffendans. La bresche forcée, tout fut mis au fil de l'espée, hors mis ceux qui prirent parti de passer la rivière des premiers, car les derniers se noyèrent presque tous, enfonçans par la foule les batteaux.

1. Ils prirent le château de Lusignan que défendait le capitaine du Vigean.
2. Guy de Daillon, deuxième comte du Lude, avait fait ses premières armes à la défense de Metz et à la bataille de Renty. Gouverneur du Poitou en 1560, après la mort de Jean de Daillon, son père, il prit une part importante à la guerre civile et mourut le 11 juillet 1585 (David, *Essai sur le château du Lude*, 1854). Sa correspondance, copiée par dom Housseau, a été publiée par M. Ledain dans les tomes XII et XIV des *Archives hist. du Poitou*.
3. Philippe de Volvire, s. de Ruffec, plus tard lieutenant de roi en Saintonge et Angoumois, beau-frère de Guy de Daillon, comte du Lude, mort en 1586 (*Journal de Généroux*, p. 34).
4. Saint-Loup, capitaine de gens de pied (Challe, *le Calvinisme dans l'Yonne*, t. I, p. 160).

LIVRE QUATRIÈME, CHAP. XI.

Ce fut au passage d'Yonne que l'admiral vint recevoir en cheminant les forces de Guienne, et leur fit feindre un siège à Sens, pour préparer les grosses troupes qui estoyent dedans à la défense, et les destourner des gayetez de cœur qui eussent fort incommodé l'armée mal reiglée à son passage. Mais surtout il usa de ceste précaution, sachant que le jeune duc de Guise, nouveau venu de Hongrie[1], s'estoit jetté dans ceste grosse ville avec force noblesse, lui et eux désireux que leur arrivée ne fust point sans honneur. L'armée de ce pas assiégea Brey-sur-Seine, où commandoit Combaud[2], depuis avancé pour y avoir enduré un assaut à une bresche demi faicte et en mauvais endroict. Corbouson[3], qui eut la poincte, perdit six vingts hommes; depuis, la bresche estant achevée, Combaud composa. Nojan[4] se rendit à Dandelot à la

1. Le duc de Guise était revenu de Hongrie à la date du 10 octobre 1567 (Lettre de ce prince à Tavannes; Orig., f. fr., vol. 4640, f. 83). Au mois de novembre, il envoya le s. de Brouilly au roi pour lui rendre compte de son voyage (Lettre du card. de Lorraine du 18 novembre; Autogr., coll. de Saint-Pétersbourg, vol. 49, f. 33).
2. Robert de Gombaud, seigneur d'Arcy-sur-Aube, plus tard l'un des courtisans de Henri III et le chef du conseil de ses mignons. En 1580, il épousa Louise de la Beraudière de l'Isle-Rouet, ancienne maîtresse de Antoine de Bourbon, roi de Navarre (voir Brantôme, t. X, p. 405), devint premier maître d'hôtel du roi et chevalier du Saint-Esprit. Il fut chassé de la cour le 3 septembre 1588 (*Mémoires de Cheverny,* coll. Petitot, p. 114 et note).
3. Jacques de Lorges, dit *Courbouson,* frère cadet de Mongonmery, lieutenant de la compagnie du prince de Condé, fut fait prisonnier à la bataille de Jarnac et devait être échangé avec Terride (Communay, *les Huguenots en Béarn et Navarre,* p. 49). La mort de Terride le fit rester en captivité. Plus tard, il abandonna le parti réformé, parce que La Noue lui avait été préféré (liv. V, ch. VIII).
4. Nogent-sur-Seine.

première mine qu'il fit d'assiéger. Ce fut en ces villes que l'armée trouva passage commode et magasin de vivres, qui leur fut un grand secours.

La Seine passée, M. le prince receut, à Esternai[1], de la part de la roine, messager de paix, de laquelle il embrassa les premiers offres de si bon cœur qu'il s'en alloit rompre toutes ses affaires du dedans et du dehors du royaume, sans l'opposition de ses serviteurs et sur tous du vidame de Chartres. Cestui-là, nourri aux affaires de la cour, sçavant aux despens des siens et de lui-mesme, remonstra, avec plusieurs exemples tous frais, combien d'affaires on leur faisoit moins serrer, et puis après démordre entièrement sur un spectre de paix; ce qui parut plus à plein véritable, quand les députez manquèrent à la première assignation donnée à Montreuil. Un autre bon advis de l'admiral releva une faute en laquelle tomboyent les réformez, c'est qu'ils vouloyent laisser toute leur infanterie dans ces bicocques qu'ils avoyent gaignées, pour marcher plus diligemment avec la cavallerie seule au devant de leurs estrangers. Il est certain que l'armée de Monsieur, artillée à plaisir, eust emporté tous ces gens de pied en huict jours. Ils résolurent donc tout au rebours de retirer toutes leurs garnisons et mesmes celle de Montreüil, pour marcher aux plus grandes journées qu'ils pourroyent, l'avantgarde menée par l'admiral, la bataille par le prince; Dandelot, avec tous les arque-

1. Esternay (Marne). De Thou dit *à Epernay*. La désignation d'Esternay est beaucoup plus vraisemblable que celle d'Epernay, car Esternay était une seigneurie qui appartenait à Antoine Raquier, un des premiers chefs du parti huguenot (*Mémoires de Condé*, t. I, p. 19).

busiers à cheval sur les ailes et à l'escart, pour bransqueter les villes champestres et en nourrir l'armée. Moüy faisoit la retraicte avec une troupe choisie et gaillarde. Ainsi bien garnis de chariots et de moulins portatifs, ils prindrent le chemin de la Champagne, recevans tous les jours ou Combaud ou quelqu'autre négociateur de la paix ou, pour mieux dire, de leur retardement.

Chapitre XII.

Autres acheminements à la grande armée. Charge de Poncenat, prise de plusieurs bicocques d'une part et d'autre.

Toutes les parts de France, comme nous avons dit, estoyent sollicitées, tant d'un parti que d'autre, pour contribuer, les uns à l'armée royale, les autres à celle des réformez.

Les armements qui, pour cest effect, se faisoient par tout, produirent divers effets que nous amasserons avec les bandes, pour les ranger avec elles au principal.

Les réformez attendoyent tous les jours un notable renfort que le sieur d'Assier faisoit lever en Provence par le fils du comte de Tende[1] à la faveur de Cisteron, que Mouvans avoit surpris avec les barons de Senas et Céreste[2] de Provence, par Montbrun et autres. Lui, qui travailloit en personne au Languedoc, estima néces-

1. René de Savoie, s. de Cipierre, fils de Claude, comte de Tende, et de Françoise de Foix, assassiné à Fréjus en 1568. Bayle lui a consacré une notice (*Dict. critique*).
2. Jean de Brancas, baron de Cereste, allié aux Grimaldi.

saire, avant que partir, de nettoyer le pays de la citadelle de Nismes[1] et de Sainct-Pierre[2] de Montpellier, où[3] commandoit Sarlaboz[4]. La première pièce ne donna pas grand'peine pour l'aide que la jeunesse de la ville y contribua, et l'autre, qui s'attendoit au secours de Joyeuse, tint bon jusques à ce qu'elle fust enfermée par le dehors d'un grand retranchement, à la veue duquel Joyeuse, après quelques légères escarmouches, l'ayant trouvée trop bien investie, l'abandonna et elle se rendit.

Assier joignit encores de Rouergue, de Querci, de Foix et d'Albigeois bien sept mille hommes, commandez par les vicomtes de Paulin[5], Bourniquel[6], Mont-

1. Le 27 septembre 1567, Jacques de Crussol, s. d'Acier, arriva en poste à Nimes avec des ordres du prince de Condé pour faire prendre les armes aux réformés. Le 30, les séditieux s'emparèrent de la ville et, dans la nuit suivante, égorgèrent les principaux catholiques au nombre de soixante-douze. Ce massacre, accompli la nuit de la Saint-Michel, est resté célèbre sous le nom de la *Michelade*. Le château de Nîmes fut assiégé et ne se rendit que le 10 novembre. Voyez le récit de l'*Hist. du Languedoc*, t. V, p. 276, et de l'*Hist. de Nîmes* de Ménard, liv. XVI, ch. XVII et XVIII.

2. L'église Saint-Pierre de Montpellier, l'ancien monastère de Saint-Germain, avait été construite et fortifiée par le pape Urbain V (*Mémoires de Gaches*, p. 63).

3. Ce passage, jusqu'à la fin de la phrase, manque à l'édition de 1616.

4. Raymond de Cardaillac, seigneur de Sarlabous, frère cadet de Corboran de Sarlabous, l'un des assassins de Coligny, était un capitaine bigourdan qui devint colonel de gens de pied. Il était particulièrement odieux aux réformés (Détails; f. fr., vol. 15551, f. 58) et fut tué en juin 1570, à Oléron (*Comment. de Monluc*, t. III, p. 238).

5. Bertrand de Rabasteins, vicomte de Paulin, gentilhomme du pays castrais, souvent cité dans les *Mémoires de Gaches*. Il vivait encore en 1577 (p. 256).

6. François-Roger de Comminges, vicomte de Bruniquel, gentilhomme du Quercy.

clar[1] et Caumont, et encores par les sieurs de Serignac[2], Rapin[3] et Montaigu; mais aussi falut-il attendre que ces troupes eussent forcé Sainct-Fronton[4] et emporté par sappe sans canon, la garnison mise en pièces; le pays exigeant cela pour estre moins aisé à ruiner en l'absence de ceux qui marchoyent. Cela joinct ensemble, il falut aussi que les Dauphinois fussent contents de quelque exploict, avant que les esloigner; dont, après quelque difficulté à passer la rivière, Assier tourna prendre par force Sainct-Marcellin, où furent tuez deux cents hommes de la garnison pour vanger la mort du jeune Senas[5]. Et falut que Gordes et autres se retirassent à Maugiron, pour se joindre aux Italiens et aux compagnies qu'attendoit le duc de Nevers d'Auvergne, de Bourbonnois, Forest, Beaujolois et Masconnois. Poncenat, Verbelet[6] et Louvez[7] avoyent mis

1. Antoine, vicomte de Monclar, gentilhomme huguenot, abjura à la Saint-Barthélemy, rentra peu après dans le sein de la réforme et fut tué près de Montaut, le 13 août 1577 (*Mém. de Gaches*, p. 256).
2. Géraud de Lomagne, seigneur de Sérignac, frère cadet de Terride, porta lui-même le nom de Terride après la mort de son frère aîné (*Abrégé de la généal. de Lomagne*, in-12, 1758, p. 25).
3. Philibert de Rapin, gentilhomme du prince de Condé, gouverneur de Montauban en 1564. Arrêté à Grenade en 1568, il fut condamné à mort et exécuté le 13 avril par arrêt du parlement de Toulouse. Le roi blâma cette atteinte à l'ordonnance d'amnistie (Lettre à Condé du 18 mai 1568; Orig., f. fr., vol. 15546, f. 60).
4. Prise de Fronton, 18 octobre 1567 (*Mémoires de Gaches*, p. 65).
5. Le capitaine Senas, fils de Balthazar de Gerente, dont nous avons parlé dans le livre précédent. Voyez Aubais, *Pièces fugit.*, t. I, Hist. des guerres du comtat, p. 301.
6. Verbelay, capitaine protestant souvent cité par La Popelinière, ancien novice de l'abbaye de Cluny, gouverneur d'Aurillac, pour le compte du parti réformé, à la fin du règne de Charles IX (Haag).
7. Louèze, capitaine huguenot, gouverneur de Mâcon.

ensemble trois mil hommes de pied et quatre cent chevaux. Ceux-ci, en attendant Assier, bransquetèrent quelques petites places; prirent par escalade Sainct-Jean-Bou[1]. Puis, Louvez se sépara, affriandé du gouvernement de Mascon, où il ne fit pas bien ses affaires, et les autres n'eurent pas meilleur marché; car, estans auprès de Feurs, Montaré[2] prit l'occasion du passage de Terride, Monsalez et la Vallette, qui s'acheminoyent à l'armée et avoyent[3] quelques jours auparavant deffait par rencontre Yolet[4], qui avoit amassé de quatre à cinq cents hommes.

Avec ces forces empruntées, Poncenat faisant marcher Verbelet devant avec trois cents chevaux et cinq cents hommes de pied, lui, faisant la retraicte avec le reste, eut sur la queuë les catholiques en nombre de mil quatre cents chevaux et huict mil hommes de pied. Soixante chevaux, les derniers des réformez, et Montaré, qui menoit les coureurs sur eux, portèrent l'alarme et le désordre tout à la fois dedans les gens de pied. Le capitaine Villenoce[5] prit résolution dans

---

1. Saint-Gengou (Saône-et-Loire).
2. Montaré, capitaine catholique, signalé plus loin par d'Aubigné comme lieutenant du duc de Nemours, ne pouvait être lieutenant que de la compagnie d'hommes d'armes de ce prince, car la qualité de lieutenant du duc de Nemours en Lyonnais appartenait depuis 1566 à François de Mandelot (Lettre de Charles IX, du 3 février 1565; Orig., f. fr., vol. 3211, f. 30). En 1570, Montaré était gouverneur du Bourbonnais.
3. Ce passage, jusqu'à la fin de l'alinéa, manque à l'édition de 1616.
4. Le s. d'Yollet est cité par de Bèze pour avoir pris part à la guerre civile en Lyonnais, sous la date de 1561 (*Hist. ecclés.*, 1881, t. I, p. 418).
5. Le capitaine Villenosse, huguenot, Champenois d'origine.

l'effroi, et, r'alliant quatre cents hommes à la faveur de deux petits buissons, arresta sur le cul les ennemis, si bien qu'en payant de quelques cinquante hommes morts, Poncenat eut moyen d'empoigner Verbelet et se démesler. Durant le combat de Villenoce, cinq ou six cents soldats se dégagèrent dans la fumée et gaignèrent un parc muré avec les drapeaux, composèrent à la vie; mais, la composition faussée, tout fut tué[1], et Monsieur[2] en reçeut les enseignes de bon cœur. Poncenat et Verbelet avec douze cents hommes qui leur restoyent, marchans plus de nuict que de jour, gaignèrent Valence.

Cependant, le duc de Nevers[3], ayant touché argent du pape et fait passer les monts à la cavallerie de Birague[4], de Jules Centurion[5], Sainct-Fior[6] et Morette[7], à six enseignes italiennes, commandées par Alexandre Purpurat[8], ayant reçeu les deux colonnelles françoises

1. D'après d'Aubigné, qui suit ici de Thou, cette affaire se serait passée dans le Forez. Elle a été confondue par l'annotateur de de Thou avec le combat de Cognac que d'Aubigné raconte dans le chapitre suivant (De Thou, 1740, t. IV, p. 35).
2. Henri, duc d'Anjou.
3. Louis de Gonzague, duc de Nevers par sa femme.
4. Charles de Birague, frère de René de Birague, mort sous le règne de Henri III.
5. Jules Centurion, capitaine italien de 100 lances, au service de la France, se distingua aux sièges de la Rochelle, en 1572, de Montélimart, en 1573, à la défense de Grenoble, et reçut en don du roi la terre de Châteaudouble (*Mémoires de Piémond*, 1885, p. 540).
6. Mario Sforce de Santa Fior.
7. Morette, famille piémontaise, à laquelle appartenait le marquis de Morette, ambassadeur du duc de Savoie, qui introduisit David Riccio auprès de Marie Stuart. La Huguerye nomme un autre Morette qui faisait partie de la garde du duc de Savoie (*Mémoires*, t. II, p. 65).
8. Alexandre Purpurato, capitaine italien, originaire de la

que Aunoux[1] lui amena, et joint encores les compagnies de Bellegarde, les régiments du baron des Adrets, devenu catholique, et de Maugiron, avec six mille Suisses levez nouvellement, fit une armée de quatorze mil hommes qu'il amena passer à Lyon et y prendre artillerie pour délivrer les Lyonnois de Mascon où s'estoit jetté le jeune la Clayette[2] et quelque noblesse. Mascon assiégé fut battu de deçà et de delà la rivière. La brèche demi faicte, Louvez, estant sans munitions, se rendit maugré ses compagnons[3], et de là le duc mena son armée dans celle de Monsieur qu'il trouva en Champagne au commencement de janvier. Il ne fut que deux jours en l'armée, qu'ayant nouvelle de la maladie de sa femme[4], il prit cinquante salades pour passer; et avec cela fut rencontré, auprès de Donzi[5], de la garnison d'Antrain[6], passa sur le ventre aux coureurs et fit quitter la place au gros que menoit Beaumont[7]. Mais pource que la pluspart estoyent arquebusiers à cheval, s'estans jettez pied à terre, ils

Savoie. Plus tard, on trouve un Gaspard de Purpurat, ambassadeur du duc de Savoie auprès de Henri IV. On conserve des pièces qui intéressent ce personnage dans le f. fr., vol. 3432.

1. Le s. d'Aunoux, capitaine catholique, probablement originaire de la Normandie, s'illustra à la défense de Lusignan, en 1569, devint mestre de camp et fut tué sur la brèche, le 23 août 1569, pendant la défense de Poitiers (*Arch. hist. du Poitou*, t. XII, p. 240, 248 et 256).

2. La Clayette, frère de Marc de Chantemerle, baron de la Clayette, plus tard gouverneur du Charolais (P. Ans.).

3. Prise de Mâcon par le duc de Nevers, 4 décembre 1567.

4. Henriette de Clèves, née le 31 octobre 1542, duchesse de Nevers, le 4 mars 1565, morte le 24 juin 1601.

5. Donzi (Nièvre).

6. Entrains-sur-Nohain (Nièvre).

7. Ce combat eut lieu au mois de février 1568.

gagnèrent quelque petite muraille seiche. Le duc estima de son honneur de la leur faire quitter, et là il fut estropié pour sa vie[1], durant laquelle il chercha tousjours de se vanger, comme ayant receu ce desplaisir par ses subjects.

En mesme année[2] fut assiégé le Chelar de Boutières, en Vivarais, par les garnisons du roi, mais n'ayans peu y mener le canon pour la difficulté des passages et ayans veu l'opiniastre défense des habitans qui, mettans le feu dans leurs propres maisons, en défendoyent les masures jusques aux coups d'espée, sur la nouvelle aussi d'un amas qui se faisoit vers Privas pour le secours, le siège fut levé.

A deux lieuës de là est Saincte-Grève[3], villette commandée par son chasteau sur une motte. Ceste place fut surprise par Chambaut[4], qui, en incommodant tout le pays d'alentour, contraignit les Lyonnois de prester leur canon aux forces de Forest, de Gisvodan et du pays devers la place ; de laquelle la muraille estant mise en poudre, trois assauts donnez et bien soustenus, la disette de toutes choses contraignit Chambaut à l'extrême résolution, ne pouvans les assiégez espérer de foi en une capitulation : ce fut qu'ils sortirent par

---

1. Il fut blessé au genou et boita de sa blessure pendant toute sa vie. D'Aubigné s'est rappelé ce détail dans les *Tragiques*. Il représente le duc de Nevers au conseil du roi :

Un boiteux étranger y batit son trésor.
(*Tragiques*, poème des Princes, édit. Lalanne, p. 93.)

2. La fin du chapitre manque à l'édition de 1616.

3. Sainte-Agrève (Ardèche).

4. Jacques de Chambaut, seigneur de Privas, Vacheroles et Valaury, mestre de camp, sous le règne de Henri IV (*Lettres de Henri IV*, t. V, p. 295).

la brèche, renversent tout ce qu'ils trouvent de logé et retranché, emportent quelques drapeaux, soustiennent le choc de la cavallerie qui estoit en garde, et, avant que le reste fust à cheval, gaignent la vallée avec peu ou point de perte, et au bout d'elle le bourg Sainct-Martin; où, ayant fait quelque alte pour se recognoistre et attendre les plus pesants, mettent sur le cul les plus hastifs des poursuivans, puis, en tournant la teste à toutes occasions, arrivèrent au Chelar. La cholère des assiégeans se passa sur quelques vieillars et blessez et sur le bruslement et rasement de la ville et chasteau, qui demeurèrent en cest estat jusques aux troubles de quatre vingt et cinq, que le mesme Chambaut remit la place en estat.

Chapitre XIII.

Ordre et exploits de Montluc en Guyenne. Deffaicte de Sainct-Sorlin. Revanche de Poncenat.

Encores en Poictou s'estoyent amassez près de cinq cens chevaux réformez pour aller trouver l'armée de leurs gens; mais, par les diligences du comte du Lude, ils furent en divers lieux et diverses occasions chassez, dévalisez et la pluspart descouragez par les traictez de paix qui continuoyent tousjours, bien que sans effect.

La Rochelle se fortifioit et faisoit sa contr'escarpe des isles de Ré et de Marans, d'un fort de Luçon et force petites surprises indignes de nostre labeur.

C'est à nous de cercher tous les coins qui prenoyent leur esbranlement d'un plus grand affaire. Montluc, en Guyenne, dès le trouble de Meaux, s'estant saisi de

[1567] LIVRE QUATRIÈME, CHAP. XIII.

Lestoure[1], fit mettre sur pied les compagnies de Gondrin, Montsalez, la Vallette, Bajourdan et Buzet[2], huict compagnies d'arquebusiers à cheval et quarante de gens de pied, sous les régiments du chevalier de Montluc[3] et de Sainct-Orin[4]. Or, quelque besoin qu'il eust de telle force pour affermir et nettoyer son gouvernement, si est-ce qu'il ne leur donna aucune patience, qu'il ne leur eust fait quitter le pays qu'il avoit assujetti. Il estoit avancé jusques dans le Limosin[5], quand il sçeut que, pour le rembourser de ses diligences, on avoit retranché à la cour tout le Bourdelois de son gouvernement[6] pour le donner au comte de Candalle, par la faveur du connestable, lors encor vivant. Montluc, mescontent de ce traict[7] et ne voulant pas passer outre, fut apaisé par une commission de revenir faire la guerre en Xaintonge[8]. Et pourtant, ayant laissé aller

1. Voyez les *Commentaires,* t. III, p. 105.
2. Hérard de Grossolles, seigneur de Buzet, en Agenais, allié depuis 1539 à la maison de Montpezat (Doc. comm. par M. l'abbé de Carsalade du Pont).
3. Fabian de Monluc, dernier fils de l'auteur des *Commentaires,* suivit son frère à Madère et ramena en France les restes de sa petite armée. Il épousa, le 9 janvier 1570, Anne de Montesquiou, et fut tué en 1573 au siège de Nogaro (*Commentaires,* t. I, p. 15, et t. III, p. 527).
4. François de Cassagnet de Tilladet, seigneur de Saint-Orens, sénéchal du Bazadois, colonel des légions de Guyenne, mestre de camp dans l'armée de Monluc, en 1575 (*Commentaires,* t. II, p. 348).
5. Au commencement de novembre 1567 (*Commentaires,* t. III, p. 121, et t. IV, p. 99).
6. *Commentaires,* t. III, p. 125, et t. V, p. 103.
7. Il se plaignit si vivement qu'il fut obligé de s'excuser auprès de Damville (*Commentaires,* t. V, p. 104).
8. On conserve dans les vol. 15544, f. 224, et 15548, f. 191, du fonds français deux minutes différentes des instructions que le

de ses troupes ceux que nous avons nommez à la charge de Poncenat, il envoye les vieilles compagnies, comme Bellegarde à Bayonne et vers le Béarn, Negrepelisse vers le haut de la Garonne, Cornusson[1] en Roüergue et vers la Xaintonge, la compagnie de Lausun sous Madaillan[2], Verdusan[3] avec lui. Ceux-là joignirent encor le régiment de Masbrun[4], où estoyent Todias[5], Joussas et Saujon[6].

Madaillan en arrivant porta lui mesme nouvelle de sa venuë à quelques petites compagnies qui s'amas-

roi donna à l'auteur des *Commentaires* avant de l'envoyer au siège de la Rochelle. L'une d'elles est datée du 7 février 1568; l'autre est sans date.

1. Guillot de la Valette, s. de Cornusson, gouverneur du Rouergue, en vertu d'une commission du roi du 31 janvier 1562 (1563) (F. fr., vol. 8574, f. 43).

2. Louis de Madaillan, seigneur de Montataire, enseigne et lieutenant de la compagnie de Monluc et de Lauzun, plus tard gouverneur des Cévennes et colonel des compagnies du Languedoc.

3. Odet de Biran, seigneur de Verduzan, enseigne de la compagnie de Monluc (*Commentaires*, t. II, p. 436), nommé sénéchal du Bazadois, le 19 septembre 1569 (Doc. comm. par M. l'abbé de Carsalade du Pont).

4. Le capitaine Mabrun, frère d'un conseiller au parlement de Bordeaux (Olhagaray, p. 599), guerroya jusqu'à la fin du règne de Charles IX en Guyenne (*Commentaires de Monluc*, t. III, p. 151 et suiv.), et fut l'un des auteurs principaux des massacres qui eurent lieu à Bordeaux, le 3 octobre 1572, à l'imitation de la Saint-Barthélemy (*Mém. d'estat du règne de Charles IX*, t. I, p. 534).

5. Todias, capitaine, originaire de la Saintonge, était, en 1572, lieutenant de la compagnie de Guy de Saint-Gelais de Lansac (Lettre de Pardaillan, du 4 mars 1572; Orig., f. fr., vol. 15554, f. 24).

6. Le seigneur de Jussas, originaire des Charentes. — Pierre Campet, baron de Saujon, capitaine huguenot (Brantôme, t. V, p. 150), était fils d'un officier du roi de Navarre, Antoine de Bourbon.

soyent vers Mirambeau et Sainct-Surin et les emporta sans deffense. Peu de jours après, renforcé des gens du sire de Pons[1], lieutenant de roi en Xainctonge, et des compagnies de Jarnac et Merville, il s'avance à Corme[2], et, sachant que Goulenes[3] estoit ordonné par les Rochelois pour commander aux isles de Marennes, qu'il avoit les compagnies de Sainct-Fort et Fiemelin avec sept autres, que cela, joinct aux habitans des bourgades de Marennes, Yers, Sainct-Just, Sainct-Sorlin et quelques-uns de Saujon, Riberon, Alvert et la Tremblade[4], faisoit près de trois mil hommes, assisté de Pérignac[5], Combaudière[6], l'abbé de Sablanceau[7], la Sablière[8] et autres, qui faisoyent en tout près de quatre mil hommes de pied et sept cens chevaux, [il] s'avança vers les isles, toutes bien retranchées aux endroits qu'ils appellent les Pas. Les jeunes gens et les plus délibérez s'estans rendus à Sainct-Sorlin, comme le plus avancé, cerchoyent à se vanger de leurs compagnons deffaits.

1. Antoine de Pons, comte de Marennes, avait d'abord pratiqué la réforme (Flor. de Raymond, *Hist. de l'hérésie*, 1618, p. 856). Il revint au catholicisme et mourut en 1580.
2. Corme (Charente-Inférieure).
3. Jacques de Goulaine, d'une ancienne famille de Bretagne, chevalier de Malte, dévoué à la réforme, ainsi que ses deux frères, René et François.
4. Hiesse, Saint-Just, Saint-Sorlin de Cossac, Saujon, Arvert, La Tremblade (Charente-Inférieure).
5. Pérignac, capitaine huguenot, frère de Antoine de Pons, s. de Marennes.
6. François de Gombaud, seigneur de la Gombaudière, gouverneur de Saintes (P. Anselme, t. VII, p. 20).
7. Sablanceau (Charente-Inférieure).
8. Mathurin de Jouslard, seigneur de la Sallière en Poitou (*Journal de Generoux*, 1865, p. 67).

Au mesme temps que Madaillan vint à veuë du pas Sainct-Sorlin, les argolets de Ponts et autres qu'avoit l'abbé de Sablanceau se présentèrent, cependant qu'on faisoit couler la cavallerie par un fonds et les gens de pied vers le marais. Ce que Goulenne ayant bien descouvert, s'alla jetter devant une troupe des siens qui sortoyent du Pas, cuidant qu'il les remèneroit à leur avantage, mais il reçeut force injures et reproche que le nez lui saignoit[1]. Lors faisant plus de cas des rumeurs que du salut, il se mit le premier. Les argolets les vindrent eschauffer de quelques arquebuzades et puis de leur fuite. Sur quoi ceste foule estant eschappée sans ordre vid, entre le marais et le bois, venir les casacques noires de Madaillan, bien suivies de noblesse, qui leur passèrent sur le ventre, et ne s'en sauvèrent que ceux qui peurent gaigner le Pas et les marais. Il en demeura huict cens sur la place, le vieux Goulène et presque tous les capitaines ; entre autres Fiemelin, qui, pasmé de coups, fut resveillé à coups de sabots qu'un paysan lui donnoit par la teste, dans un fossé, en lui disant : « Tu ne mangeras plus mes poules ; » ce qu'il fit pourtant depuis.

Les drapeaux qui estoyent sortis à l'escarmouche, pour n'oublier aucune faute, et mesme le blanc[2], furent emportez à Xainctes, jusques à sept. J'ai relevé cest exemple notable de témérité, tesmoigné par mes yeux et escrit par les autres négligemment. Sur cest estonnement, Montluc composa avec les isles et en tira grands deniers. Et de là entreprit sur l'isle de Ré, où

---

1. C'est-à-dire qu'il fuyait le danger.
2. La cornette du prince de Condé était blanche.

la descente lui fut deffendue au commencement ; mais, adverti par les catholiques de l'isle, après avoir perdu sept jours, fit mettre la voile au vent, puis la nuict retourner au Fief-d'Ars. Ceux qui les avoyent advertis se trouvèrent pour les porter au col à travers les marais, aussi bien pillez que les réformez et mesme tuez comme on les rencontroit, pour le commandement qu'avoit fait Montluc, comme il dit en ses *Commentaires*[1], de n'en sauver aucun. Toutes choses ayans ainsi succédé et mesme le comte du Lude, glorieux d'avoir fait fuir les réformez auprès de Talmont, les ayant deslogez de Mareüil, et irrité des logements que faisoit faire Sainct-Hermine en Poitou, trouva bon de voir Montluc à Sainct-Jean[2] et depuis à Villeneufve-la-Comtesse[3], où, avec leurs forces telles quelles, ils entreprirent d'assiéger la Rochelle ; mais l'affaire, en l'essayant, se trouva si espineux qu'il attendit la paix.

Encor ne faut-il point aller voir la grande armée, ayant Poncenat r'allié avec Assier, que nous ne disions comment, ayant esprouvé que les prières et l'amour du pays estoyent plus forts en ce chef que la charité générale, il se résout de prendre parti ailleurs. Poncenat donc, désireux de venir au gros, ayant laissé Pipet[4], avec trois cents arquebusiers, dans la coste de Sainct-André, d'où il fut bien tost deslogé, il trouva mesme résolution que la sienne aux Vicomtes[5], à Mouvans et à

---

1. Voir les *Commentaires*, t. III, p. 155.
2. Saint-Jean-d'Angéli (Charente-Inférieure).
3. Villeneuve-la-Comtesse (Charente-Inférieure).
4. Claude de Béranger, seigneur du Gua et de Pipet.
5. Les historiens du temps désignent sous le nom de *vicomtes* les capitaines protestants : vicomte de Bruniquel, vic. de Paulin,

Rapin, qui tous ensemble firent quatre mille hommes, et en eussent fait six mille sans que les bandoliers voulurent aller revoir leurs montagnes. Donc ces bandes, résolues de passer, vindrent sans rencontre jusques auprès de Congnac[1], où ils descouvrirent au matin, vers la forest de Rendan, une grande file de cavalerie; c'estoyent les forces d'Auvergne, commandées par Sainct-Géran[2], accompagné de Gordes[3], Sainct-Chaumont, Urfé[4], Hautefueille[5] et Bressieux[6], qui avoyent parmi eux et mesmes dans le combat l'évesque du Puits[7]. Tout cela faisoit huict cents lances, tous armez en gens d'ordonnance, trois mil hommes de pied des compagnies entretenues et les habitans du pays. Les vicomtes, à la veuë de leurs ennemis, achevèrent de passer l'Allier et puis rompent devant eux le pont de Vici[8], pour oster aux compagnons

vic. de Monclar, vic. de Montaigu, vic. de Caumont, vic. de Serignac, vic. de Rapin (*Hist. du Languedoc*, t. V, p. 283).

1. Cognac de Gannat (Haute-Loire).
2. Gaspard de Montmorin, seigneur de Saint-Hérem.
3. Bertrand Raimbaud de Simiane, s. de Gordes, né en 1513, lieutenant du roi en Dauphiné, mort à Montélimar en 1578. En 1859, sa vie a été publiée à Grenoble par M. Taulier.
4. Jacques d'Urfé, chevalier de l'ordre, lieutenant du dauphin sous Henri II, gouverneur et bailli de Forez, gendre du comte de Tende, mourut le 23 octobre 1574. Voyez le *Château de la Bastie d'Urfé*, par le comte de Soultrait, in-4°.
5. Jean Motier de la Fayette, seigneur de Hautefeuille, grand prieur d'Auvergne et lieutenant de Montmorin Saint-Hérem. Voir la lettre de Monluc adressée à ce capitaine au sujet de cette campagne (*Commentaires*, t. V, p. 125).
6. François de Meulon de Grolée, s. de Bressieu, tué au combat de Cognac en Auvergne (Aubais, *Hist. des guerres du comté Venaissin*, p. 258, dans le t. I des *Pièces fugit.*).
7. Antoine de Senectaire, évêque du Puy, de 1561 à 1592.
8. Vichy (Allier).

toute espérance de fuite. Les petits ruisseaux estans lors grands, comme au cinquiesme de janvier, le chemin des réformez estoit par la plaine de Ganat, à l'entrée de laquelle ils séjournèrent un jour, tant pour délasser les compagnons que pour leur aprendre qu'ils ne fuyoyent pas.

Durant ce séjour, Poncenat donne jusques en sa maison, près de là, et s'y renforça de cinquante chevaux qui s'estoyent esgarez à sa deffaicte. Son désir estoit de gagner Charrou[1] au bout de la plaine pour y loger; mais les ennemis occupèrent cest avantage en la confiance de leur cavallerie. Ce que voyans, les compagnons tindrent conseil le cul sur la selle et font leur ordre ainsi : « Qu'ils passeroyent le plus près de Coignac qu'ils pourroyent à raison qu'il y avoit quelques closiures, dans les entredeux desquelles ils logeroyent quelque petite troupe de leur mauvaise cavallerie. » Bourniquel prend la droicte du village, Poncenat la gauche. Dans le milieu des maisons ils font deux gros, l'un du vicomte de Montclar auprès de Poncenat et de Mouvans; lequel après tira de son bataillon six vingts arquebusiers et quarante de ceux de Foix, avec lesquels il s'avança hors le village à un petit halier. A la gauche de Poncenat les catholiques font deux gros, chacun de quatre cent lances; chasque gros suivi de treize à quatorze cent arquebusiers. Outre cela ils firent avancer trois cens arquebusiers comme enfans perdus, sousienus de cinquante lances, pour favoriser les capitaines qui vouloyent à la fumée d'une escarmouche recognoistre l'avantgarde des

---

1. Charroux (Allier).

ennemis. Et puis il falut taster le poux aux plus avancez, qu'ils trouvèrent si fermes qu'au lieu d'enfoncer Mouvans, l'advis de tous fut de regaigner la plaine.

Les réformez recognoissoyent bien leur désavantage en tel lieu, mais, en balançant la ruine que la demeure leur apportoit en païs si défavorable où leurs ennemis croissoyent en temporisant, ils se résolurent à vaincre la prudence et l'utile patience des catholiques par l'obstination du combat, sans perdre pourtant la discrétion des bordures de la plaine, comme un petit marreau[1] de marais qu'ils firent quitter pour y loger cent de leurs hommes. Après ils en avancèrent cent cinquante comme enfans perdus. Hautefueille, commandé de les charger, y donne sans marchander. Bourniquel avec sa mauvaise cavallerie se jette dans ce combat. Hautefueille demeure sur le champ. A l'envi de ceste charge, Bressieux fit la sienne sur Poncenat et donne des premiers du nez en terre; et les siens estonnez se rompent, et en fuyant rompent ceux qui les suivoyent. Si peu de mauvaise cavallerie qu'eussent les réformez ne perdirent pas le temps; poursuivent leur victoire, mettent sur la place quelques cent gend'armes et trois cens hommes de pied, avec plusieurs prisonniers, entre lesquels ils firent mourir la Forest Beulon[2], pour s'estre vanté d'avoir forcé

---

1. *Marreau,* mot qui manque à tous les dictionnaires. Dans plusieurs provinces, notamment en Orléanais, le mot *mareau, mareil, mardreau* s'applique à des lieux bas ou humides; c'est ainsi que l'on dit *Mareau-au-Bois, Mareau-aux-Prés, Mareil-sur-Loir,* etc.

2. La Forest de Bueillon en Bourbonnais, capitaine huguenot.

toutes les femmes huguenottes qui estoyent tombées en sa puissance[1].

Il arriva aux deux partis deux accidents presque pareils : c'est que, Poncenat[2] se retirant à Coignac, les gardes qu'il avoit laissées à son bagage, ne prenans pas le loisir de le recognoistre, le tuèrent et quelques uns de ceux qui estoyent près de lui. Son corps fut porté enterrer en son chasteau de Sangi[3]; où depuis les gens de Sainct-Chaumont et d'Urfé le déterrèrent et le vouloyent traîner par les villes du pays, sans un gentilhomme nommé l'Escluse, qui, à coups d'espée, empescha ceste villenie.

Les chefs de l'Auvergne, avant qu'aller au combat, avoyent fait armer tout le pays d'alentour et garnir les passages avec des arbres abbatus, et commandement de tuer ceux qui voudroyent se sauver; à quoi ils furent si bien obéys qu'eux, estans en desroute sur le soir, perdirent deux fois autant d'hommes par les habitans d'Aigueperce, Rion et Montferrant qu'ils avoyent fait au combat.

---

1. La bataille de Cognac de Gannat fut livrée le 6 janvier 1568. Gaches en a donné un récit détaillé que d'Aubigné paraît avoir connu (*Mémoires de Gaches*, 1879, p. 65). Le dessin de ce combat, gravé à Lyon, au XVIe siècle, figure dans le recueil de Jean Tortorel.

2. Jacques de Boucé, seigneur de Poncenat et de Changy. Au dire de Gaches, ce serait Mouvans qui trouva la mort à la poursuite des fuyards de Cognac et non Poncenat (*Mémoires de Gaches*, p. 68); mais il se trompe. Mouvans périt la même année à la défaite des Provençaux. Voy. de Thou, liv. XLII et XLIV; Brantôme, t. V, p. 426, 429, et d'Aubigné, liv. V.

3. Changy (Loire).

Chapitre XIV.

Les vicomtes, unis à ceux d'Orléans, assiègent et prennent Blois, joignent l'armée et avec elle les Reistres. Tout s'achemine en Beauce au siège de Chartres.

Après ceste victoire, les vicomtes s'avancent vers Orléans, hastez par la princesse de Condé, qui se trouvoit estonnée d'avoir veu Martinangue[1] dans la porte banière suivi de douze cens hommes, pleins de telle résolution que, sans les capitaines Hautmont[2] et Baissé[3], qui y fut tué, ils emportoyent la ville d'emblée, sans aucune intelligence, quoiqu'on l'ait escrit, mais sur la recognoissance d'une très mauvaise garde qui s'y faisoit. Ceux d'Orléans ayans adjousté douze cens hommes de pied et quatre cent chevaux, deux canons et deux coulevrines aux forces des vicomtes, osèrent faire armée, pource que toutes les forces estoyent avancées avec Monsieur, où nous les lairrons. Martinangue ayant quitté Boigenci, les réformez entre-

---

1. Sciarra, comte de Martinengo, aventurier italien, familier du duc d'Alençon, tué d'une arquebusade, en avril 1577, aux environs de la Charité (*Journal de L'Estoile*, édit. Champollion, p. 85).

2. Haumont (ou Hamon, d'après de Thou), capitaine protestant, probablement celui qui a été cité pour son courage à l'occasion du siège de Bourges.

3. Bessay, capitaine protestant, tué au siège d'Orléans, en 1568, appartenait probablement à la même maison que Gyron de Bessay, capitaine poitevin, un des plus fidèles compagnons du roi de Navarre.

prirent Blois, où s'estoyent enfermez Montreuil[1] et Richelieu[2] avec huict cens estrangers. Les Gascons et Provençaux eurent pour département les fauxbourgs de Sainct-Jean et de Bourgneuf, qu'ils emportèrent d'abordade, quoi que bien retranchez. Là les pièces logées fendirent la muraille d'une petite demie bresche, qui ne fut point attaquée, pource que le dedans estoit sans corridour, et plus bas de vingt pieds que son escarpe; si bien qu'elle eust esté mal soustenue, mais le précipice la défendoit. La batterie donc fut changée au Foix[3], auprès de Bourgmoyen. Lors Richelieu parlementa et composa à armes et bagues sauves; les soldats eschapèrent aux chefs pour le bagage seulement. Le capitaine Hautmont fut laissé dans la ville avec trois compagnies que le prince r'appela lors qu'il estoit sur son retour; duquel, ensemble de la conjoincture des estrangers, voulant traicter tout à la fois, il faut premièrement rendre compte du progrès de Monsieur.

Lequel, ayant employé le commencement du mois de février à recueillir et avancer son armée, voulut amuser les ennemis pour les engager à un combat général, avant la réception de leurs forces. Pour cest effect, le roi et son conseil accordèrent, signèrent et publièrent une tresve[4], durant laquelle, ayant receu le

1. *Montreuil* n'est autre que le capitaine Innocent Tripied, s. de Monterud, successivement gouverneur pour le roi, en 1562, d'Orléans et de Bourges, maréchal de camp en 1568.
2. Antoine du Plessis de Richelieu.
3. C'est-à-dire *transportée* au Foix.
4. Les négociations de paix avaient été entamées, dès le 4 décembre 1567, par Jacqueline de Rohan, marquise de Rothelin, belle-mère du prince de Condé (F. fr., vol. 15542, f. 81 et

comte d'Aramberg[1] avec quinze cens lances triées d'entre les bandes du Pays-Bas, il fut pris résolution d'enfoncer le principal logis de l'armée. Et comme dans le conseil plusieurs s'opposoyent à une si apparente rupture de foi, l'article du concile de Constance, par lequel il est mesmes deffendu de tenir la foi aux hérétiques, l'emporta. Durant donc que Telligni[2], fort agréable à la cour pour ses gentillesses, négocioit[3] et que le prince despeschoit le cardinal de Chastillon[4] pour aller traicter, il arriva que le comte de Brissac, colonnel en Piedmont, bruslant de gloire et qui nous donnera d'autres matières de parler de lui, ayant pris la licence du concile, alla lever[5] le quartier de Sarri[6], où estoyent les capitaines Blosset[7], Bois[8] et Cleri[9].

90). La trêve ne dura que trois jours (Lettre de Condé, du 7 décembre; Vᶜ de Colbert, vol. 24, f. 127).

1. Jean de Ligne, comte d'Aremberg, chevalier de la Toison d'or, prince de l'Empire, gouverneur de Frise, battu, le 23 mai 1568, par Ludovic de Nassau, au combat d'Heyligerlée en Frise.

2. Charles de Téligny, gentilhomme du Rouergue, entra dans la compagnie de l'amiral et devint un des plus solides appuis de son parti dans la guerre et dans les négociations. Son rare mérite lui fit épouser, le 25 mars 1571, la fille de Coligny. Il fut assassiné à la Saint-Barthélemy.

3. Une lettre du prince de Condé au roi et au duc d'Anjou, du 17 décembre 1567, fixe la date de la mission de Téligny (Vᶜ de Colbert, vol. 24, f. 131, 133 et 134).

4. Le sauf-conduit délivré par le duc d'Anjou au cardinal de Chastillon pour aller trouver le roi est daté du 25 décembre 1567 (Orig.; bibl. de l'Institut, coll. Godefroy, vol. 96, pièce 8).

5. *Lever,* enlever.

6. Sarry (Saône-et-Loire).

7. Louis de Blosset, s. de Fleury, surnommé le Bègue, gentilhomme du Nivernais.

8. Le Bois de Merille.

9. Probablement Brossard de Cléry, capitaine normand.

Ce dernier pris et cinquante ou soixante morts demeurèrent sur la place. Ce morceau rompit le jeusne de la tresve et empescha un plus grand exploit, comme l'ont rapporté ceux qui mettoyent le nez aux affaires. Les réformez, allarmez de ce coup, laissèrent Châlons à main droicte et trouvèrent moyen de mettre la Meuse entre eux et la grand'armée de Monsieur.

A Châlons[1], le cardinal de Chastillon entra en traicté ; de là fut r'envoyé à la personne du roi au bois de Vincenne[2] et gardé par vingt archers de la garde, et Strossi qui leur commandoit[3]. Au commencement, on lui mit en teste Morvilliers et Lansac[4], et depuis les présidens de Thou et Baillet[5] ; mais il refusa de parler à autre qu'à Leurs Majestez. Après, la roine et le cardinal de Bourbon entrèrent en parlement, et à la queuë de tous ces délais il eut une rude response du roi, à quoi le cardinal respondit de bouche et par escrit : « Que les réformez avoyent esté armez par la néces-

---

1. Chalon-sur-Saône. Le récit des négociations du cardinal de Chastillon est contenu dans une série de pièces conservées à la Bibliothèque nationale (F. fr., vol. 15544, f. 90, 92, 112, etc.).

2. Le roi, dans une lettre du 20 janvier 1568, adressée au duc d'Anjou, fait le récit des négociations du cardinal de Chastillon à Vincennes (*Mémoires de la Soc. des Antiq. de France*, série II, t. II, p. 325).

3. D'après de Thou (liv. XLII), ils étaient commandés par Jean Blosset de Torcy, chevalier de la Toison d'or, qu'il ne faut pas confondre avec Louis de Blosset.

4. La lettre de créance donnée par le roi à ses députés, en date du 27 février 1568, nomme Morvilliers, François de Montmorency, L'Aubespine, évêque de Limoges, Robertet d'Alluye, et ne porte pas le nom de Lansac (Copie ; coll. Brienne, vol. 206, f. 304).

5. René Baillet, président de chambre au Parlement de Paris, parent éloigné des Coligny, d'après de Thou.

sité, pour la défense de leurs biens, vies et honneurs, qu'ils ne s'estoyent jamais avancez vers le roi que pour avoir seur accès à présenter leurs très humbles requestes. » On lui demanda le moyen d'establir une bonne paix ; il respondit hardiment : « Qu'il faloit commencer d'oster la rupture de la paix du cœur de ceux qui la traictoyent pour la rompre. » Et à cela joignit tout le parcours des raisons qui trottoyent en la bouche de chacun que, pour ne donner la peine de relire, je ne prendrai point celle de les coucher. Sur quelques picques qui furent jettées au départir, le cardinal adjousta : « Que l'inégalité du traictement que reçoivent les subjects du roi, les plus petits en leurs biens, les plus grands en leurs honneurs, enfle l'armée des réformez et envoyent au prince à milliers ceux qui n'avoyent et ne vouloyent sa cognoissance[1]. » Ceux du conseil du roi en vindrent aux reproches les uns contre les autres. Mais sur tous demeurèrent taxez[2] le mareschal de Cossé et Carnavalet[3], gouverneur de Monsieur ; l'un accusé d'une estroicte amitié envers les Chastillons, et l'autre de sentir le fagot.

A l'arrivée de Lorraine, quelque retardement du duc Casimir[4] faillit à rompre les trouppes. Mais les

---

1. Cette conférence eut lieu au commencement de mars ; elle a été publiée. *Articles présentés au roi, le 4 mars 1568, par MM. le cardinal de Chastillon, le comte de la Rochefoucault et Bouchavannes, députés par M. le prince de Condé.* Anvers, 1568, in-12.

2. *Taxés*, blâmés.

3. François de Kernevenoy, dit *Carnavalet*, seigneur de Noyen, grand écuyer et gouverneur du duc d'Anjou. Le Laboureur lui a consacré une notice (*Mémoires de Castelnau*, 1731, t. II, p. 217).

4. Le prince Casimir de Bavière partit de Heidelberg à la fin de décembre 1567 (La Popelinière, t. II, f. 313).

courtoisies du prince de Condé et les sérieuses raisons de l'admiral les arrestèrent six jours; au bout desquels, ayant nouvelle de leurs raistres, le bon accueil fut fort troublé par la demande de cent mille escus, que les négociateurs avoyent promis de fournir[1] à l'entrée du royaume.

Les plus grands seigneurs d'entre les réformez avoyent beaucoup de peine à nourrir leur train misérablement. Cela fit qu'il fut encores plus grand besoin de ce que sçavoyent faire le prince et l'admiral, lesquels, ayans tiré jusqu'aux larmes, viennent des paroles à l'exécution, confisquent leur vaisselle d'argent et leurs bagues. A leur exemple, les seigneurs et gentilshommes firent de mesme. A l'envi de ceux-là, les capitaines et soldats, et de ces derniers les pages et laquais émulateurs arrachoyent leurs pendans d'oreilles, si bien qu'un valet de pied donna jusques à vingt escus.

Marque le lecteur un traict qui n'a point d'exemple en l'antiquité, que ceux qui devoyent demander paye et murmurer pour n'en avoir point puissent et vueillent en leur extrême pauvreté contenter une armée avec cent mille livres, à quoi se monta ceste brave gueuserie. Argument aux plus sages d'auprès du roi pour prescher la paix; tenans pour invincible le parti qui a la passion pour différence[2] et pour solde la nécessité.

1. *De fournir* aux Allemands.
2. Lisez *pour défense*.

Chapitre XV.

Réception des reistres et acheminement à Chartres.

Ce fut au Pont-à-Mousson que le prince joignit l'armée des reistres[1], composée du duc Casimir, des deux comtes de Barbi, du comte de Hollo, mareschal du Palatinat, de Wolfgan et Christofle Worfondol frères, du collonnel Wolfembourg, Christofle Malsperg et Théodoric Schomberg[2], commandans chacun mil cinq cens chevaux; et pour collonnel de l'infanterie Cebal Siglinger[3] : le tout faisant six mil cinq cens chevaux et trente mil hommes de pied[4].

Le prince de Condé, contre plusieurs autres advis, fit condescendre son conseil à marcher vers Paris, afin que ceux qui manioyent les affaires, voyans la guerre de près, prissent envie de la paix.

Ce fut chose merveilleuse de l'ordre que mit l'ad-

---

1. Le prince Casimir joignit Condé à Pont-à-Mousson, le 11 janvier 1568 (voir les *Mémoires de La Noue,* chap. xv). Le 27, les deux princes signèrent à Arc trois conventions relatives à leurs opérations de guerre. Ces pièces sont conservées dans la coll. Brienne, vol. 206, f. 282, 290 et 302.

2. De Thou, dans la traduction française, rectifiée pour les noms propres par Dupuy, corrige ces noms comme suit : Wolfgang et Georges, comtes de Barby; le comte de Holen; Wolfgang Falkenrod, maréchal de camp; Christophe Wolffendorff, capitaine des gardes à cheval; Thierry de Vosenbuch, lieutenant-colonel de six compagnies de cavalerie; Christophe de Malsbourg et Théodoric de Schomberg, chacun capitaine d'un corps de 1,500 hommes de cavalerie (De Thou, liv. XLII; 1740, t. IV, p. 42).

3. Jean Sebalde Sicklinger.

4. D'Aubigné se trompe d'un zéro : il n'y avait que 3,000 hommes de pied. Le chiffre des cavaliers est exact (De Thou, *loc. cit.*; La Popelinière, t. II, f. 313).

miral à la nourriture d'une grosse armée sans argent, sans place de retraicte et avec fort peu de bagage. D'ailleurs ne pouvans loger serrez, pour la famine, ni au large pour la crainte d'estre mal menez par les garnisons de tant de grosses villes, pleines des principales forces du royaume, ils faisoyent un logis à leur teste de six cens chevaux et six mil hommes de pied, et un de pareille force à la retraicte de l'armée, remplissans le milieu de leur teste, qui n'estoit guères que cavallerie.

La première attaque qu'ils eurent en leur chemin fut près de Sainct-Seine[1], à un gué que les Italiens du duc de Nevers avoyent empli de planches cloüées de cercles et de chausse-trapes; eux en bataille de l'autre costé du gué pour deffendre le passage ou combattre les estropiez qui auroyent tasté leurs artifices. Quelques uns des premiers y estans empoignez, on plaça quatre cens arquebusiers à des saules sur le bord de l'eau, pour la garde de ceux qui avec rasteaux purgèrent le gué[2], à travers lequel les Italiens eurent quand et quand Schomberg sur les bras. Eux ne faillirent pas de prendre leur rang sur le bord pour combattre les Allemans en désordre. Mais nulles considérations n'arrestèrent ce capitaine qu'il ne se jettast à l'eau, et à la charge ensemble, pour mettre sur la place quarante Italiens et rapporter deux drapeaux au prince; lequel, n'ayant point d'ordre à lui donner, lui mit autour du col, à la teste de l'armée, une chaîne de deux cens escus.

1. Saint-Seine (Côte-d'Or).
2. *Purgèrent le gué* des planches clouées et chausse-trapes dont il est parlé plus haut.

En passant par Auxerre, La Borde[1], gouverneur du lieu, fut osté à la prière des habitans, et en sa place mis Guerchi[2]. Nous n'aurions jamais fait de vous dire toutes les petites bicocques qui se deffendirent contre ceste armée, pource qu'ils la voyoyent passagère, mal garnie de ce qu'il faloit pour assiéger. Ce n'estoit que bagage pillé et malades assommez. D'ailleurs, ces insolences faisoient qu'avec plus de justice ces petites villes bransquetées donnèrent la principale nourriture à l'armée. Crevan-sur-Yonne fut de ce nombre[3], désassiégée pourtant pour aller prendre vengeance de l'enseigne du prince de Condé tué à Iranci[4]; où le peuple, fortifié de quelques gentilshommes et compagnies qui se levoyent dans le pays, se résolut à agasser l'armée, et la receut avec toutes sortes d'injures. Piles, Pluviaud et Bourri ne voulurent point attendre leurs pièces, se jettèrent à l'escarpe couverts de quelques planches et s'attachèrent à la muraille avec pics et marteaux. Pluviaud fut le premier qui eut fait son trou; il s'y jetta et fit crier : « Ville gaignée. » Ainsi ceux qui se défendoyent ailleurs ayans quitté, tous ceux qui estoyent

1. Jean de la Borde, gouverneur de la milice bourgeoise à Auxerre, capitaine huguenot, s'était emparé de la ville dans la nuit du 27 au 28 septembre 1567 (Lebeuf, *Hist. de la surprise d'Auxerre*, 1723, in-8°).

2. François de Marraffin, s. de Guerchy et d'Avigneau, défendit la Charité en 1569, puis Vézelay, et devint lieutenant de la compagnie de Coligny. Il l'accompagnait le jour de l'attentat de Maurevel et fut assassiné à la Saint-Barthélemy (Lebeuf, *Hist. de la surprise d'Auxerre*, passim).

3. Le siège de Cravant est raconté par Challe (*Le Calvinisme dans l'Yonne*, t. I, p. 175).

4. Irancy (Yonne). La ville fut prise le 7 février 1568 (Lebeuf, *Hist. de la surprise d'Auxerre*).

capables de porter armes furent passez au fil de l'espée¹. Cela donna plus de patience à l'armée, qui, avec moins d'empeschement, vint passer le Loing à Montargis.

L'admiral se reposa quelques jours à Chastillon, et le prince avança à Orléans pour joindre ce qui avoit coulé de diverses provinces, s'équippa d'artillerie, desjà toute préparée pour le siège de Chartres, ville de remarque, mais de peu d'importance, pour n'estre ni passage de rivière, ni port de mer, ce que plusieurs remonstroyent; mais en ce temps-là les places ne se jugeoyent pas à la mesure de ce temps².

Chapitre XVI.

Siège de Chartres.

Toutes les forces du prince jointes ensemble marchent au siège. Linières³ fut dépesché pour se jetter dedans Chartres et y commander. Comme il s'avançoit avec sa compagnie et celle de Rence et cinq compagnies de gens de pied des vieilles bandes, il le fit en toute diligence et bien à propos. Car, ayant esté ordonné au jeune Bourdeilles, nommé Ardelay⁴, de tenir son régi-

---

1. Les massacres d'Irancy ont été racontés et discutés dans une notice de M. Sonnié Moret (*Annuaire de l'Yonne*, 1861).
2. C'est-à-dire du temps présent.
3. Antoine de Lignères, lieutenant de roi, chevalier de l'ordre et capitaine de 50 hommes d'ordonnance (Brantôme, t. IV, p. 137). On conserve dans le vol. 15545, f. 113, une lettre de lui au roi sur le siège de Chartres.
4. Jean de Bourdeille, baron d'Ardelay, dernier frère de Brantôme, avait d'abord pris les armes en faveur des réformés. Il rede-

ment, qui estoit de dix compagnies, au plus près de la ville, pour se jetter dedans quand il faudroit, les insolences de ses Périgourdins avoyent tellement eschauffé tout le pays chartrain contr'eux que le prince de Condé, ayant bien esté adverti combien la retraicte leur seroit difficile en la ville et ailleurs, et quelques Beausserons lui ayans parlé d'une entreprise assez mal fondée, [il][1] fit partir les coureurs de l'armée, menez par Mouy. A la veuë desquels Ardelay, avec son régiment, voulut gaigner le fauxbourg de la porte Guillaume; mais, y estant receu à arquebuzades, il regagnoit comme il pouvoit la vallée Jouï[2], quand il rencontra Linière marchant, qui fit sa paix[3] avec les habitans à la veuë de l'armée. Laquelle, le vingt-quatriesme du mois[4], avec quelques escarmouches fort légères, distribua à la grand'pleine les postes de son infanterie; asçavoir les compagnies de France à la porte Guillaume, et Moraï, Pardaillan, Pille et autres Gascons aux portes Sainct-Jean et Droize. Les vicomtes, Mouvans, Provençaux et Dauphinois se campèrent vers la porte Sainct-Michel et les Espars; les lansquenets à Josaphat[5]. La cavallerie se pressa à toutes les parroisses d'alentour. D'autre costé Linières, ayant harangué les habitans, exhorté au combat ou au labeur ceux

---

vint catholique et fut tué d'une arquebusade à la fin du siège (Brantôme, t. VI, p. 136).

1. *Il,* le prince de Condé.
2. Le val Jouy, près de Chartres.
3. C'est-à-dire qui réconcilia Ardelay avec les habitants.
4. Le 24 février 1568.
5. Cette énumération est conforme au texte de de Thou, sauf la *porte Droize* qui est appelée *porte de Dreux.* Josaphat était une abbaye (De Thou, liv. XLII; 1740, t. IV, p. 51).

qui estoyent capables de l'un ou de l'autre, ou aux deux ensemble, et les riches inutiles à mettre les mains à la bourse, ne perdit jour ni heure à faire son devoir, soit à partager les quartiers, à r'acoustrer les moulins, à en bastir six nouveaux, et surtout à faire lever à la haste le ravelin de la porte Droise avec fascines et fumier, fort assisté en toutes ces choses par Rance.

Les réformez de leur part logèrent leur canon dans quelque maison ruinée au devant du ravelin, en se servans de celles qui estoyent entières pour battre en courtine avec leur arquebuserie. Les assiégez n'eurent contre cela que les traverses de linceuls[1], foibles et dangereux remèdes, quand la poudre ne manque point.

Les divisions des Chartrains avec les gens de guerre les avoyent fait commencer trop tard la ruine des fauxbourgs, dont advint qu'en voulant y remédier après le siège commencé, par sorties et boutefeux, ils firent perte de leurs meilleurs soldats.

Les lanskenets avoyent aussi logé au Clos des filles[2] deux coulevrines et deux bastardes, qui enfiloyent la courtine au grand désavantage des assiégez. La batterie faicte et la breche point trop desraisonnable, comme ayant seize pas, les assiégeans, se préparans pour y donner, s'apperçeurent trop tard que le ravelin de la porte Droise estoit en deffense, son parapet achevé, bien garni d'arquebusiers et que, tournant le front aux coulevrines, elles ne le pouvoyent desgarnir.

---

1. *Linceuil*, drap de lit. D'Aubigné veut dire ici que les soldats assiégés dissimulaient leur présence sur les murs derrière des draps étendus.
2. L'abbaye de Josaphat.

Le Bourdet[1], Xainctongeois, fut commandé pour, à la faveur de quelque attaque légère, faire une recognoissance de brèche, ce qu'ayant fait et parfait au petit pas, il tourna visage à ceux qui le tiroyent pour leur dire : « Vous le payerez, galands. » Et aussi tost fut tué d'une arquebuzade entre les deux yeux. Le regret de ce gentilhomme courtois et très vaillant fit donner les soldats sans ordre et sans apparence au ravelin, qu'ils emportèrent par opiniastreté et se logèrent dedans. Mais la nuict, le capitaine Flogeac[2], ayant fait prendre des escharpes blanches aux siens, se coula dans le fossé et, par le mesme passage qu'avoyent fait les réformez, se jette dedans, tua les résistans, fit sauter aux autres la courtine, et puis, ayant bien pourveu aux mantelets et gabions qui y estoyent nécessaires, s'en fit servir et les plaça si bien qu'il n'en fut oncques plus deslogé. Sur cest affront, l'infanterie des assiégeans picquée demande l'assaut ; leur colonnel Dandelot se présente à leur teste, et pourtant fit recognoistre la brèche par le capitaine Normand[3], lequel, ayant fidellement rapporté les retranchements faits en tenaille dans le ravelin et en plus grand nombre dans la courtine, receut à la veuë des bandes la chaîne que

---

1. Le capitaine du Bordet, de la maison d'Acarie, capitaine protestant (*Journal de Generoux*, p. 18).

2. Flogeac ou Flozac, capitaine huguenot, passa au parti catholique, entra dans le régiment de Timoléon de Brissac, en 1569 (*Arch. hist. du Poitou*, t. XII, p. 248) et fut tué la même année (*Journal de Generoux*, 1865, p. 50).

3. Normand (ou Bretin, dit *Normand*), capitaine protestant, originaire de Rouen, prit une part active à la guerre civile depuis 1568 jusqu'à la fin du règne de Charles IX. De 1569 à 1574, on le retrouve à Châtellerault, à Brouage et à la Rochelle.

Dandelot avoit au col, et les compagnons renvoyez pour une autre fois.

Il falut changer les attaques de haute lutte aux desseins de pied à pied et les hazards aux labeurs, à force desquels les assiégeans destournèrent la rivière; ce qui convia les assiégez, qui estoyent pour le moins quatre mille, d'incommoder le travail par sorties continuelles. Et s'y eschauffèrent de telle façon qu'à une ils enlevèrent un logis des compagnies de Roüergue, dont ils eurent deux drapeaux.

Durant ce siège, l'admiral, adverti que La Vallette, avec dix-huict compagnies de cavallerie, que François qu'Italiens, s'estoit venu camper à Oudan[1], monte à cheval avec trois mil cinq cens tant lances qu'arquebusiers à cheval. Approchant de Oudan, il pousse Mouy avec huict cornettes et tous les arquebusiers qui, s'estans mis au grand trot d'une lieuë, surprindrent La Vallette, entre le bouteselle et à cheval. L'eschec tomba sur les Italiens qui, ayant esté les plus tardifs, se mirent à la deffense des barricades, ce qui fut emporté légèrement avec quatre de leurs cornettes et le bagage des uns et des autres. La Vallette, ayant r'allié cinq cens chevaux, fit une retraicte à veuë de six lieuës, tournant teste fort souvent et avec plusieurs fausses charges; il gagna en sa perte beaucoup d'honneur.

Parmi ces exercices, le négoce de la paix, qui n'avoit jamais esté intermis[2], fut repris plus de coustume par Biron et Malassize[3], d'une part, et le cardinal de Chas-

1. Houdan (Seine-et-Oise).
2. *Intermis,* interrompu.
3. Armand de Gontaut, s. de Biron, depuis maréchal de France, et Henri de Mesmes, s. de Malassise, maître des requêtes.

tillon, de l'autre. L'admiral maintenoit et remonstroit que ceste paix n'estoit que pour sauver Chartres, et puis pour assommer séparez ceux qu'on ne pouvoit vaincre unis; prouvant cela par les infidélitez passées et les violents tesmoignages de haine irréconciliable qu'avoyent monstré les ennemis. Le prince de Condé, plus facile, désireux de la cour, où il avoit laissé quelque semence d'amourettes, se servit de ce que plusieurs quittoyent l'armée pour faire la guerre en leur pays avec plus de commodité, ou pour changer leurs labeurs en plaisirs, quelques uns sans demander congé; en ce rang n'estans point oubliez les Xainctongeois et Poictevins. Il alléguoit encore les misères d'une armée non payée, à faute de quoi ils ne pouvoient attendre qu'une mutinerie d'Allemans. Il briguoit les plus las de la guerre[1]. Tout cela ploya les esprits à traicter à bon escient de la paix, de laquelle nous gardons pour la fin du livre les conditions.

Chapitre XVII.

Liaison des affaires de France aux quatre voisines.

Dès le commencement de ceste guerre, le roi d'Espagne avoit fait passer le duc d'Albe[2] avec une armée

---

1. C'est-à-dire il circonvenait et recherchait ceux qui se montraient les plus dégoûtés de la guerre.
2. Après avoir longtemps agité le projet de passer en Flandre (*Lettres de Catherine de Médicis*, t. II, p. 383, 387, etc.), Philippe II se décida à y envoyer le duc d'Albe à la tête d'une armée (30 décembre 1566). Le duc se mit en route à travers l'Italie et l'Allemagne et entra à Bruxelles le 22 août 1567 (K. de Lettenhove, *les Huguenots et les Gueux*, t. I, p. 488).

terrestre, composée de quelques Espagnols descendus en Italie, des terces de Milan, de Naples et Sardaigne, de cavallerie italienne, fortifiée de lanskenets ; ceste armée équippée à plaisir, avec un ordre pour les vivres fort attrayant les soldats, et, qui est chose non accoustumée, quatre cornettes arborées pour le bordeau de l'armée.

Genève prit une merveilleuse allarme du passage, mais c'estoit pour fondre aux Pays-Bas et commencer la persécution et guerre, qui se présentera bientost.

Nous trouvons en nostre chemin que Lorraine[1] se mit à persécuter, lors que la France cessoit (n'ayant de ce temps fait mourir que Jean Mutonis[2], de Villeneufve d'Avignon). Jean de Madoc[3], ministre, quoi que sollicité[4] par plusieurs princes, fut estranglé en Lorraine. Venise aussi ne voulut pas estre seule dans sa patience, et fit mourir Jules Guirloda de Trévise, Anthoine Ritseto de Vincence, François Sega de Rovigo et François Spinola, Milanois[5].

L'empereur Maximilian, se préparant à recevoir quelque effort du Turc[6], voulut asseurer la paix au

1. Charles III, duc de Lorraine, de 1545 à 1608, époux de Claude de France, fille aînée de Henri II.
2. Jean Mutonis, ministre protestant, supplicié à Nîmes (voy. le chap. I de ce livre, p. 195).
3. Jean de Madoc, né en Languedoc, ministre à Saint-Nicolas-du-Port, fut arrêté le 24 mai 1564 à Lunéville, jeté en prison et peu après égorgé secrètement hors de la ville (Haag).
4. *Sollicité*, c'est-à-dire l'objet de sollicitations auprès du duc de Lorraine.
5. Julio Guirlauda, de Trévise, premier martyr vénitien (1560) ; Antonio Ricetto, de Vicence ; François Sega, de Rovigo ; François Spinula, prêtre milanais (31 janvier 1567). Ils furent noyés dans l'Adriatique (Maccrie, *La Réforme en Italie*, p. 261).
6. Maximilien avait envoyé des ambassadeurs à Constantinople,

dedans de l'empire ; et pourtant dépescha vers le pape sur la promesse qu'on avoit faicte, notamment aux Bohémiens, que le concile de Trente s'accommoderoit pour le célibat et mariage des prestres, pour la communion sous les deux espèces, sousmission de l'évesque de Rome au concile, et quelques autres points de réformation que les Allemans espéroyent.

Le roi de France fut convié à presser les mesmes choses ; mais les promesses estoyent estcinctes par celles de Bayonne[1], pour l'exécution desquelles on travailloit aux levées en Suisse et en Allemagne, et à empescher celles de l'autre parti comme nous avons dit. Le pape aussi y employa son authorité, et mesmes, ayant besoin du crédit des François pource que s'estant monstré neutre en la querelle du comte de Petillane[2] et de son fils[3], où le père avoit dressé une fouquade[4], de laquelle pensant empoigner son fils, il y fit sauter trente-six des siens[5], le roi d'Espagne le voulut

en 1567, pour renouveler la trêve ; ils revinrent à Vienne le 31 mai 1568.

1. Allusion aux bruits qui couraient sur l'accord que l'on disait avoir été conclu à Bayonne entre le duc d'Albe et Catherine de Médicis pour le massacre des réformés.

2. Jean-François des Ursins, comte de Pitigliano, appartenait au parti du duc de Florence, allié du roi d'Espagne.

3. Nicolas des Ursins, s. de Pitigliano, fils du précédent, appartenait au parti français.

4. *Foucade,* fougasse.

5. Le récit de d'Aubigné est tellement abrégé qu'il est incompréhensible. — Le duc de Florence avait confié le château de Pitigliano à Jean-François des Ursins, qui y avait mis un de ses fils, nommé Orso. Nicolas, espérant le reprendre par trahison, y envoya 40 soldats. A peine furent-ils entrés que les gens d'Orso mirent le feu à une mine, qui en tua 35. Les cinq autres, mis à la question, révélèrent le complot de leur maître. C'est ainsi que de Thou raconte cet événement (liv. XXXVI; 1740, t. III, p. 507). Cette affaire avait eu lieu en 1564.

faire pencher pour celui qui estoit à son service[1]; dont advint que d'Oisel, lors ambassadeur à Rome, prit le temps pour gagner la première place aux processions[2].

Les nouvelles de Gennes sont en nostre chemin qui touchent à la France, pour la retraicte qu'avoit à Marseille San Petre Corse, duquel, avant que dire la fin, nous avons estimé devoir dépeindre son estrange nature, en vous contant comment, estant povre soldat, il avoit, pour sa valeur, espousé la dame d'Ornane[3], de grand'maison et de condition eslevée par-dessus lui. La paix estant faicte pour le général et non pour lui, et ayant, comme nous avons dit, cerché en France et à Florence du support pour ses desseins[4], il fit pour cela mesme un voyage à Constantinople, durant

---

1. Déjà un procès était pendant entre le père et le fils devant les tribunaux de l'empire, pour la possession de la place de Pitigliano. D'Aubigné insinue ici que le roi d'Espagne prit la protection du père. L'affaire traîna en longueur et ne fut jamais résolue. Plus tard, Nicolas obtint sa réintégration à Pitigliano (De Thou).

2. La discussion de préséance des ambassadeurs de France et d'Espagne n'a aucun rapport avec l'affaire qui précède. La question était pendante depuis le règne de François Ier et s'était ravivée au concile de Trente. Après de longues délibérations, en 1564, Pie IV, mécontent de Philippe II, parce qu'il avait fait publier les décrets du concile de Trente en son propre nom, trancha la question de préséance en faveur de la France. Henri Clutin d'Oisel était alors ambassadeur de Charles IX et Louis de Requesens ambassadeur de Philippe II. Cette décision devint définitive malgré les réclamations de l'Espagne. Les détails de cette querelle remplissent la correspondance des ambassadeurs de France à Rome (F. fr., vol. 3102 à 3106, 16040 à 16045, 17989 à 17994; Ve de Colbert, vol. 344).

3. Vanina d'Ornano, fille et héritière de François d'Ornano, un des plus riches seigneurs de l'île de Corse.

4. Pour ses desseins contre les Génois, maîtres de la Corse, et dont il détestait la domination.

lequel ceux d'Ornane et autres parents de sa femme, lui ayant fait sçavoir de leurs nouvelles et persuadé de venir jusques à Gennes, où elle pourroit concilier les haineux de son mari et mesme le faire r'appeler de bannissement, ceste femme, induicte à cela, se desroba de Marseille ; mais, poursuivie par un ami de San Petre[1], fut r'amenée à Aix, et là tenuë en quelque sorte de captivité jusques à la venuë de son mari ; qui, à son arrivée, trouva ce faict si amer qu'un de ses familiers[2] l'excusant, il le fit estrangler par des esclaves Turcs. De là il vient à Aix, où la justice fit difficulté de lui mettre sa femme entre les mains ; mais elle, bien que pleine de crainte, demanda d'y estre. Il la rameine à Marseille, parlant tousjours à elle avec beaucoup d'honneur, si bien que la teste nue il lui annonça que, pour sa faute d'avoir voulu voir ses ennemis, il faloit qu'elle fust estranglée par ses esclaves. Elle ne refusa point la mort, mais se contenta de lui dire : « Il y a vingt ans que vostre vertu m'a esmeuë à vous faire mon mari ; depuis ce temps-là je n'ai souffert le toucher d'homme vivant que de vous. Je vous supplie que ma mort ne soit point soüillée par ces vilaines mains ; mais que les vostres, honorables pour leur valeur, me conduisent elles mesmes au repos. » Cela dit, il l'appella sa maistresse et lui demanda pardon un genoüil en terre, et puis lui mit des bandes de toile au col, avec lesquelles il l'estrangla ; ne demeurant guères à prendre des chevaux de poste pour s'en aller en cour, où il n'arriva pas si tost que la nouvelle.

1. Florio de Corte. Il fut étranglé par des esclaves turcs à l'instigation de la dame d'Ornano.
2. Pierre-Jean de Calvèse.

Là il fut receu avec tant d'horreur, principalement des dames, que, bien qu'il monstrast son estomach couvert de playes pour la France, qui n'avoit que faire, disoit-il, des affaires de sa famille[1], si est-ce que le mauvais visage qu'il recevoit le poussa à venir exercer les vengeances en Corse[2], où, avec l'aide de quelques Florentins et François, il surprit Istria, et fit une guerre sans merci quelque espace de temps; où enfin il tomba en une embusche dressée par ses ennemis et principalement par les parens de sa femme[3]. Là, abbatu d'une arquebuzade, il fut achevé à coups d'espée, avec dispute entre ses tueurs à qui auroit les deux mille ducats que la seigneurie de Gennes avoit mis sur sa teste. Son fils Alphonse[4], ayant succédé à ce qu'il tenoit, quitta depuis ces choses par composition et vint servir en France de mesme valeur que le père, aussi rude que lui, exécutant de mesme froideur les sentences de mort que lui mesme prononçoit contre ses gens de guerre; comme il a paru par l'exécution de son nepveu, lui venant faire la révé-

1. La mort de la dame Vanina d'Ornano est racontée par Brantôme (t. IX, p. 13) et par de Thou (liv. XLI, 1740, t. III, p. 775) comme par d'Aubigné. M. Arrighi, auteur d'une vie de Sanpiero Corso, in-8°, 1842, traite de fable l'histoire de l'assassinat de la dame d'Ornano. La question paraît douteuse.

2. Il débarqua en Corse, le 12 juin 1564, à la tête de quelques partisans.

3. Michel-Ange, Jean-Antoine et Jean-François d'Ornano.

4. Alphonse d'Ornano, né en 1548, enfant d'honneur du dauphin, depuis François II, plus tard colonel-général des Corses et gouverneur de Valence. En 1589, il fut un des premiers à reconnaître Henri IV et reçut le bâton de maréchal de France. Il mourut en 1610. On conserve à la Bibliothèque nationale une vie inédite de ce personnage (F. fr., vol. 22224, 23990; coll. Bouhier, vol. 15 et 16).

rence à table¹. L'oncle, l'ayant tué, demanda à se laver les mains. Il y a plusieurs autres tels traicts de nostre cognoissance, que l'histoire ne permet pas de dire plus expressément.

Il y eut de ce temps un dessein proposé par les jésuites², incontinent après la mort du roi de Navarre, et poursuivi depuis par un capitaine Dominge³, Béarnois; c'estoit que, des bandes qui s'amassoyent vers Barcelone pour aller au Pignon⁴, on fit couler une liste⁵ jusques auprès de Jaqua⁶, et de là par le passage des Eaux Chaudes⁷, pour d'une traicte de nuict aller investir Pau, où lors estoit arrestée la roine Jeanne avec son fils et sa fille, enlever tout cela pour les faire condamner en Espagne par l'Inquisition, et par ainsi laisser la Navarre et le Béarn encores au roi d'Espagne, sans partie complaignante. Un médecin nommé Esperian⁸ et un aumósnier⁹ de la roine Élisabeth, ayans tiré les vers du nez de ce capitaine, en advertissent la roine et Saint-Supplice, ambassadeur;

1. Telane Bastelica, neveu de Sanpiero Corso, eut un duel avec son oncle et fut tué par lui.
2. Rien ne prouve que les jésuites aient été les inspirateurs de cette affaire. Le mémoire attribué à Calignon, que nous citons plus loin, n'en accuse que les Guises et surtout le cardinal de Lorraine.
3. Dimanche, capitaine béarnais, en espagnol *Domingo*.
4. Le Peñon de Velez, sur la côte du Maroc, conquis l'année précédente par les Espagnols.
5. *Liste,* bande.
6. Jacca, dans le royaume d'Aragon, au pied des Pyrénées.
7. Eaux-Chaudes (Basses-Pyrénées), station thermale déjà célèbre au xvi⁰ siècle.
8. Anne Espérien de Nérac, médecin de la reine Élisabeth de Valois. Le mémoire attribué à Calignon le nomme *Vespier.*
9. Le Père Saint-Estienne, moine, plusieurs fois cité dans les *Lettres de Catherine de Médicis.*

qui, esmeus de l'horreur du faict, en donnent advis à Pau, advis qui fust bien tost après entre les causes de mort à la roine d'Espagne, criminelle de la pitié[1]. Montluc, en ses escrits, s'excuse d'avoir trempé en cest affaire[2]. Quelque prince de la cour respondit autrement aux reproches qu'on lui en faisoit, qu'il ne faloit sentir aucune parenté, ni trouver rien atroce pour l'extirpation des hérétiques. Bien tost après, Montluc fut payé des intelligences qu'il avoit en Espagne par les peines que l'ambassadeur du roi Philippe lui donna, pressant un arrest d'ignominie contre le capitaine Peyrot[3], et la mort de ceux qui l'avoyent suivi; comme il se verra en son rang.

L'Angleterre et la France n'eurent autres négociations ensemble que la confirmation de la paix, dont nous avons parlé.

1. Le récit que fait d'Aubigné de cette étrange affaire est conforme à celui de de Thou (liv. XXXVI, 1740, t. III, p. 497), qui l'a tiré d'un mémoire attribué à Calignon, chancelier de Navarre, et imprimé dans les *Mémoires de Nevers*, in-fol., t. II, p. 579, réimprimé dans les *Mémoires de Villeroy* et dans les *Archives curieuses*, de Cimber et Danjou (t. VI, p. 281). Bordenave et Olhagaray en parlent presque dans les mêmes termes. L'abbé Garnier a nié l'existence de la conjuration en raison de son invraisemblance (*Mém. de l'Académie des Inscriptions*, 1787, vol. 50, p. 722). Poeydavant (*Hist. du Béarn*, t. I, p. 264) a adopté ses conclusions. Les témoignages de Calignon, de de Thou et de d'Aubigné rendent le doute difficile à soutenir.

2. Monluc ne s'explique pas clairement dans ses *Commentaires* (t. III, p. 173). Mais, dans une lettre adressée à don Johan de Bardachin, agent ou espion espagnol, il demande que don Hernando de Tolède ne lui envoie plus Domingo (Lettre du 27 octobre 1564; *Commentaires*, t. IV, p. 364). Calignon cependant l'accuse au moins de complicité morale (*Mémoires de Nevers*, t. II, p. 579).

3. A l'occasion de l'expédition du capitaine Pierre de Monluc à Madère, en 1566. Voyez plus loin.

Chapitre XVIII.

D'Orient[1].

Soliman, irrité de la conjonction des Malthois avec le roi d'Espagne[2], en l'affaire du Pignon et autres que nous avons touchées, pressé par les importunitez du roi d'Alger[3] et de Dragut[4], tourna toutes ses résolutions au siège de Malthe; ne laissant qu'une crainte en l'Europe, asçavoir le péril de son pupil Jean[5]. Les chrestiens n'ayans à faire qu'à lui, il fit si bien que l'évesque de Sibinie[6] et en mesme temps un ambassadeur du roi de Pologne[7] vindrent à Vienne amuser l'empereur d'un traicté de paix, duquel il ne fut pas aliéné du commencement, tant pour les mescontentements qui estoyent dans l'empire, semez par le cardinal Moron[8], et par le refus du pape sur les articles que nous avons alléguez.

---

1. Sur les sources de ce livre, voyez la note de la page 163 (liv. III, chap. xxii).
2. Les chevaliers de Saint-Jean, établis à Malte après la prise de Rhodes, avaient resserré l'ancienne alliance avec le roi d'Espagne (De Thou, liv. XXXVII).
3. Hassan, dey d'Alger, fils de Barberousse.
4. Dragut, gouverneur de Tripoli, l'un des plus célèbres corsaires barbaresques.
5. Jean Étienne, prince de Transylvanie, fils de Jean Scepusc et d'Isabelle, sœur du roi de Pologne, fut le premier prince qui prit le titre de roi de Hongrie. Il mourut d'une attaque d'épilepsie, le 14 mars 1571, et eut pour successeur, le 24 juin, Étienne Bathory de Somly.
6. *Cibinium*, d'Hermannstadt.
7. Étienne Bathory, oncle maternel du prince de Transylvanie, ambassadeur de Sigismond-Auguste, roi de Pologne.
8. Jean Morone, cardinal italien, négociateur de la cour romaine

Doncques, cependant que Soliman fait partir de Constantinople, à la fin de mars[1], sept mille hommes triez de la garnison de l'Asie-Mineur, mille de Lesbos, quatre mil cinq cens janissaires, treize mille de ceux que leur clergé entretient, cinq mille des garnisons de Romanie, ou volontaires de ce pays-là, et fait embarquer tout cela sur cent quarante neuf galères et grand nombre de naux pour les vivres, il ne nous laisse en Orient que les moindres affaires d'Allemagne : comme ce qui advint à Grombac[2], après avoir tué l'évesque de Wisbourg[3] ; c'est que, se voyant proscrit, il s'accosta des deux enfans de Saxe, Frédéric et Guillaume[4], pour les esmouvoir à renverser les souverainetez des évesques. De ces deux, Guillaume le repoussa, mais Frédéric, cerchant tous moyens de venger son père[5], y presta l'oreille contre les remonstrances des princes d'Allemagne, jusques à entreprendre sur la vie d'Auguste, duc de Saxe. Frédéric ayant eu commandement de mettre entre les mains de la justice Grombac et ses compagnons et mesprisé tout cela, Auguste fit couler secrettement et en diligence de quoi investir Gotha, ville de retraicte à tous ces factieux. L'armée ayant suivi ces coureurs, la ville assiégée de près, les citoyens

à la diète d'Augsbourg, président du concile de Trente, doyen du sacré collège, mort à Rome en 1580.

1. La flotte turque mit à la voile le 29 mars 1565.
2. Guillaume Grombach, aventurier banni de Wurtzbourg à cause des dommages qu'il avait causés à Melchior Zobel, évêque de cette ville, et à son chapitre, en 1552.
3. Melchior Zobel, évêque de Wurtzbourg, assassiné à l'instigation de Grombach, en 1552.
4. Jean-Frédéric et Jean-Guillaume de Saxe, fils de l'ancien électeur Jean Frédéric.
5. Jean-Frédéric de Saxe, le rival du prince Auguste de Saxe, mort le 3 mars 1554.

abusez d'une guerre générale, qu'on leur faisoit gouster d'espérances frivoles du secours du roi de Suède, du mariage de la roine d'Angleterre avec Grombac et de la résolution de plusieurs princes pour faire Frédéric empereur; toutes ces choses fomentées par lettres contrefaictes qui venoyent de divers lieux, par les prédictions trouvées par des magiciens qu'on apostoit, et enfin par une femme en habits estranges, qu'on feignoit venuë d'Angleterre[1], pour messagère d'amours : tout cela ne put empescher que le peuple et la pluspart des soldats ne le prinssent eux-mesmes et ne le missent seurement entre les mains d'Auguste. Frédéric cuida parlementer et traicter une paix du chasteau qu'il tenoit, mais il ne put faire qu'une paction de sa ruine, par laquelle il fut privé de toute succession pour lui et les siens. Grombac, pris à pareil jour qu'il avoit fait tuer l'évesque de Wisbourg, fut mis vif en quatre quartiers[2], et de mesmes furent traictez les tueurs de l'évesque; quelques-uns moins coulpables, punis de mort moins sévère; Frédéric mené en triomphe avec quelque marque d'ignominie[3], depuis livré à l'empereur avec la plus grosse artillerie qui fust dans Gotha, après conduict à Naples; et les princes d'Allemagne refusez d'une requeste présentée pour sa liberté.

L'Allemagne purgée, l'empereur travailla aux levées de deniers pour la guerre contre les Turcs. Zat-

1. On racontait, dit de Thou, qu'une aventurière, se donnant pour la reine Élisabeth d'Angleterre, était passée en Allemagne et avait déclaré à Jean-Frédéric de Saxe qu'elle mourait d'amour pour lui. Le critique Jean Bockstadt a prouvé que ce conte était une fable (De Thou, liv. XLI, 1740, t. III, p. 766 et note).
2. Supplice de Grombach, 18 avril 1567.
3. Entrée de Jean-Frédéric de Saxe à Vienne, 22 juin 1567.

mar[1], assiégée par Lazare Schuhendius[2], où ce chef eut une arquebuzade qui mit le feu dans sa robe fourrée, enfin fut rendue au commencement de mars[3]. Le mesme assiégea Hust[4], mais la menée de paix avec le Turc, de laquelle nous avons parlé, lui fut ouverture de lever un siège qu'il trouvoit bien difficile.

Le bacha de Bude s'estoit obligé par serment de faire empaller le premier qui feroit course sur le pays des chrestiens; mais, les forces estans retirées, le bacha Hassan assiégea la forteresse d'Edde[5], que la garnison abandonna de nuict. Ils prennent de plus Rizuerre et Thermes[6]; ces places dès lors[7] reprises par Rhuber[8]. Lors, Éduard Cernowich[9], que l'empereur avoit envoyé à Constantinople pour la paix, revint asseurer que Selim[10] levoit une armée pour la Pannonie et particulièrement pour Canize[11]. Et pourtant l'empereur fut conseillé d'envoyer vers le Turc l'évesque de Adria[12], qui avoit desjà faict ce voyage accompagné de Christophle de Tiffambac[13], ce qui allongea les affaires jusques à l'année d'après.

1. Zathmar, en Hongrie, appartenait à Georges Bebeck, l'ennemi du prince de Transylvanie.
2. Lazare Schwendi, capitaine allemand, très employé par l'empereur contre les Hongrois et les Turcs.
3. Prise de Zathmar, 4 janvier 1567, et non au commencement de mars.
4. Huszt, sur la Theiss, en Hongrie.
5. Dedes, en Hongrie, appartenait à Gabriel Pereni.
6. Riswar ou Kowar, Thermes ou Banya, en Hongrie.
7. *Dès lors,* depuis lors.
8. Ruber, lieutenant de Schwendi.
9. Édouard Czernowicz.
10. Sélim II, fils et succr de Soliman II, sultan de 1566 à 1574.
11. Canisa, en Hongrie.
12. Antoine Werantz, évêque d'Agria, *alias* Erla.
13. Christophe de Tieffenbach. Les deux ambassadeurs partirent

Au retour de Malthe[1], Soliman, pour réparer son défaut, se prépare avec septante mil hommes pour donner dans la Bulgarie et secourir Jean de Vaivode[2]. Le bacha de Bude voulut au devant de lui emporter Palotte[3], d'où il lui falut lever le siège, pource que l'empereur avoit promptement mis une forte armée sur pied; à l'ombre de laquelle le comte de Salme[4] prit Vesprinium[5] par escallade, moyennant une ruine que le bruit du canon de la ville avoit faict. De là ils emportent Tatte[6] avec six canons, la contre battrie du dedans estant de vingt-quatre. Pource qu'il fit donner par tous endroits et notamment par dedans l'eau, quatre autres forteresses quittent d'effroi et tout se retire dans Strigonie. L'empereur, ayant mis un ordre notable pour esmouvoir toute la chrestienté par son exemple, se vid assisté de toutes les parts de la chrestienté. Le duc de Savoye y envoya quatre cens arquebusiers. Toute l'Italie contribua sous Adrian Balléon[7] et Alphonse Castaldo[8]. La Polongne défonça[9].

pour Constantinople à la fin de juin 1567 et y arrivèrent le 22 août.

1. Voyez plus loin, chap. xix.
2. Le Vaivode.
3. Palota, près de Javarin (*alias* Raab), fut assiégé par le pacha de Bude, le 6 juin 1566.
4. Eccius, comte de Salm.
5. Vesprin, à deux milles de Palota, d'après de Thou.
6. Thatan ou Theodata, non loin du Danube, fut pris par le comte de Salm, le 19 juillet 1566.
7. Adriano Baglioni avait été au service de la France (*Commentaires de Monluc*, t. II, p. 265), était passé au service de Maximilien II et devint, sous Grégoire XIII, général des troupes de l'Église. Il mourut en 1574 à l'âge de quarante-sept ans.
8. Alphonse Castaldo, capitaine au service du Saint-Siège.
9. *Défonça*, c'est-à-dire s'engagea à fond.

Les François se desrobèrent[1] sous le jeune duc de Guise[2], le premier, et puis le jeune comte de Brissac, Strosse, Lansac[3] et autres, qui avoyent desmarché pour Malthe. Les chrestiens ainsi forts eurent quelque envie d'attaquer Strigonie ; mais la crainte de s'engager au combat, Soliman estant si près, fit résoudre l'Empereur à n'entreprendre rien de longue haleine, seulement se préparer aux défenses des places menacées.

Cependant, les forces chrestiennes se vangèrent de la défection de Bebec[4], révolté au parti du Vaivode, lui prenant Tabatic, Pelezozi, Gombasec, Grasenahurg, Gadigen[5] et quelques forteresses d'auprès.

D'autre costé Schuhendius, ayant quelque temps fait place aux Tartares avancez, attendit que les fruicts et les raisins eussent mis la maladie de camp, et puis en deffit à diverses courses et sans combat plus de dix mille. Aussi la garnison de Sigeth, auprès de Cicloueste[6], leva quelque logis de troupes avancées sans ordre et deffit à deux fois de trois à quatre mil hommes.

---

1. *Se desrobèrent*, c'est-à-dire partirent en cachette, à cause de l'alliance qui existait entre la France et la Turquie.

2. Le duc de Guise partit pour la Hongrie vers le mois de mai 1566 et arriva le 12 août à Vienne. Il prit peu de part à la guerre et fut retenu par Ferdinand à la cour impériale. Ses partisans publièrent ses hauts faits (*Discours de ce qui est survenu au voyage de M. le duc de Guise*. Paris, 1566).

3. Timoléon de Cossé-Brissac, Philippe Strozzi et Guy de Saint-Gelais de Lansac.

4. Georges Bebeck, prince hongrois, avait abandonné le parti allemand pour celui de Jean-Étienne de Transylvanie et s'était fait l'allié des Turcs.

5. Zabathka, Pelsewcz, Gombazzeck, Krasnawka et Gady, pris en 1566 par Schwendi (De Thou).

6. Zighet et Siclowesch.

Cependant Soliman, ayant passé le Save et le Drave, entreprit un pont sur le Danube d'une lieue de long à l'envi de celui de Cæsar sur le Rhin, comme l'ayant pris pour patron et fait traduire ses commentaires en slavon. Estant passé[1], il fait monstre de son armée, où il fit mourir le bacha de Bude[2], comme n'ayant pas fait son devoir; de là marche au siège de Sigeth[3], place partout environnée d'un marais, horsmis d'une fort étroicte avenue, qui consistoit[4] en un grand chasteau couvert de deux bastions à l'approche de la terre et puis en un donjon de peu de force.

Le comte de Serin[5], gouverneur, se résolut à quitter la villette, tellement quellement fermée, après avoir fait perdre aux ennemis quelques-uns à l'abordée, fit sapper un retranchement tenant les bois avec le feu tous prests; et puis, ayant tiré fermement de tous ses compagnons de mourir sans capituler, fit aussi jurer les loix militaires, pendre un soldat, qui avoit tiré l'espée contre son chef, et quand et quand le bacha Mahumet[6], prisonnier, pour oster aux siens

---

1. Ce pont fut fait sur le Drave et non sur le Danube. Le passage de l'armée turque eut lieu le 2 juillet 1566 (De Thou, liv. XXXIX, 1740, t. III, p. 645).

2. Supplice de Oroffan, bacha de Bude, 5 juillet 1566.

3. Commencement du siège de Zighet, 8 juillet 1566. De Thou, qui a donné de ce siège un récit détaillé, que d'Aubigné a pris pour guide (De Thou, liv. XXXIX, 1740, t. III, p. 646), s'est servi du récit de Pierre Gentil de Vendôme, *Deux discours contenant l'histoire du siège de Malte et de Zighet,* 1565 et 1567, in-8°.

4. Var. de l'éd. de 1616 : « ..... *d'un marais,* horsmis d'une part; estroite avenue, *qui consistoit.....* »

5. Comte de Zrin, capitaine impérial, tué pendant ce siège.

6. Mahumet, dit de Thou, un des chefs de l'armée turque, s'était rendu coupable de toute sorte de crimes.

tout espoir de miséricorde. Ainsi s'enferma avec quatre mil hommes, qu'habitants que gens de guerre. Après quelques jours passez en escarmouches, au dommage des uns et des autres, Soliman arrive au siège, fait mettre ses batteries sur des vignes un peu eslevées et en préparoit une basse pour recongner les assiégez dans leur grand chasteau, où le gouverneur se retira, ayant fait mettre le feu au préparatif que nous avons dit. Le mal fut que les nostres, faisans gloire de quitter à regret, eurent le chemin coupé et se perdirent plusieurs. La batterie à la grande forteresse fut de deux jours et demi. L'assaut général donné et deux fois repoussé, le feu, par quelque pouldre bruslée, se met dans le rempart où il y avoit trop de bois ; qui contraignit le gouverneur et ceux qui estoient près de lui, mesmes à cause du magasin des poudres, où le feu donnoit, de se retirer et d'enfermer la pluspart des siens de tout sexe avec les ennemis.

Ce qui entra au donjon, où il n'y avoit aucune munition, périt la plus part de faim. Là dessus le gouverneur n'attendit pas que son donjon fust mis en poudre. Il se couvre de précieux habits, arbore un pennache d'oiseau céleste avec une enseigne de gros diaments, met cent escus en sa pochette pour celui qui le tueroit, saisit un petit bouclier et une espée courte, convie ses compagnons à en faire autant par une bonne et briesve harangue, ouvre sa porte et donne teste baissée dans une grosse troupe de janissaires, où lui et les siens furent accablez de coups ; plusieurs sauvez par les Turcs admirans leur valeur. La teste du gouverneur couppée fut envoyée par

Mustapha[1], enveloppée de drap de soye, à l'empereur, qui la fit enterrer avec pompe et regret.

Le Turc perdit en ce siège vingt-cinq mille hommes, entre ceux-là sept mille janissaires, les bachas Miserk et Aly[2]. Ainsi Sigeth, attaqué à la mi-juellet, fut pris à la moitié de septembre[3]. La joye de la prise tempérée par la mort de Soliman[4], esteint d'apoplexie, prince pieux, juste et fidèle à l'estime des Turcs; de qui la mort fut célée de merveilleux artifices jusques à tuer quelque serviteur domestique, de peur qu'il la déclarast[5], et à faire paroistre ce corps paré et le visage peinct jusques à le faire estimer vivant à ceux à qui il le falut produire pour contenir les gens de guerre en estat jusques à l'arrivée de Selim, qui, avec des cérémonies notables, fit paroistre la mort de son père avec sa réception pour empereur.

En attendant le bacha Pertau[6], avec quarante mil Turcs que Tartares, les forces du vaivode et du bacha de Themesvar attaquèrent Julia[7]. Les eaux, au commencement, leur firent tirer le pied en arrière; mais

---

1. Mustapha, bacha de Bosnie, général en chef de l'armée de Soliman.

2. Miserki, premier chiaoux; Ali Pertau, officier chargé de finances.

3. Prise de Zighet, 7 septembre 1566. Voyez la lettre de la reine du 11 octobre (*Lettres de Catherine de Médicis*, t. II, p. 389 et la note).

4. Mort de Soliman II, 5 septembre 1566.

5. Mehemet, premier vizir, fit tuer le premier médecin du sultan de peur qu'il ne divulguât sa mort.

6. Le bacha Pertau ne doit pas être confondu, d'après de Thou, avec Ali Pertau cité plus haut.

7. Giula, place forte sur le lac Zarkad, fut assiégé le 2 juillet 1566.

ayant depuis battu et pressé, comme les Turcs estoyent prests de lever le siège, le gouverneur Krestehen[1], par la familiarité qu'il avoit avec Georges Bebec, capitula et rendit la place maugré les meilleurs des siens[2]; lesquels, contre la foi promise, furent massacrez à mille pas de la ville. Leur gouverneur, donné par Selim à ses ennemis, fut faict mourir dans un tonneau de cloux[3], ayant espéré d'estre changé pour le bacha de Mahumet pris en combat[4] où il s'avançoit trop.

Ainsi perdirent les chrestiens ces deux bonnes places et à leur ombre sept ou huict de moindre étoffe; et l'empereur, par quelque pesanteur que les Allemans appellent prudence, ne fit pas un pas à leur secours, ayant toute la fleur des forces de la chrestienté, lesquelles je déduirois par pièces après les autres auteurs, si cela n'augmentoit le mal de cœur. La venue de Selim[5] fit quitter Barboze, Sacham et Zorgue[6]; et l'armée, s'estendant plus qu'il ne faloit, eut sur les doigts à la rivière de Sccluva[7], où quatre

1. Ladislas Kereczeni.
2. Prise de Giula, 2 septembre 1566.
3. Ladislas Kereczeni ayant été fait prisonnier par les Turcs, Selim l'abandonna à ses ennemis. On l'enferma dans un tonneau armé en dedans de gros clous pointus, et le tonneau fut précipité du haut d'une montagne (De Thou, liv. XXXIX, 1740, t. III, p. 153).
4. Mahumet avait été fait prisonnier par les Impériaux et était entre les mains d'un seigneur, nommé Arach, dont la fille devait épouser le fils de Kereczeni. Mais l'échange n'eut pas lieu et Mahumet se racheta pour 50,000 écus d'or (De Thou, ibid.).
5. Selim fut reconnu à Constantinople le 23 septembre 1566 et partit pour l'armée le 27.
6. Babotzka, Sacka et Schorgo.
7. La Sluna.

mille Turcs furent deffaits et mis en route. Et puis l'hyver fit retirer le Grand Seigneur et laisser au vaivode le bacha Perthau avec ses Turcs et Tartares. Ceux-là attaquèrent Quoquay[1], qu'il falut, après la batterie, abandonner pour venir combattre les Tartares par deux fois; lesquels, sans distinction de parti, mettoyent à feu et à sang tout le pays, mangeoyent, comme on dit, les enfans et les tétines des femmes, et ceste grande armée lassée se contenta de faire quitter Viterve et Vitam[2].

L'empereur se retire à Vienne, où il receut l'ambassadeur[3], qu'il avoit envoyé pour la paix à Soliman, renvoyé avec menaces et remonstrances sans parler à Selim, pource que sa commission ne s'adressoit pas à lui; tous les seigneurs qui estoyent venus avec lui congédiez avec remerciement, force garnisons aux lieux plus dangereux. L'année finissant par une diette à Vienne[4], cependant que Schuhendius para la besongne par le siège et prise de Zatmar[5].

Chapitre XIX.

Du Midi.

Rien de l'Italie ne doit nous retarder d'aller voir ce beau siège de Malthe[6]. L'isle est entre la Sicile et

1. Tokay, sur les confins de la Hongrie et de la Transylvanie.
2. Gestern et Vithan.
3. Hozzuthothi, seigneur hongrois.
4. La diète commença le 28 novembre 1566.
5. Prise de Zathmar par Schwendi, 4 janvier 1567. Voyez plus haut.
6. Le beau récit qu'on va lire du siège de Malte est tiré de

l'Afrique, mais trois fois plus loin de la Barbarie que de nous. Elle a vingt ou vingt-cinq lieues de tour. En son milieu est ce que l'on appelle la Cité, au pied de laquelle une petite vallée se change en ruisseau qui prend la mer du costé qu'est la Sicile. Là il y a deux entrées, celle qui est à gauche s'appelle Marza-Musset[1]; l'autre entrée, séparée d'une poincte, fait en trois autres plus petites autant de rades. Le Bourg, qui est la principale forteresse, est à la seconde poincte, qui a pour sa teste le chasteau Saint-Ange eslevée de nature. La teste de l'autre poincte est gardée par le fort Saint-Michel; mais à la première poincte, sur une roche un peu eslevée, l'embouchure est deffendue par le fort Saint-Elme.

Nous avons aussi à considérer une petite isle appellée Gozi[2], qu'on laisse à droicte en allant d'Italie à Malthe. Pour emplir tout cela, Vallette Parisot[3], grand maistre de Malthe, avoit mille soldats à sa paye, François, Italiens et Espagnols, mil hommes de marine

---

de Thou (liv. XXXVIII, 1740, t. III, p. 565) qui lui-même a emprunté les principaux éléments de son récit à Pierre Salazar de Mendoza, historien espagnol, à Claude de la Grange (*Comment. de bello Melitensi a Solymano gesto*, 1582, in-4°), à Antoine François Cirni, Italien (*Commentarii divisi in IX libri...*, etc. Rome, 1567), et surtout à Pierre Gentil de Vendôme (*Deux discours contenant l'histoire du siège de Malte et de Zigeth*, 1565 et 1567). On conserve dans le f. fr., vol. 15496, un fragment de l'histoire du président Montagne qui donne de nouveaux détails sur ce siège.

1. Marza Musceto.
2. Gozzo.
3. Jean Parisot de la Valette, quarante-huitième grand maître de Malte, né à Toulouse en 1494, grand maître de l'ordre en 1557 (après Claude de la Sangle), le héros du siège que d'Aubigné va raconter, mort en 1568.

bien choisis, cinq cents habitants de la ville et, du peuple de l'isle, quatre mil arquebusiers; mais ce qu'il estimoit le plus estoit cinq cents chevaux; outre cela cinquante morte-payes de Saint-Ange sous Gaseran Rosso[1].

Hasdrubal de Médicis demanda la garde de Saint-Michel avec une compagnie à lui et les soldats de deux galères; mais Petre Montan[2], admiral, et depuis grand maistre, l'emporta. Pour Saint-Elme furent adjoustez, à soixante hommes de garnison, soixante chevaliers et une enseigne espagnole sous Le Breuil[3].

En l'isle de Gozi n'y avoit qu'une centaine d'estrangers commandez par Torneille de Majorque[4]. A la vieille Cité fut laissé Perrot Mosquita, Portugais; on lui donna Jouan Vagnon[5] avec six chevaliers et cent cinquante soldats. On laissa à la campagne Caperio[6], mareschal de l'ordre, avec trente chevaliers et huict cents, qu'à cheval qu'à pied, pour la garde de l'isle tant qu'il se pourroit.

L'armée turqueste arrivée[7] jetta de nuit à terre une partie de ses bandes et les avance jusques à

---

1. Garzenaro Roz, chevalier espagnol.
2. Pierre Guidalotti di Monte, grand maître de l'ordre après La Valette, mort en 1572.
3. Louis de Broglie, né en 1500, chevalier de Malte, grand-croix de Saint-Jean de Jérusalem, s'illustra à la défense du fort Saint-Elme et mourut en 1571.
4. Giannetto Torrellas, de Majorque.
5. Juan Vagnone, capitaine espagnol.
6. Guillaume Copier, maréchal de l'ordre, chevalier français.
7. L'armée navale des Turcs, partie de Modone, arriva le 13 mai 1565 à Marza Scirocco, un des ports de l'île, et se retira dans un autre port appelé Maggiaro.

Sainte-Catherine[1]. Pendant que le grand maistre s'employoit aux processions et à la prière de quarante heures, sachant que ceux de l'isle estoyent au combat et quittoyent le pied devant la multitude des Turcs, il fit rafraichir les siens par gens de cheval et de pied[2] et retirer les Turcs à leur gros.

Le jour d'après, le bacha Mustapha, avec douze enseignes, s'avance auprès de la Cité pour recongnoistre avec un prisonnier chrestien, nommé Ribera; mais les chevaliers et ceux de la garnison de la Cité troublèrent son loisir et le congnèrent jusques dans son gros avec perte, à ces deux premières rencontres, de plus de deux cents, et, du costé des chrestiens, de douze, et entre ceux-là un chevalier.

Le résultat de ces recongnoissances fut d'attaquer le fort Sainct-Elme pour deux raisons : l'une pour mettre à couvert leur armée dans la rade qu'ilz appellent Musset, meilleure que l'autre qu'ils nomment Siroc; l'autre raison estoit pour commencer à rendre l'accès de la mer difficile au bourg et autres places. Dedans deux jours, les assiégeans eurent amené sur leur platteforme douze pièces de grosse batterie par le moyen des bœufs, dont ils avoyent trouvé l'isle bien garnie.

Parmi les louanges bien méritées qu'on donne aux assiégez, quelques capitaines ont remarqué deux fautes : l'une que l'ennemi ait fait sa descente au nez de huict mil hommes de guerre sans combat, n'estant point la retraicte d'infanterie dangereuse et le pou-

1. Sainte-Catherine, à deux milles de Malte.
2. C'est-à-dire qu'il leur envoya un secours commandé par Jean d'Eguerra ou d'Equarras, bailli de Nègrepont.

vant faire par semences, selon les petits avantages, et sans confusion; l'autre faute inexcusable est de s'estre fié à la diligence des paysans pour retirer leur bestail dans les places, sans lesquels l'armée turqueste eust souffert plus d'incommodité et eust fait ses approches avec plus de peine et partant plus pesamment. Elle, donc fortifiée de la venue de Vluzalis, vulgairement appelé Ochali, Calabrois[1], devenu bacha, avec six grandes galères, commença la batterie contre Sainct-Elme, que la Cerde[2], nouvellement arrivé avec quatre cents hommes, vouloit habandonner après s'estre jetté dedans, prévoyant en ceste vieille place la ruine de leurs meilleurs hommes. Le grand maistre, qui n'en espéroit pas mieux, le renvoya avec cent cinquante choisis, voulans, bien qu'à regret, payer de ceste place et de sa garnison, plustost que d'avoir dès le commencement l'ennemi au cœur de ses affaires.

Dragut[3], qui arriva en l'armée lors de sa première descente, avec quinze galères et quinze cents hommes triez, voulut destourner les desseins de Mustapha à s'asseurer de Gozi; mais le bacha et son conseil continuèrent, bien que, par une despesche de Constantinople, il leur fust commandé de croire de tout en tout Dragut. Cestui-ci fut près de faire sa batterie de

---

1. Ali, renégat calabrais, à qui les chrétiens donnaient par mépris le nom d'Ulucciali, avait été fait pacha et amiral par Soliman II. Il arriva d'Alexandrie au camp des assiégeants le 25 mai 1565.
2. Jean de la Cerda, amiral espagnol.
3. Dragut, originaire de l'Anatolie, ancien lieutenant de Barberousse, tué sous les murs de Malte.

l'autre costé de l'eau[1], aussitost que l'autre bande commença la ruine[2]. La difficulté des approches estoit principalement en faute de terre, de laquelle toute l'isle est desnuée, si bien que les assiégeans n'eurent à se couvrir que des poutres des maisons ruinées qu'ils entremesloyent de pailles et de vase. Avec ceste matière, par le moyen des forçats de quarante galères qui demourèrent sans chiorme, ils gaignèrent la muraille seiche qui servoit de fausse braye à la forteresse, où ils deffirent un corps de garde de cinquante hommes. De ceste surprise leur prit une chaleur de foye pour, après leurs cris accoustumez, donner une escalade où ils laissèrent bien quatre cens hommes dans les fossez.

Le grand maistre avoit despesché Camille[3], bastard du marquis de Marignan, et Raphaël Selvagio[4], l'un au pape et l'autre à Garcia de Tolède[5], chef de l'armée amassée pour le secours. Dès que l'armée turquesque fut sceue au Négrepont, ce dernier, avec bonnes promesses et bien jurées, trouva moyen de revenir au Bourg, non sans grand danger, et aussitost, avec plus de péril encore, redépesché pour ne partir d'auprès de dom Garcia jusques à la venue du secours. Cependant les assiégeans lèvent, de la matière que nous

---

1. *Celui-ci* Dragut. *De l'autre costé de l'eau,* à revers, du côté de Marza Musceto.
2. Les batteries de Mustapha commencèrent à tirer le 31 mai contre le château.
3. Camille de Medichino, fils naturel de Jean-Jacques de Medichino, marquis de Marignan.
4. Raphaël Selvago, chevalier de l'ordre.
5. Don Garcias de Tolède Oforio Pimentel, général des galères de Philippe II et vice-roi de Sicile.

avons dicte, un grand cavallier au niveau des deffenses du chasteau, sur lesquelles, toutes abbattues, l'assiégé combattoit descouvert et l'assiégeant en meilleure condition. Le grand maistre osta de Sainct-Elme Esquerre et le Breuil, l'un pour ses blessures et l'autre pour sa vieillesse. A leur départ, il print une espouvante à la garnison, pour laquelle lever ils furent fortifiez de Constantin Castriot[1] avec troupes choisies.

Les Turcs, ayant dès lors traversé le fossé avec un pont couvert de terre, semblable en quelque façon aux galeries desquelles on use aujourd'hui, font, par le moyen de ce pont, donner un assaut et une escalade générale ; en mesme temps l'assaut, rafraischi par six fois, après avoir esté deux heures aux mains, fut repoussé avec perte de mille Turcs, quelques-uns tuez des coups qui se tiroyent du Bourg.

Durant ces choses, dom Garcia fut trois fois pressé par Selvage dans le conseil pour faire partir le secours, car ce qu'on lui disoit en secret estoit estouffé ; mais il eut une fois pour response l'attente de quelques Espagnols, une autre celle de Chappin Vitelle. Ce que voyant, le prieur de Messine s'offrit de faire l'embarquement à ses despens, et, ne pouvant mieux, despescha Jean de Cardone[2] avec quatre galères pour se jetter dans l'une des places au cas que le fort Sainct-Elme fust encore en son entier ; ce qu'il estoit, mesmes que Dragut Reis, recognoissant la ruine, y fut tué d'un esclat. Là mourut le plus dangereux, le plus expérimenté et le plus ennemi cappitaine des chrestiens, qui ne faisoit fautes

1. Constantin Castrioto, chevalier italien.
2. Jean de Cardone, général des galères.

à la guerre que celles où le poussoit son animosité.

Mustapha, voyant la place comme esplanée et le chemin du rafraischissement bousché par les approches, résolut et exécuta un assaut plus furieux et plus long que le premier. Le meurtre y fut tel d'une part et d'autre qu'il ne resta dans la place que quatre-vingts hommes capables de combatre, mesmes impuissants de retirer des fossez et des bresches leurs blessez[1]. Un soldat passe à nage, va trouver le grand maistre, lui conte le misérable estat de ceste troupe condamnée. On essaya d'envoyer quelques hommes sur quatre brigantins. Cela respoussé, le messager ne receut que doléances; et par lui les assiégez, n'ayans entendu que consolations à la mort au lieu de confort et conseil pour la vie, se résolurent des larmes aux armes et à périr vangez. Puis, ayant dès le point du jour toute l'armée sur les bras, furent emportez en combattant, fort peu sauvez à nage. Ceux qui, à cause de leurs blessures, ne peurent arracher la mort des mains des assaillans, essuyèrent ce que les Turcs ont d'artifices et d'ingénieuses cruautez; tout cela arrivé la veille de Sainct-Jean.

On dit que Mustapha, voyant la petitesse et le mauvais estat de la place, où il avoit perdu quatre mille de ses meilleurs hommes et dix-neuf jours de temps, s'escria en langue italique : « Que nous coustera le père, puisque cest enfant a esté si cher? » Ce bacha, pensant le cœur des chrestiens amolli, envoya un vieillard avec un drappeau blanc et chargé d'offrir au grand maistre quelque Isle du Négre-Pont pour quit-

---

[1]. Troisième assaut du fort Saint-Elme, 22 juin 1565.

ter Malthe. Ce messager faillit à estre pendu et fut renvoyé avec paroles de menaces et de mespris. Cependant Cardone, avec ses quatre galères, arrive au port de Lescalle, Selvage lui ayant conseillé ce chemin pour lui oster la veue de Sainct-Elme, lequel, par apparence, il devoit trouver pris. De Lescalle, par le moyen d'une brouée et advis des assiégez, il fut receu avec joye au bourg.

De mesme temps quelques chrestiens, retenus de force dans l'armée des Turcs, se jettèrent dans la place, desquels on recevoit de bons advis; mais sur tous ils en eurent de très exprès par Philippes Lascaris[1], Grec de grande maison. Lequel, ayant esté pris petit enfant au siège de Patras, fut mignardement nourri au sarrail et puis affriandé de tous honneurs; mais n'eust plustost la commodité de voir des chrestiens que, poussé des mesmes mouvements de Scanderbec[2], il ne se jettast à eux, satisfaisant avec grand péril à tous les désirs de sa jeunesse.

En peu de jours les poinctes du chasteau Sainct-Ange et de Sainct-Michel estans approchées par les mesmes retranchements et de mesme estoffe que les autres, les batteries basses et celles des courtines, par l'aide de deux grands cavalliers, mirent tout ce qui paroissoit le plus en ruine[3]. Mustapha se saisit de

1. Philippe de Lascaris, de l'illustre maison de Lascaris, était chef du corps des spahis dans l'armée turque.
2. L'Albanais Georges Castriot, dit Scanderberg, né au commencement du XVe siècle, quitta l'islamisme et s'illustra dans d'innombrables combats contre les Turcs. Il mourut à Lissa, près de Venise, en 1467.
3. Les batteries dressées contre l'Éperon et le château Saint-Michel commencèrent à tirer le 5 juillet.

deux mille soldats choisis, que lui avoit amené sur ce point Azanez[1] avec trente galères, pour donner un assaut par mer sous la conduicte de Vluzalis, et par terre fit donner le reste de son armée.

Le combat fut en plusieurs lieux de main à main et sans avantage. Mais l'obstination des chrestiens et les rafraischissements qu'ils recevoyent à propos par divers ponts qui alloyent du bourg au chasteau, de plus la présence du grand maistre, tout cela eschauffa grandement leur vertu; par laquelle les Turcs furent contraints de lascher le pied sur la soirée, estans poursuivis et meslez si chaudement dans la retraicte que, de deux mille qui avoyent donné de ce costé-là, il n'en eschappa point quatre cents. Par terre il demeura quelques cinq cents Turcs, des nostres quelques cent; entre ceux-là Zano Guerra[2] et Frédéric de Tolède, fils de dom Garcia[3].

C'estoit chose estrange que son père cependant ne s'esmouvoit point de voir Selvage le diffamer par toute l'Italie, tous les potentats et capitaines qui estoyent auprès de lui le regarder en mespris, et en parlant les uns aux autres lui faire ouïr de ses honteuses nouvelles, que le péril de son fils ne le fit point départir ou de la fraude commandée par son maistre pour ne secourir Malthe qu'en estat de la dominer, désir qu'il avoit de faict, ou bien de quelque composition particulière avec les infidèles; car il avoit monstré trop de marques de son courage pour attribuer ces froideurs à la lâscheté selon les voix du vulgaire.

1. Hassan ou Huscen, dey d'Alger, fils de Barberousse.
2. François Zanoguerra.
3. Ce combat eut lieu le 15 juillet.

André Dorie[1] vińt le trouver, qui, ayant parlé à lui selon sa vertu et son authorité, fut aussitost payé des attentes de forces que ce temporiseur avoit tousjours en main. Il lui demande trois galères et douze cents hommes pour s'aller jetter dans Malthe et y porter les moyens d'attendre les considérations du secours. Cest offre fut au commencement accepté. Mais Dorie, lui mesme, amusé à aller quérir en lieux incommodes des forces pour cest effect, pour s'oster la haine de cest affaire, envoya Pompée Collonne[2] avec mine de mener secours, mais charge expresse de revenir en Sicile, comme il fit.

Les assiégeans, durant sept jours, travaillèrent à des mines[3] du costé de Bromola[4] qui, dans ce temps, furent fort avancées, à l'eslévation de deux grands cavalliers. Puis les assiégeans firent une furieuse batterie de soixante canons ou doubles canons, si qu'en peu d'espace ils eurent mis en poudre la courtine du bourg qui regarde vers Sainct-Michel et Sainct-Michel mesmes.

Les assiégez, par contre mines, rendirent les mines des autres descouvertes, du costé de Castellanne[5], et inutiles. Mustapha, voyant trop de longueurs employées aux préparatifs, se résolut par impatience à l'essai d'un grand assaut général[6]. Le com-

---

1. Jean-André Doria, fils de Jannetin Doria, neveu du célèbre André Doria.
2. Pompeio Colonna, général des galères du pape.
3. Var. de l'édit. de 1616 : « *Les assiégeans* durant ces jours travailloient *à des mines...* »
4. La Bormola, ruisseau.
5. Du côté du *quartier de Castille*.
6. L'assaut fut dirigé contre le château Saint-Michel le 2 août,

bat fut fort divers et furieux par l'effort duquel les Turcs gaignèrent le haut de la bresche.

Les vieillars, les femmes et les enfans, voyans des rues les estendars au croissant, y accoururent. Leurs gémissements et la résolution de leurs foibles armes redoubla tellement le cœur de ceux qui n'en pouvoyent plus qu'ils firent lascher le pied aux ennemis. Le grand maistre, ayant espuisé tous les rafraischissements, y va faire le soldat à bon escient. Le plus grand meurtre des uns et des autres fut par les artifices de feu, de quoi les assaillans portèrent le plus, comme mieux fourni, si bien que le rempart, la pluspart composé de fumier et de bois, embrazé de toutes parts, fit comme une tresve par force. Les assiégez furent les premiers à la rompre, craignant l'esplanade que les ennemis trouveroyent dans les cendres. Les autres aussi y apportent de l'eau par impatience d'attaquer les chrestiens qui s'en alloyent perdus, quand Mustapha, à l'assaut en personne, fit sonner la retraicte et tourner visage par l'accident que vous entendrez : c'est que Pierre Mesquitto[1], qui commandoit en la Cité, ayant veu d'une tour ce grand feu, estima que Sainct-Michel estoit pris ; et là dessus fit sortir Jean de Luques et Vincent Vanture[2], avec cent bons chevaux et mille arquebusiers. Ceux-ci, voyans l'armée employée à cest assaut, la jugeans acharnée au pillage, donnèrent si furieusement sur le quartier

---

continué les jours suivants en escarmouches et redoublé le 7 août.

1. Pierre Mesquita, chevalier espagnol, était gouverneur de la ville.
2. Jean de Lugny et Vincent Ventura.

des Janissaires, qu'ils emportèrent l'hospital des blessez. Ce coup, qui n'appartenoit qu'à une armée de secours, divertit Mustapha, lui fit perdre la journée et l'occasion, tellement qu'il lui falut retourner à ses approches de pied à pied.

Dom Garcia avoit envoyé le chevalier de Cornusson[1] avec deux galères, lequel n'eut moyen que de mettre pied à terre, recongnoistre les gardes de l'armée et s'en retourner. A son arrivée fut tenu un conseil général de tous les capitaines, non tant pour délibérer sur le secours comme pour rendre leur général inexcusable en ceste assemblée. Se trouvèrent arrivez de nouveau Alvaro Sandeo[2], revenant de la prison des Turcs, et Ascagne de la Corne, de celle du pape Pie; lequel, irrité par la conjuration de Benedic Accolsio, fils d'un cardinal de mesme nom, et autres fols qui attentoyent à l'estat de Rome, s'estoit rendu violent contre tous les principaux d'Italie, avoit proscript Bentivole[3] et plusieurs autres et emprisonné Ascagne, criminel de sa vertu, chose que j'ai laissé dire plus au long aux autheurs catholiques.

Les deux que j'ai nommez eurent des advis bien contraires : le premier, soit qu'il fust venu admirateur

---

1. François de la Valette, s. de Cornusson, neveu du grand maître, devint plus tard gouverneur et sénéchal de Toulouse et mourut le 16 février 1586 (*Hist. de la noblesse des capitouls,* v° La Valette).

2. Alvaro di Sande, t. I, p. 342, note.

3. Cornelio Bentivoglio, originaire de Bologne, ancien gentilhomme de la chambre de Henri II, avait été soupçonné de la mort du comte d'Enghien (Brantôme, t. III, p. 220). Après l'avènement de Charles IX, il passa en Hongrie et se signala dans la guerre contre les Turcs. Il mourut après 1582 (Chazot de Nantigny, *Généal. hist.,* t. II, p. 602).

des Turcs par la veuë de leur grandeur, soit que corrompu par dom Garcia, se mit à exalter les forces de l'armée turquesque, eslever leurs labeurs et disciplines, déclamer contre la noblesse des chrestiens, venans de leurs plaisirs monstrer la différence qu'il y avoit en la perte de toutes les forces d'Occident ou de Malthe seule, concluant à despescher vers le grand maistre, lui oster l'espoir de secours, l'advertir de composer et chevir comme il pourroit.

Ascagne prend le contrepied, exalte les forces fraîches et choisies par la chrestienté, monstre que c'est d'une armée abbatuë par un long siège, par grandes maladies et par la mort des plus eschauffez capitaines et soldats, lève haut l'honneur de la chrestienté, conclud à l'abordage sous la faveur de Gozi, à gagner la Cité, et de là, par logis retranchez, contraindre les Turcs ou à un combat désavantageux ou au lèvement du siège. Dom Garcia, n'ayant pour lui que les voix de ceux à qui il avoit osé discourir de sa honteuse commission, fut contrainct, par la multitude des chefs, à consentir et résoudre le partement à la venuë de Doria.

Les assiégeans, après avoir recommencé leur batterie, font saulter quelque mine de peu d'effect, donnent liberté à quatre cent forçats encores, puis, ayant veu lettres de Soliman, par lesquelles il les confinoit en Malthe jusques à la prise parfaicte de Malthe et de Gozi, avisèrent à leurs rafraichissements pour un assaut général au bourg et à Sainct-Michel ensemble[1].

---

1. Ces deux assauts eurent lieu simultanément sous les ordres de Mustapha et de Piali le 18 et le 19 août.

L'attaque fut continuée toute la journée, où les chrestiens, demi-morts de lassitude, furent enfoncez du costé de Castellane, et puis regagnèrent ce qu'ils avoyent perdu à la venuë du grand maistre, les Turcs ayans laissé plus de trois mil hommes en ces deux journées. Je ne veux oublier les artifices par lesquels on relevoit les courages des soldats en tous les combats, soit de Sainct-Elme, soit des autres lieux : tantost par des crucifix qu'on arboroit à la veuë des combattans, tantost par des révélations que leurs gens d'église faisoyent proclamer, surtout de la venue de l'armée ; laquelle enfin part de Messine pour venir à Siracuze, où André Dorie, appercevant quelques nouvelles renarderies en son général, contre son gré et pour l'engager, prit charge de s'avancer à Gozi.

L'armée, partie de Siracuze le vingtiesme jour du mois d'aoust[1], prend langue par la prise d'une galère, et puis, nonobstant quelque tempeste, s'avance à la veuë de Malthe ; et dom Garcia fit tant qu'il la rameina à Pachine[2], où, malgré les gens de bien, il fait mettre à terre ses confidants, faisant desrober et desbaucher plus de quinze cents hommes. Sur ceste diminution, tout le secours s'en alloit rompu par le général sans l'arrivée d'André Dorie, retourné bien à propos. Cestui-là, après avoir reproché à son chef sa parole, son serment, son escrit et son seing au conseil général, lui fait voir tous les chefs de l'armée résolus à sa ruine pour leur honneur. Il fallut rembarquer et ordonner la descente en quatre troupes : la première

---

1. Le 24 août, dit de Thou.
2. Pozzallo, dit de Thou.

du Terce de Naples, où commanderoit dom Alvaro; la seconde, de celui de Milan sous Sancio Laudon[1]; la troisiesme, celui de Sardagne, mené par Gonsalve Braquamont[2]; et puis les forces d'Italie par Vincent Vitelle[3]. Tous ceux-ci recognoissans dom Garcia pour général et Ascagne de la Corne pour mareschal de camp avec foi, nouvellement jurée, et promesse signée que ce qui seroit ordonné par le plus de voix seroit exécuté.

Mustapha, après le grand assaut, réchauffa et agrandit ses cavalliers, prit pied à pied les boulevards de devant Sainct-Michel, et, par ce moyen ayant foudroyé tout ce que l'artillerie pouvoit voir, mit la place hors de toute défense; ce qui fit crier tout haut aux assiégez qu'il faloit quitter Sainct-Michel et se retirer à Sainct-Ange. Le grand maistre, ennemi de tel advis, ne cerchant qu'une mort honnorable, comme celui que Mustapha avoit résolu de sauver seul pour triompher de sa veue dans Constantinople, et qui, aux derniers assauts, s'estoit vestu en simple soldat pour éviter la honte par la mort, choisit Clermont, François comme lui, tria à part tous les François où il y en avoit, ne meslant avec eux que Guevarre[4] avec une compagnie espagnole. Ceux-ci bien disposez, après lesquels le grand maistre faisoit porter mantelets et gabions bien aprestez, se jectent de nuict dans le grand cavallier des Turcs par les embrasures, larges comme faictes pour doubles canons, et, ayant

---

1. Sancho di Londonno.
2. Gonzalez de Bracamonte.
3. Vincenzo Vitelli.
4. François de Guevara.

tué tant la garde que ceux qui travailloient, se couvrirent si prestement et si à propos contre l'armée, que Mustapha troublé, plustost que d'attaquer ce nouveau logis, fit donner un assaut au fort Sainct-Michel. Cest effort, inutile à ce qu'il pensoit, lui donna ce qu'il n'espéroit point, asçavoir les fours que les nostres faisoyent pour faire sauter la contr'escarpe et le logement qui estoit dessus[1].

Le combat, interrompu par une grande pluye et après repris par deux fois sans avancer, osta l'espérance d'emporter de force le bourg, et fit disposer les Turcs à attaquer la Cité ; Azènes, vice-roi d'Alger, se vouant à porter un drapeau sur la muraille. Là, les Turcs furent si rudement receus hors des contr'escarpes, qu'il ne falut plus parler au Bacha d'emporter chose quelconque de haute lutte ; mais les deux partis estoyent réduits à attaquer et défendre les madriers à coups de hallebardes, quand dom Garcia qui, depuis que nous avons dit, avoit encores eschappé jusques à Siracuze, estant ramené maugré lui, parut à la veue de Malthe devers l'isle de Gosi, et le lendemain au poinct du jour à l'endroit de Melcia[2] ; fit descendre six mille des siens[3], ausquels il couppa queue pour s'en retourner en Sicile quérir des vivres et les forces de Umbrie qu'il disoit estre à Cajette[4]. Les six mille marchent vers la cité, entre laquelle et le port ilz campèrent trois fois et se reposèrent trois jours, à la faveur des murailles et sur la nouvelle que

1. Cet assaut eut lieu le 31 août 1565.
2. La pointe de Melega.
3. Débarquement des troupes siciliennes, 7 septembre 1565.
4. Gaëte.

l'armée des ennemis s'embarquoit pour lever le siège.

Mais la crainte de Soliman courroucé, et plus que cela, la veue de l'armée chrestienne qui s'en retournoit, ayant redonné courage aux Turcs de tourner au combat contre une petite troupe exposée à terre, Mustapha prend place de bataille au pied d'une colline; où aussi tost parurent les chrestiens engagez par l'opiniastreté de Alvaro Sandeo, lequel, voulant expier son froid advis avant l'embarquement, obligea à ce combat Ascagne de la Corne plus légèrement qu'il ne vouloit. Chappin Vitelle, qui devoit marcher le dernier, s'avance à gauche et fut le premier qui fit brusler l'esmorche aux enfans perdus de l'ennemi si vertement qu'il gagna la colline où il se vouloit loger. Ceste première gaillardise fit un peu tard changer d'advis au général turc, qui voulut, au commencement, desrober insensiblement son armée par déplacements en costé et autres contenances qu'on observe en tel cas, en faisant gaigner les vaisseaux aux premiers arrivez.

Mais, après l'embarquement d'une grand' partie, ceux desquels il vouloit payer, sentans que les rafraichissements leur manquoyent, prennent la route, changent la retraicte en fuite, ce qui ne leur fut pas pardonné par les chrestiens, car ils poursuivirent leur victoire en tuant jusques dedans l'eau à la merci et sous les esperons des gallères. Là furent gaignées plusieurs choses remarquables, comme des basilics[1] de divers calibres, jusques à quatre-vingt livres de balles, et des pierriers de trois cents livres. Le siège

---

1. *Basilic,* très gros canon portant 160 livres de balles.

avoit duré quatre mois, avec perte de vingt mil hommes aux Turcs, aux chrestiens de trois mil hommes de guerre et de quatre mille de populace.

Le regard affreux de ces places désolées en quelque sorte modéroit et en quelque sorte accroissoit la joye du péril passé, laquelle s'estendit par toute la chrestienté et notamment en Italie et en Allemagne. Où, comme toutes ces choses se préparoyent en joye, en pompes, et particulièrement pour les mariages des filles de l'empereur[1] avec le duc de Ferrare[2] et le prince de Florence[3] et autres conjonctions d'Espagne et d'Italie, arriva la mort du pape[4], causée par quelques excès ausquels il s'estoit adonné en son papat; quoi qu'auparavant, lors qu'il avoit à craindre et espérer, il eust usé d'une vie fort tempérée. Mais après il se rendit violent en toutes choses, envieux, de dur accès, rude, faisant l'hébété, mais plein de tromperies, ingrat, insatiable d'amasser, prodigue à despendre, perdu dans les voluptez qui le perdirent. Ce sont les termes des autheurs catholiques qui en ont escrit, desquels mesmes j'ay retranché le plus licencieux[5].

Il vaut mieux sçavoir que devint dom Garcia de Tolède, que le roi d'Espagne ne voulut ni avouer ni punir. Lui donc, ayant envoyé quelques gallères pour

---

1. Barbe et Jeanne d'Autriche, filles de Ferdinand Ier et sœurs de l'empereur Maximilien II.
2. Alphonse d'Este, duc de Ferrare.
3. François de Médicis, prince, et plus tard duc de Florence.
4. Mort de Pie IV, 9 décembre 1565.
5. Var. de l'édit. de 1616 : « ... *qui le perdirent,* si bien qu'on peut dire de lui, comme de Galba, qu'il sembloit digne de régner s'il n'eut point régné : j'ai retranché quelque chose de ce que les auteurs catholiques en *ont escrit.* »

courir après l'armée quant elle fut loin, acheva ses jours à Naples sans jamais plus lever la teste en haut.

Mustapha, pour faire quelque chose en s'en retournant, cercha une querelle d'Alleman avec ceux de Chios, qui vivoyent il y avoit longtemps tributaires du Grand Seigneur, comme ayans donné advis aux Malthois. Lui donc abordé à l'isle, après une honneste réception, envoye quérir les principaux, leur met les fers aux pieds et de là fait venir en obéissance toute l'isle, raze les monastères, hormis celui des Jacobins, duquel fut faicte une mosquée ; tout le peuple enlevé, depuis restitué en une misérable condition par l'intervention de l'ambassadeur de France[1].

La fainéantise d'Abdala, paisible des deux royaumes de Fez et Marroque, ne surchargera point ce livre ni le suivant.

Il reste de voir l'élection du pape qui faillit à estre le cardinal Moron par les suffrages des cardinaux Boromeo[2] et Altempsio[3], nepveu du dernier mort. Ce fut le cardinal Alexandrin, jacobin, qui se fit appeler Pie Quint[4]. Cestui-ci, violent inquisiteur, qui avoit esté

---

1. D'Aubigné confond Chypre avec Chio et se trompe de date. Chypre fut prise et saccagée par Mustapha en 1570, cinq ans après le siège de Malte. Les événements de Chypre sont racontés par de Thou (liv. XLIX, 1740, t. IV, p. 412).

2. Charles Borromée, neveu de Pie IV, né le 2 octobre 1538, cardinal en 1560, archevêque de Milan, mort le 11 novembre 1584, canonisé en 1610. Sa sœur était femme du comte Annibal Altaemps, dont nous avons parlé.

3. Marc Altaemps, abbé de Casa Nuova dans le marquisat de Saluces, évêque de Constance, cardinal en 1561, président du concile de Trente en qualité de légat, mort à Rome en 1595.

4. Michel Ghisilieri, dit le cardinal Alexandrin, élu pape le 7 janvier 1566 sous le nom de Pie V, mourut en 1572.

chassé des Vénitiens pour avoir voulu appeller les évesques mesmes à l'inquisition, n'oublia ni ses haines ni ses obligations sur les factions d'Italie, persécuteur ardent des réformez. Il arracha des Vénitiens Jules Joannet[1] et le fit brusler à petit feu à Rome. Il envoya son maistre d'hostel à Florence pour demander Carneset[2], fort estimé et aimé de la duchesse de Savoye[3], et qui avoit fait de grands services à la maison de Médicis. Les lettres furent présentées au duc, ayant à sa table avec grande familiarité Carneset. Le duc ne l'osa refuser et fut emmené d'entre ses bras brusler; comme aussi Paleario[4], très sçavant homme, pour avoir dit que l'inquisition estoit un poignard contre les doctes. Vous verrez le reste de ce pape par les effects.

J'ay laissé derrière un banni qui fit armée de ses compagnons en Calabre; mais il fut si facilement deffaict par le marquis de Cerchiare[5] que je l'eusse tout

---

1. Jules Zannetti fut poursuivi par l'inquisition et condamné au feu en 1568, en même temps qu'un autre controversiste, Bartolomeo Bartoccio, beaucoup plus célèbre que lui, mais que d'Aubigné ne nomme pas (Maccrie, *la Réforme en Italie*, 1821, p. 341).

2. Pierre Carnesecchi, noble florentin, secrétaire, et plus tard protonotaire de Clément VII, fut excommunié le 5 avril 1559, se retira à Florence, fut livré par Cosme de Médicis à l'inquisition romaine et décapité le 3 octobre 1567 (Tiraboschi, *Storia della letter. ital.*, t. VII, p. 384 et suiv.).

3. Marguerite de France, fille de Henri II.

4. Antonio della Paglia, dit Aonius Palearius, érudit et controversiste, né dans la campagne de Rome, pendu à Rome le 3 juillet 1570. Ses œuvres ont eu deux éditions, Amsterdam, 1696, in-8°, et Iéna, 1728, in-8°.

5. Le marquis de Cerchiaro, capitaine italien, lieutenant du vice-roi de Naples.

à fait oublié sans qu'il osa se faire renommer le roi Marcon[1].

Chapitre XX.

De l'Occident.

Pierre de Montluc, que nous avons nommé après son père le capitaine Peyrot, sur le rapport de nos coureurs de l'Océan oyant parler des grand's richesses qui estoyent depuis le cap Blanc[2] jusques à celui de Bonne Espérance, résolut d'aller faire fortune dans les isles ou autres endroits qui se présenteroyent à propos, sans s'amuser au partage fait par le pape et aux prétentions des Espagnols et Portugais[3]. Pour cest effect il appresta un équipage de tous les plus mauvais garçons de la Guyenne. Mais, pource qu'il employa six mois à cest amas, il sçeut par des Portugais que son dessein estoit esventé et que par toutes les costes il y avoit gens de guerre pour l'attendre. Nonobstant il fit voile dès Bordeaux[4], et, suivant sa route par Madère, il y voulut faire aiguade. La descente refusée par le gouverneur et habitans de l'isle, l'armée se résolut à le faire par force, quoi qu'ils vissent deux bataillons d'hommes bien armez et à la faveur de cela force soldats desbandez, avanta-

---

1. Ce personnage était de Cosenza et faillit se rendre maître de Cortone. De Thou parle de lui sans préciser son nom et place cette affaire en 1563 (liv. XXXVI, 1740, t. III, p. 472).
2. Le but de l'expédition de Pierre Bertrand de Monluc a été à peine entrevu par les contemporains. De nouvelles recherches nous ont permis de découvrir qu'il allait à Madagascar. Voyez les *Commentaires*, t. III, p. 76; t. V, p. 54, 61 et 69, et les notes.
3. Voyez t. I, p. 351, note.
4. Il s'embarqua le 23 août 1566 (*Commentaires*, t. V, p. 69).

gez de quelqe plateforme à gauche et à droicte, où il y avoit de l'artillerie. Nonobstant cela les François font descente, chassent tout ce qui se présentoit devant eux. Ils firent leur retraicte au bourg retrenché avec son temple. Là le capitaine Peyrot blessé en la cuisse et mort aussitost d'un coup de berche[1], les compagnons emportèrent toutes les deffenses pour se vanger sur les vies et sur les biens de ceux de Madère; et puis retirez sans plus d'effect, furent longtemps fugitifs pour les poursuites que faisoit l'ambassadeur de Portugal[2].

En l'an mil cinq cents soixante deux, le capitaine Jean Ribaud avoit esté envoyé par l'admiral de Chastillon en la Floride[3] où il avoit basti un fort du nom de celui qui l'avoit envoyé. Les divisions premièrement et puis les nécessitez contraignirent la garnison de s'embarquer, laquelle souffrit tant d'extrémitez en s'en retournant qu'ils mangèrent quelques-uns de leurs troupes[4]. Deux ans après, Lodonnière[5], renvoyé

---

1. *Berche,* mot générique qui désigne l'ensemble de l'artillerie d'un vaisseau.
2. Les plaintes de l'ambassadeur de Portugal, appuyé par l'ambassadeur d'Espagne, remplissent la correspondance de François de Alava (Arch. nat., K. 1500 et suiv.). Après l'échec de l'expédition, le roi, par une déclaration du 8 janvier 1567, cita les compagnons survivants de Peyrot de Monluc devant son conseil (Minute; autog. de Saint-Pétersbourg, vol. 21, f. 129; copies de la Bibl. nat.), et, le 12 mai, il rendit un arrêt qui les libérait de toute poursuite (Copie; f. fr., vol. 16222, f. 83).
3. Jean Ribaut était parti du Havre le 18 février 1562. La conquête de la Floride a été racontée par M. Gaffarel, in-8°, 1875, d'après des documents originaux, inédits ou peu connus.
4. Le récit du voyage de Jean Ribaut fut publié en 1563 par Jean Ribaut lui-même : *Histoire de l'expédition françoise en Floride,* ouvrage absolument introuvable (Gaffarel, p. 337).
5. René de Laudonnière, capitaine huguenot, un des familiers

en mesme pays, fit mieux les affaires[1], bastit un lieu plus commode, traicta grande amitié avec Saturion[2], roitelet de ce pays-là, d'une famille où les cinq branches vivoyent en mesme temps, et par l'amitié de laquelle il traicta avec plusieurs rois, entre autres un nommé Utina[3], qu'il accorda d'authorité avec Saturion.

Les François, en peu de temps, furent estimez en ce pays là comme dieux, et pource que le feu du ciel où les chaleurs extrêmes embrâsèrent le pays ceste année là, les sauvages leur imputèrent cela par le moyen de leur artillerie, apprenant de là à les honnorer d'avantage.

Leurs affaires alloyent prospérer sans la menée d'un Périgourdin[4], qui faisoit l'enchanteur. Cestui-ci divisa si bien ces compagnies qu'ils mirent Lodonnière malade en prison[5]. Les compagnons firent des courses à leur gré, courent vers la Cubbe[6], prennent le gouverneur de la Havane, qui impétra d'eux qu'un de ses enfans iroit quérir une grosse rançon promise. Mais ce garçon avoit tout autre commandement, et sa mère fit telle diligence qu'ayant despesché deux grands navires, les preneurs qui gardoyent le prisonnier furent pris, lui délivré; les autres qui se sauvèrent

---

de Coligny. Il a laissé une relation de ses opérations, *l'Histoire notable de la Floride*, qui a été réimprimée par M. Gaffarel, p. 347.

1. Laudonnière partit du Havre le 22 avril 1564.
2. Satouriana, cacique.
3. Outina, cacique.
4. La Roquette, capitaine périgourdin.
5. Les conjurés étaient conduits par le s. Desfourneaux (Gaffarel, p. 97).
6. L'île de Cuba.

330   HISTOIRE UNIVERSELLE.

et contraints de retourner à leur fort, une partie d'eux furent punis. Lodonnière fut conseillé et forcé par les siens de prendre leur ami Utina pour espoir de rançon, mais les sauvages dirent qu'ils contoyent un prisonnier pour mort.

Sur ce temps, qui estoit en may mil cinq cents soixante cinq, comme ceux de Lodonnière vouloyent retourner en France, arriva Jean Ribaud avec sept navires[1], lesquels furent receus en grand' joye, Lodonnière délivré de ses compagnons. Mais, dans cinq ou six jours, ils virent paroistre huict navires espagnols[2] qui mirent pied à terre à la baye du Dauphin[3], et, cependant que les François disputoyent les uns pour faire un combat naval, les autres pour se fier à leurs forteresses[4], après que durant ces disputes les tempestes eurent brisé quelques navires et des uns et des autres, les Espagnols vindrent une nuit à propos et donnèrent si résolus au fort, où il n'y avoit guère plus que deux cents hommes, qu'ils l'emportèrent[5]. Lodon-

1. Jean Ribaut, parti de Dieppe le 10 mai, après un assez long séjour à l'île de Whigt, débarqua sur les côtes de la Floride le 14 août 1565.
2. La flotte espagnole était conduite par un capitaine espagnol, Pedro Menendez de Avila, auquel Philippe II, par un acte du 22 mars 1565, avait accordé des pouvoirs illimités (Gaffarel, p. 163).
3. Menendez débarqua à Porto-Rico le 9 août 1565.
4. D'Aubigné ne dit pas qu'à l'approche des Espagnols Jean Ribaut et Laudonnière se divisèrent. Ribaut voulut gagner la mer et marcher au-devant de l'ennemi. Laudonnière resta dans le fort de la Caroline avec un petit nombre de soldats. Cette division causa la perte des deux troupes. Voir Gaffarel, p. 191.
5. Les Espagnols massacrèrent tous leurs prisonniers. Ce massacre, connu sous le nom de *Massacre de la Floride*, eut lieu le 20 septembre 1565. Voir le récit de M. Gaffarel, p. 191.

nière, pour se rafraischir de sa maladie, se sauve avec quelques-uns des siens dans les marais, d'où il y en eut qui, pressez de faim, retournèrent aux Espagnols essayer leur miséricorde ; les autres attendirent les esquifs que Jean Ribaud leur envoya. Cependant despescha les meilleurs des siens vers le fort qui ne le scavoyent pas estre pris ; ceux-là furent enveloppez. Valemont[1], qui commandoit aux Espagnols, attire Jean Ribaud par les plus douces paroles du monde à traicter, le bat si bien du plat de la langue, que, sur la foi jurée de la vie sauve, les chefs les premiers se mettent entre leurs mains ; et, lors commençant la tuerie, les exclamations sur la foi donnée ne servirent que de risée. Tout fut poignardé jusques au nombre de cinq cents ; quelques charpentiers seulement furent sauvez, tous les corps bruslez dans une barge, celui de Jean Ribaud mis à quatre quartiers au coin de la forteresse[2], sa barbe envoyée par tout le pays[3]. Le jeune frère de Ribaud[4] et Lodonnière, qui n'avoyent point quitté leurs vaisseaux, lèvent l'anchre[5], gagnent l'Angleterre[6]

---

1. Valmont ou Valmonde (Gaffarel, p. 285).

2. Ce second massacre, dit *Massacre de San Agustino*, eut lieu en octobre 1565 (voir Gaffarel, p. 224). Fourquevaux, ambassadeur de France en Espagne, attribue l'inspiration de ces massacres au duc d'Albe (Lettre du 4 août 1566 ; f. fr., vol. 15542, f. 80).

3. Ce fait odieux est raconté par La Popelinière, *les Trois mondes*, 1582, liv. II, p. 34.

4. Il se nommait Jacques Ribaut. Il fit preuve à l'égard de Laudonnière d'un grand égoïsme.

5. Le 25 septembre 1565.

6. Jacques Ribaut débarqua à la Rochelle et Laudonnière à Swansea, le 11 novembre 1565. De là il se rendit à Calais et à Moulins, où était la cour, et apporta la nouvelle du massacre (Gaffarel, p. 211).

et de là Calais. Nous remettons la vengeance de ceste action à l'autre livre[1].

Il n'y a plus à dire de l'Occident que la substraction de la Gipousque à l'évesché de Bayonne[2], que le pape confirma sous ces termes : « Tant que l'hérésie soit extirpée, » et la diversité du traictement fut la couverture de ceste perversion d'ordre. Nous trouverons encores plus amples subjects en Septentrion.

Chapitre XXI.

Du Septentrion.

Sur le point que l'empereur Ferdinand mourut d'hydropisie[3], prince regretté des vrais chrestiens, ami de paix, ennemi des cruautez, prudent, justicier et vigilant, les affaires de Dannemarc et de Suède s'empirèrent par divers combats de mer et de terre, par mutuelles cruautez, qui apportèrent les résolutions aux gens de marine de se brusler dans leur navire, se voyans pris; exemple rudement suivi depuis.

Entre les autres pertes du roi de Suède, celle d'un

---

1. Les massacres de la Floride donnèrent lieu à de longues réclamations de Fourquevaux auprès de Philippe II. Les plus intéressantes de ces pièces diplomatiques ont été publiées par M. Gaffarel, p. 409 et suiv. Beaucoup d'autres sont conservées en copie dans le Recueil de la correspondance de Fourquevaux pendant son ambassade en Espagne (F. fr., vol. 10751 et 10752).

2. Pie V, sur la requête de Philippe II, ôta, par une bulle du 30 avril 1566, à la juridiction de l'évêque de Bayonne et de l'archevêque d'Auch, métropolitain, l'administration ecclésiastique du Guipuscoa, devenue province espagnole.

3. Mort de l'empereur Ferdinand, 25 juillet 1564.

grand navire nommé Makelos[1], portant deux cents pièces de canon, lui fut sensible. Avant venir à la fin d'Éric, les courses des Moscovites nous desbauchent; car le grand duc Jean[2], auquel on avoit envoyé des ambassadeurs pour la paix, dépescha sur leur pas deux armées, l'une menée par Semolenk[3], l'autre par le duc de Scoiski[4]. Ce dernier, qui avoit pris Poloske[5], et avec soi avoit soixante mil que Russiens que Tartares, comme il logeoit et couroit sans discrétion, fut attaqué et rompu par Ratzvit, Palatin de Vilveki[6], n'ayant que quinze mil hommes; Scoiski assommé par un paysan en fuyant. Sur ceste nouvelle, Semolenk[7] se met en desroute lui-mesme, et, se sauvant par les bois, abandonne aux paysans plusieurs des siens. Tovimak[8], voulant relever ceste honte[9], la reçeut pareille par le Palatin de Viteblia[10], qui n'avoit que deux mil hommes, jusques là tout le malheur des Moscovites. Mais après Tovimak, r'alliant des forces,

1. *Makelos*, c'est-à-dire le *Sans pareil* ou l'*Invincible*. Le vaisseau, monté par le capitaine Bagge, prit feu et sauta (De Thou, liv. XXXVI, 1740, t. III, p. 488).
2. Jean, prince de Moscovie, fils de Basilowitz.
3. D'Aubigné, qui copie ici le récit de de Thou, a pris le Pirée pour un homme. La phrase doit être rectifiée ainsi : *l'une menée par Serebern vint par Smolensk* (De Thou, liv. XXXVI, 1740, t. III, p. 494).
4. Le prince Sniski, beau-frère du czar Jean.
5. Poloczk, ville du grand-duché de Lithuanie.
6. Nicolas de Radziwil, palatin de Vilna.
7. Lisez *Serebern*. La déroute de ce capitaine eut lieu en janvier 1564.
8. George Tovimaki Jezerski, capitaine russe.
9. Tovimaki envahit la Lithuanie le 10 juin 1564 avec une armée de 13,000 hommes.
10. Stanislas Pati, palatin de Witepsck.

prit quelques places et se relogea sur la frontière.

Maintenant se présente la perte qu'Éric fit de Parnovie[1], en Livonie, par la trahison des Allemans qu'il avoit congédiez et bien payez. Ceux-ci demandèrent permission à un bourgmaistre, qui avoit les clefs, de faire un festin pour dire adieu, et d'y convier quelques autres Allemans de ceux qui faisoyent la guerre pour le duc de Suderland[2]. Tout estant yvre, hormis les entrepreneurs, ils tuent l'hoste le premier et ouvrent la porte à la cavallerie qu'ils avoyent fait venir de douze lieuës. La ville prise, la citadelle, au bout de quarante jours, se rendit[3]. Ceux qui avoyent pris la ville, courans jusques aux murs de Revalie[4], furent deffaits par les Suédois. Cest acte fut cause que le Moscovite retira les Allemans des frontières.

Éric eut encores victoire sur l'armée de Lubec, qui lui deffendoit le passage. Toutes les grand's naus de Lubec et de Dannemarc[5], telle qui portoit six cents soldats, sans les matelots, furent emportées par des combats de deux et trois jours, non sans grande perte des Suédois, à qui pourtant la mer demeura paisible tout cest esté. Par terre, Éric, ayant fait quitter le siège d'Esbourg[6], prit par force Varbourg[7] et le fort d'Hallant[8] en juillet. Les Suédois, après battus par

1. Prise de Parnaw en Livonie par les Polonais, 29 avril 1565.
2. Gothard, duc de Courlande (en allemand *Curland*) et non de Suderland.
3. Capitulation de la citadelle de Parnaw, 8 juin 1565.
4. Revel, ville de la haute Livonie.
5. Victoire navale des Suédois, juin 1565.
6. Helzinbourg, ville de Suède, en Scanie.
7. Wartbourg, ville de la Silésie.
8. Halland, ou Aalmstadt, préfecture de Suède, bornée à l'ouest par le Cattégat.

Ransau[1], perdirent la pluspart de leur artillerie, qui cousta aux Danois cinquante gentilshommes de marque[2].

L'empereur Maximilian[3], oyant les plainctes des seigneurs et citez, que ceste guerre incommodoit, après avoir composé les différents du duc Albert[4] et de la ville d'Osfort[5], avec grandes et longues peines, sur l'entrée de l'an mil cinq cents soixante six, se mit à presser les deux rois pour lui commettre leurs différents. Le Suédois acceptoit tousjours la paix en paroles, mais en effect renouoit quelque occasion de guerre, principalement après le désastre qui arriva à ceux de Dannemarc et de Lubec. Car, après plusieurs légers combats auprès de Gotlant[6], l'admiral danois voulant enterrer honorablement un gentilhomme qui avoit perdu la vie à ce service, contre les remonstrances du gouverneur de l'isle, qui leur avoit dit les dangers de la rade, une tempeste soudaine mit en pièces ces armées, où, avec leurs amiraux, furent noyez neuf mil hommes.

1. Daniel de Rantzau, capitaine danois, né en 1529, était resté longtemps au service de Charles-Quint.
2. Victoire de Rantzau sur les Suédois, près de la rivière de Schwarter, 20 octobre 1565.
3. Maximilien II, fils et successeur de l'empereur Ferdinand Ier.
4. Jean Albert, duc de Mecklembourg.
5. Rostock, ville du grand-duché de Mecklembourg. Il n'y avait point de différends entre le duc de Mecklembourg et Rostock, mais bien entre les habitants et le sénat de la ville. Le duc avait été chargé par l'empereur de les accorder; il s'ensuivit des querelles qui engendrèrent une guerre (De Thou, liv. XXXVIII, 1740, t. III, p. 606).
6. Gothland, île de la mer Baltique, à vingt lieues de la côte orientale de Suède.

En mesme temps, Éric, pour adoucir l'ire de l'empereur et du roi de Poulongne, avoit mis hors de prison le duc de Finlant[1], son frère. Retournant tousjours à son naturel, Dieu permit qu'il adjoustast le mespris à la haine, espousant la fille d'un sergeant[2]. Ce fut ce qui fit paroistre ses cruautez au lustre de son impuissance. Lors la noblesse estant sollicitée par Jean et Charles[3], frères d'Éric, il se trouve sans y penser assiégé[4]. La première demande qu'on lui fait fut de livrer un George[5], ministre de ses meschancetez. Il pensa faire sa paix en le livrant, mais, après que, le nez et les oreilles couppées, on l'eût pourmené par l'armée, on lui rompit les bras et les jambes et puis il fut scié en quatre parts. Et lors ceux de dehors et ceux de dedans consentirent à la déposition du roi pour les causes mentionnées par un escrit public, pour avoir chassé tous les vieux conseilliers, tenu son frère quatre ans en prison, pris sans cause les places du roi de Polongne, entretenu la guerre huict ans contre le gré de l'empereur, trahi ses frères et procuré leur mort, rompu la foi promise en participant à la Cène, pour avoir fait mourir les plus gens de bien du pays avec tourments inventez pour leur faire avouer choses fausses, et cela afin de faire jouyr George de leur confiscation, pour avoir ruiné tous les

---

1. Jean, duc de Finlande, frère cadet d'Éric XIV, fils cadet de Gustave Wasa.
2. Elle se nommait Catherine Mansdoter et avait déjà eu deux enfants d'Éric XIV. Le mariage se fit le 2 juin 1567.
3. Charles, duc de Sudermanie, troisième fils de Gustave Wasa.
4. Siège de Stockholm par les frères d'Éric XIV, 17 septembre 1568.
5. Georges, fils de Pierre, favori d'Éric XIV.

ordres de son royaume, surtout les escholes, afin d'establir son empire par la barbarie, et enfin s'estre pollué d'un mariage infâme. Pour ces causes, Stocolme estant rendue en la capitulation[1], il tendit les mains à son oncle Stenon[2] en le faisant tuer par derrière. Jean, second fils de la maison, entra triomphant proclamé roi de Suède, et Éric reclus en perpétuelle prison avec sa femme[3]. Ce nouveau roi fit paix avec les Danois en leur rendant Esbourg et recevant Varberg[4]. Ceux de Suède rompirent cest accord, dont les Danois entrèrent les plus forts, prirent Varberg en y perdant Daniel Ransau[5], du regret duquel ils mirent à feu et à sang beaucoup de pays. Voilà où nous lairrons le milieu du Septentrion, et la main droicte, qui est la Moscovie en guerre avec la Polongne, que nous quitterons aussi à la surprise de Ulla[6] sur les Moscovites et de leur revanche sur Vitebesque.[7]

Nous trouverons au retour l'armée du duc d'Alve[8],

1. Capitulation de Stockholm, 29 septembre 1568.
2. Stenon, de la maison de Wasa, avait été régent de Suède.
3. Éric XIV fut déposé le 30 septembre 1568. On conserve dans le f. fr., vol. 23397, f. 27, une chronique des événements qui amenèrent la déposition de ce prince.
4. Warberg, dans la province de Halland, en Suède.
5. Daniel Rantzau fut tué au commencement de novembre 1569.
6. Ulea, place forte de la Bothnie orientale, appartenant aux Moscovites, fut surprise le 28 septembre 1568 par le prince Sanguskow.
7. Witepsk, place forte du grand-duché de Lithuanie, fut prise le 29 septembre 1568 par les Moscovites et les Tartares, brûlée et détruite.
8. La gravité de la révolte des Pays-Bas décida Philippe II à mettre le duc d'Albe à la tête de l'armée envoyée contre les Flandres (décembre 1566). Le duc mit à la voile le 10 mai 1567. Charles IX avait refusé d'autoriser le passage de l'armée espagnole

qui avoit fait sa reveuë à Theonville[1] de six mille Espagnols, quatre mille Italiens, cinq cents chevaux néapolitains, sans les forces du Pays-Bas, qu'il trouva en l'estat que nous avons déduit. Maintenant nous prenons le progrès des mouvements.

La Flandre (comprenant sous ce nom les dix-sept provinces), instruite par la grande quantité de livres qui couroyent, par la constance des martyrs et par les vices des ecclésiastiques, ne pensoit rien tant qu'à secouër le joug de l'inquisition; contre laquelle ils se bandoyent moins rudement, pource qu'ils la recevoyent tout doucement par les mains de la duchesse de Parme, establie par le roi leur gouvernante. Mais après elle fut régie par les conseils du cardinal Granvelle; lequel estant hay du pays, tant pour sa vile extraction et mauvaise marque de sa première vie, que pource que c'estoit un instrument plus rude à l'exécution des volontez d'Espagne que les Espagnols mesmes, calomniateur perpétuel contre tous les grands du pays, et cependant autorisé, surtout par les évesques nouveaux, comme ses créatures; le pays despescha en Espagne de toutes conditions de gens pour se faire oster le joug du cardinal. De là ils n'eurent que responses ambiguës. D'ailleurs les esprits s'eschauffoyent par la mort de plusieurs martyrs, comme de Michel Robillac, bruslé à Tournai, Hugues Détailleur et Jean Pic, au mesme lieu, Christophle

à travers la France (Lettre du roi à Fourquevaux du 24 mars; copie; f. fr., vol. 10751, f. 1287).

1. Le duc d'Albe avait traversé la Savoie, la Franche-Comté et la Lorraine. Il arriva à Luxembourg le 8 août 1567 (*Correspondance de Philippe II*, t. I, p. 564 et suiv.).

Smit, à Amvers, cestui-là recommandable par une grande doctrine et plusieurs escrits qui restent de lui, Jean Cattel, Paul Chevalier, ministre, Jean de Cruel, Jean de Grave, Guillaume Hosens et Baudoüin Dommissens, Jean des Rénaux, Martin Bayard, Claude du Flot, Jean d'Autricourt, Noël Tournemine, Jean Tusquan, François Souette, Martin Mestin, Jean Goris, Joris d'Asken, Loys de Heque, Liévin de Blekaire, Jean Maya, Michel Erlin, Matthieu de la Haye, Pierre de la Ruë, Roland le Bouc, François Batton, Jean Tieville, Jean le Seur, Jean Carton, Nicolas du Puis, Gui de Brais et Perregrin de la Grange, ces deux ministres de grande réputation.

Il arriva aussi, comme nous avons dit, à la mort de Christophle Fabri, docte carme, que le peuple s'esmeut, chassa la justice, le corps estant demi bruslé. Cela fut cause que les inquisiteurs faisoyent lier les prisonniers la teste entre les jambes et les faisoyent mourir dans des cuvettes pleines d'eau ; ce que le peuple ayant sçeu, avec eschelles, cordes et ruptures de prisons en délivra grand nombre.

Le cardinal sur cela changea le nom de l'inquisition et en continuoit les effects, quand le prince d'Orenge[1], les comtes d'Aiguemont[2] et de Horne[3] osèrent escrire

---

1. Guillaume de Nassau, dit le Taciturne, prince d'Orange, le héros de l'indépendance des Pays-Bas.

2. Lamoral, comte d'Egmont, né en 1522, illustre capitaine au service de Charles-Quint et de Philippe II, se signala aux batailles de Saint-Quentin et de Gravelines. Il devint un des chefs du mouvement des Pays-Bas contre le gouvernement de Philippe II.

3. Philippe de Montmorency-Nivelle, comte de Hornes, né en 1522, le plus riche seigneur des Pays-Bas, avait servi avec honneur dans les armées de Charles-Quint et de Philippe II. Proche

au roi Philippe que, s'il n'ostoit le cardinal, le pays se souslevoit. Enfin ce cardinal, adverti des menées du pays par affiches, chansons et painctures faites contre lui, se retira à Bezançon[1], d'où il estoit, pour attendre une autre saison[2]. Lors la duchesse espéra pouvoir administrer les choses plus doucement, mais en vain, car les conseils establis et instruits par le mesme faisoyent par ses menées trouver son absence inutile; dont le pays, par l'advis de la duchesse mesme, fit passer en Espagne le comte d'Aiguemont[3], qui estoit ou devoit estre aimé par des serviteurs sans mesure. Cestui-ci, receu avec honneurs et caresses, fut renvoyé si plein de douceurs qu'il en affadit ses compagnons au retour[4].

parent du comte d'Egmont, il le suivit dans son opposition contre les Espagnols.

1. La question de savoir si le cardinal Granvelle se retira de son plein gré a été discutée par les historiens. M. Gachard l'a résolue en publiant une lettre de Philippe II, en date du 22 janvier 1564, qui commandait à Granvelle de remettre tous ses pouvoirs à la régente (*Recueil de l'Académie royale de Belgique*, t. XII).

2. Le cardinal de Granvelle quitta les Pays-Bas au mois de mars 1564. Voyez les *Mémoires anonymes*, t. I, p. 11, publiés dans la collection de *Mémoires de la Soc. de l'histoire de Belgique*, et surtout deux mémoires de M. Gachard, publiés dans les t. XII et XVI du *Recueil de l'Académie royale de Belgique*.

3. Le comte d'Egmont partit à la fin de janvier 1565 pour Madrid (*Mémoires de Viglius*, p. 89, dans la collection des *Mémoires de la Soc. de l'hist. de Belgique*) et emporta une déclaration collective des seigneurs des Pays-Bas, datée du 26 janvier 1565, par laquelle ils se rendaient solidaires de ses requêtes au roi d'Espagne (Groen van Prinsterer, *Archives de la maison d'Orange*, t. I, p. 345).

4. Le comte d'Egmont fut reçu à Madrid comme un prince du sang et revint à Bruxelles le 1er mai 1565 (*Mémoires de Viglius*, p. 89). Le 5 mai il rendit compte de sa mission au conseil d'État. La réponse que lui avait donnée Philippe II est analysée dans

Les Anglois apportoyent aussi de grandes plainctes[1], pource que l'inquisition leur empeschoit la liberté du trafic. Comme on feignoit l'accommodement de tout cela, la duchesse receut lettres qui lui reprochoyent sa douceur préjudiciable à l'authorité du roi[2]. Avec ces lettres, on emplit le pays d'édicts pour admettre l'inquisition et le concile de Trente, sans déguiser le nom ni les effects, avec les clauses les plus rudes qu'on pouvoit imaginer. A ces nouvelles, les grands et les moyens du pays monstrèrent contenance de s'eslever, ce qui fit user à la duchesse de ses sagesses et douceurs et non des rigueurs imposées. Mais elle n'estant pas obéye, la noblesse et le peuple, après plusieurs escrits et assemblées tumultuaires, se trouva ensemble à Saincte-Gertrude[3], près Anvers. Ils commencèrent par un escrit que Brederode[4], les comtes

une pièce publiée par M. Gachard, *Correspondance de Philippe II*, t. I, p. 346.

1. Une ordonnance du 10 décembre 1563 avait prohibé l'importation en Angleterre des marchandises de Flandre.

2. Lettres de Philippe II du 17 octobre 1565 pour maintenir l'inquisition dans les Pays-Bas (Gachard, *Correspondance de Philippe II*, Introduction, p. cxxix). Le roi d'Espagne lança plusieurs ordres analogues (Kervyn de Lettenhove, *les Huguenots et les Gueux*, t. I, p. 276 et suiv.).

3. Il s'agit de l'assemblée tenue par les confédérés à Saint-Trond au mois de juillet. Ils adressèrent une requête à Marguerite de Parme le 26 juillet 1566 (Diegerick, *Documents du XVIe s.*, t. III, p. 100, dans la coll. des *Mémoires de la Soc. de l'hist. de Belgique*). A la suite de cette requête, ils signèrent avec la régente, le 23 août, une sorte de charte, qui a été souvent imprimée et qui se trouve notamment dans l'*Apologie du prince d'Orange* (édit. de 1858, p. 231).

4. Henri de Brederodé, seigneur de Viane et d'Almeyden, le premier chef des confédérés.

Ludovic[1], de Cullembourg[2] et de Bergue[3], accompagnez de quatre cents chevaux, allèrent présenter à la duchesse de Bruxelle à la mi-avril[4], marchants depuis la maison du comte de Cullembourg, tous vestus de gris obscur, portans à leurs chapeaux de petites escuelles de bois et les principaux une médaille d'or au col, qui avoit l'effigie du roi d'un costé, de l'autre deux mains passées à travers un bissac, joinctes comme quand on peint une foi, avec cest escriteau : « Fidèles jusques au bissac[5]. »

La requeste présentée, et eux s'en allans, Barlemont[6] dit à la duchesse : « Ne craignez point ces gens-

---

1. Ludovic de Nassau, frère cadet du prince d'Orange, né à Dillenbourg le 10 janvier 1538, s'était voué au service de son frère et au triomphe de la liberté des Pays-Bas. M. Groen van Prinsterer, dans les *Archives de la maison d'Orange*, a publié de nombreux documents sur ce prince. Voyez aussi les *Mémoires de La Huguerye.*

2. Florent de Pallant, comte de Cullembourg, successivement catholique intolérant et protestant zélé.

3. Jean, marquis de Berghes, comte de Walhain, gouverneur du Hainaut.

4. D'Aubigné brouille la chronologie. La requête que les confédérés présentèrent à Marguerite de Parme, à Bruxelles, le 5 avril 1566, précéda de quatre mois l'assemblée de Saint-Trond. Cette première requête, dite le *compromis des nobles*, a été imprimée pour la première fois à la suite de l'*Apologie du prince d'Orange* (édit. de 1858, p. 221) et reproduite avec d'autres pièces par Groen van Prinsterer, t. II, p. 78.

5. Ces détails sont confirmés par une pièce publiée dans la *Correspondance de Philippe II*, t. I, p. 425. *Sic*, lettre de Morillon du 16 juin 1566, dans la *Correspondance de Granvelle*, publiée par M. Poullet.

6. Charles, baron de Berlaymont, seigneur de Floyon, gouverneur du comté de Namur, capitaine dévoué au roi d'Espagne et plus tard membre du conseil des Troubles.

LIVRE QUATRIÈME, CHAP. XXI.   343

là, ce ne sont que des gueux[1]. » Eux prindrent ce tiltre et depuis s'appellèrent Gueux. Le lendemain, la duchesse assembla le conseil des chevaliers de la Toison[2], et, par l'advis du comte de Horne, leur fit une response pleine d'espérances, remettant le tout à la volonté du roi, vers lequel furent despeschez Montigni[3] et le comte de Berg[4], qui apportèrent, pour adoucir la condition des réformés, qu'ils seroyent pendus au lieu de bruslez, et autres traits de mespris[5].

1. Tous les historiens du temps sont d'accord pour attribuer cette origine au mot *Gueux*. Le mot servit bientôt à désigner les révoltés de Flandre, comme l'appellation de *huguenot* désignait les rebelles français. Voyez les *Mémoires de Pontus Payen*, t. I, p. 138, dans la collection de *Mémoires sur l'histoire de Belgique*, et surtout une étude de M. Gachard qui, malgré les témoignages contemporains, soulève quelques doutes (*Recueil de la commission royale de l'histoire de Belgique*, t. XIII).

2. La duchesse assembla le conseil d'État et non le conseil des chevaliers de la Toison d'or, qui était dominé par les ennemis du gouvernement espagnol. Cette réunion eut lieu le 10 avril 1566. La liste des membres de la Toison d'or à la date de 1566 est imprimée dans les *Mémoires anonymes* (*Mémoires de la Soc. de l'hist. de Belgique*), t. I, p. 9.

3. Floris de Montmorency, seigneur de Montigny, gouverneur et grand bailli de Tournai et du Tournaisis, partit de Bruxelles le 29 mai 1566 et arriva à Madrid le 17 juin. Voyez sur cette mission le tome I de la *Correspondance de Philippe II*, passim.

4. Le marquis de Berghes hésita assez longtemps avant de se rendre en Espagne et prit tous les prétextes pour échapper à cette mission. Enfin il partit le premier juillet et arriva à Madrid au milieu du mois d'août 1566. Voir les *Mémoires anonymes*, t. I, p. 38 et suiv., dans la collection de *Mémoires de la Soc. de l'histoire de Belgique*.

5. D'Aubigné commet ici une erreur. Montigny et Berghes ne revinrent jamais d'Espagne (voyez plus loin). Loin de les effrayer par des menaces, Philippe II, avec sa perfidie ordinaire, les leurra de bonnes paroles jusqu'à promettre à Montigny de l'em-

Tost après, on vid le duc de Brunsvic[1] lever des gens de guerre; on oyt nouvelles de quelque embarquement d'Espagne et des colères du roi. Le peuple en mesme temps commence à s'assembler en public pour les presches, au commencement sans armes, puis armez. Voilà le prince d'Orange mandé; Brederode va au devant de lui. Eux cheminans par les ruës, le peuple s'escrie : « Vive les Gueux. » Le prince d'Orange les menaça de ceste parole, comme aussi des armes qu'ils prindrent ouvertement, sachans pourtant nouvelles des levées de gens de guerre et de quelques canons amenez de Malines. Ils en vindrent à enfoncer les portes des temples, à faire sauter les images, premièrement à Ippre[2], mais plus ouvertement à Anvers[3], où, après quelque affront aux prescheurs et venderesses de bougie, le bourgmaistre, voulant s'opposer, fut chassé; et sur le soir la pluspart du peuple s'esmeut si bien que, dans minuict, il n'y eut image qui ne fust abattuë, brisée et tous les couvents pillez, tout cela sans querelle ni blessure pour le butin. Enfin le magistrat[4] s'esmeut, plus pour la crainte de leurs maisons que d'autre chose; et cependant qu'une partie estoit allé piller

mener avec lui en Flandre (*Correspondance de Philippe II*, t. I, p. 536, 553, 579 et 581).

1. Éric, duc de Brunswick, aux gages du roi d'Espagne.
2. Troubles d'Ypres, 15 août 1566. L'évêque, Martin-Baudoin Rithove, fut gravement maltraité. Voir les *Mémoires de Pontus Payen*, t. I, p. 193.
3. Anvers fut pris par les Gueux le 5 juillet 1566. La cathédrale fut pillée le 19 octobre.
4. Jean d'Immerselles, bailli d'Anvers, et Jacques van der Heyden, bourgmestre.

les temples champestres en quelque endroit de la ville, il en fut pris et pendus.

Voilà des escrits par les plus sages pour s'excuser, et le prince d'Orange, après plusieurs refus, retourne à Anvers pour y commander sous la duchesse[1]. La mesme fureur s'estendit par toutes les villes notables du pays, où, après avoir tout renversé, ils contraignirent le magistrat de leur donner grande quantité de prisonniers en plusieurs endroits, estant practiqué pour remède de laisser faire les presches dans les temples.

La duchesse entra en telle peur qu'elle fit paix avec ces peuples, par laquelle, avec le conseil des plus apparents du pays, de l'une et de l'autre religion, elle ostoit l'inquisition, permettoit le presche par tous les endroits où il avoit esté establi jusques au vintquatriesme d'aoust et autres clauses favorables en apparence[2].

Ceste composition faicte, chacun se retira, et puis on mit une dissension[3], pour la liberté des presches, entre les Calvinistes et Luthériens, et en divers lieux on cercha ceux qui avoyent plus paru aux séditions.

---

1. Le prince d'Orange, qui ne s'était pas encore mis en révolte ouverte, avait brigué cette mission et protestait de son dévouement au roi d'Espagne (Gachard, *Correspondance du prince d'Orange*, t. II, p. 139, 155 et 162).

2. Le 23 août 1566, la régente consentit à la suppression de l'inquisition. Elle y avait été autorisée par lettres de Philippe II du 31 juillet (*Correspondance de Marguerite de Parme*, p. 96). Mais ce prince avait fait dresser, le 9 août, un acte notarié dans lequel il protestait contre ces concessions (*Correspondance de Philippe II*, t. I, p. 443). M. Henne, dans les notes ajoutées aux *Mémoires de Pontus Payen*, t. I, p. 218, a précisé ces faits.

3. *Dissension*, division, séparation.

Il en fut chargé une troupe auprès de Grandmont[1], desquels vingt furent pendus, et le comte d'Aiguemont mesme en fit mourir plusieurs; ceux d'Anvers quelques-uns. Sous le prince d'Orange, les réformés bastirent deux temples avec despense et promptitude admirable. Le comte d'Ostrate[2] en fit pendre six[3], qui vouloyent remuer, et le ministre d'Allost[4], preschant en lieu où il n'estoit pas permis. Voilà ce qui hasta le roi d'Espagne de dresser l'armée, de laquelle nous avons parlé; de quoi le prince d'Orange bien adverti, comme ayant en main des lettres escrites à la duchesse[5], par lesquelles il lui estoit enjoint d'amuser par belles paroles, lui premièrement, les comtes d'Aiguemont et de Horne, autheurs et fauteurs de tous les

---

1. Grammont, près d'Oudenarde. Cette exécution fut dirigée par Jean Casembroot, s. de Backerzeele. Voir les *Mémoires de Pontus Payen*, t. I, p. 331.

2. Antoine de Lalaing, comte de Hoestraeten, passait pour appartenir à la réforme. Malgré ses opinions religieuses, Marguerite de Parme lui avait donné de l'emploi, mais le duc d'Albe le força à émigrer. La Société des bibliophiles de Mons a publié, en 1838, une biographie apologétique de ce personnage, *Défense de messire Antoine de Lalaing... contre les fausses et appostées accusations*.

3. Le comte de Hoestraeten, gouverneur d'Anvers après le départ du prince d'Orange pour la Hollande, fit pendre, le 18 octobre, six pillards choisis parmi les plus coupables d'Anvers (*Mémoires de Pontus Payen*, p. 245).

4. Alost, capitale du comté de ce nom, à six lieues de Bruxelles.

5. Le 5 octobre, les chefs des Gueux se réunirent à Termonde et le prince d'Orange exhiba de prétendues lettres de François de Alava, ambassadeur d'Espagne en France, adressées à Marguerite de Parme, en date du 29 août 1566, par lesquelles Alava informait la régente que le roi d'Espagne avait décidé de faire mourir les chefs les plus compromis. Ces lettres furent imprimées à la suite de l'*Apologie* (édit. de 1858, p. 249).

LIVRE QUATRIÈME, CHAP. XXI.   347

malheurs de Flandres; le prince donc, leur ayant monstré quels estoyent les Espagnols, lesquels il cognoissoit bien, vouloit qu'ils regardassent à leurs affaires et prévinssent l'armée. Le comte d'Aiguemont, appuyé sur ses victoires et services, renvoya cela bien loin[1].

Ceux de Vallenciennes furent les premiers déclarez rebelles[2] pour avoir tiré sur les soldats de Noircarmes[3], leur gouverneur, qui, par commandements de la duchesse, s'appresta pour les assiéger[4]. Ceux de Tournai leur voulant envoyer du secours, et mis en route[5] sans résistance[6], ouvrent la porte d'effroi[7], où

1. M. Kervyn de Lettenhove a publié des documents qui confirment ce fait (*les Huguenots et les Gueux*, t. I, p. 405 et suiv.).
2. Valenciennes s'était insurgé le 24 août 1566 et les réformés avaient commencé le pillage des églises (*Hist. des troubles de Valenciennes*, par Le Boucq, p. 13, dans la coll. des *Mémoires de la Soc. de l'hist. de Belgique*). Le 14 décembre, la ville fut déclarée rebelle par lettres de Marguerite de Parme (Doc. inéd. cités par Kervyn de Lettenhove, *les Huguenots et les Gueux*, t. I, p. 420 et notes).
3. Philippe de Sainte-Aldegonde, seigneur de Noircarmes, commandeur d'Alcantara, grand bailli et capitaine de Saint-Omer, capitaine général du Hainaut, resta jusqu'à la fin de sa vie fidèle à la cause de Philippe II (Gachard, *Correspondance de Philippe II*, t. I, p. 461).
4. Lettres de Marguerite de Parme du 18 décembre 1566, citées par M. Kervyn de Lettenhove, t. I, p. 421.
5. *En route*, c'est-à-dire en déroute.
6. Marguerite donne des détails sur la défaite des gens de Tournay (*Correspondance de Philippe II*, t. I, p. 499 et 503). Voyez aussi Groen van Prinsterer, t. III, p. 7 et 13.
7. La ville de Tournai fut prise par Noircarmes le 2 janvier 1567 (*Correspondance de Philippe II*, t. I, p. 500). Les *Mémoires de Pasquier de la Barre* (t. II, p. 22 et suiv.) donnent de nombreux détails sur cette prise et sur l'administration de Noircarmes dans cette ville. Voyez aussi les documents nouveaux publiés sur le

furent exécutez à mort quelques-uns de ceux que nous avons nommez. Et puis le comte d'Aiguemont, au lieu de relever cest effroi par quelque action, se mit aux requestes et à faire imprimer des discours tous pleins de grandes raisons mal soustenues[1]. D'aussi peu d'effect furent les mouvements de Brederode et autres du costé d'Anvers, que le comte de Mégue[2] pressa si bien qu'après quelque légère deffaicte, il leur fit quitter la campagne. Encor s'estans retirez dans Bolduc[3], par l'intelligence des prestres il se fit maistre d'une porte et bientost de la ville[4]. Quelques-uns des réformez s'estoyent avancez de l'isle de Walcheren, et mesmes s'estans retranchez sur une digue près Anvers, furent enlevez par Mandeville[5] et la Mote[6], et la pluspart tuez, noyez ou bruslez.

De cela s'esmeut Anvers, et furent deux jours les deux partis retranchez l'un contre l'autre. Le prince

même sujet par M. Gachard dans le tome II de la *Correspondance de Guillaume le Taciturne.*

1. Sur les tergiversations du comte d'Egmont à cette date, voyez les détails donnés par M. Kervyn de Lettenhove, t. I, p. 441.

2. Charles de Brimeu, comte de Meghem, gouverneur de la Gueldre, d'abord hostile à Granvelle, passa ensuite au parti espagnol et devint l'ennemi acharné de ses anciens alliés.

3. Bois-le-Duc, une des quatre places fortes du Brabant.

4. Prise de Bois-le-Duc par le comte de Meghem, mars 1567.

5. Miquel de Mendivil, capitaine espagnol.

6. Valentin de Pardieu, seigneur de la Motte (*Mémoires anonymes,* dans la collection de *Mémoires de la Soc. de l'hist. de Belgique,* t. I, p. 20), capitaine de Gravelines, avait été acheté par Philippe II (*Bulletin de la Comm. d'hist. de Belgique,* 2e série, t. IV, p. 412). Les *Mémoires d'Emmanuel de Lalaing, baron de Montigny,* publiés dans la même collection, racontent avec détails les trahisons de ce capitaine.

d'Orange et le bourgmaistre Strale[1] firent mettre bas. A leur exemple, les autres villes, qui avoyent establi la religion réformée, perdirent pied à pied leur avantage, en cela beaucoup troublez par un docteur nommé Flacius. Sur ce point, le prince d'Orange, voyant le comte d'Aiguemont faire l'empesché à désarmer le pays, et prouver son action par quelque cruauté, le tira à part avec le comte d'Horne, et, lui ayant monstré leur péril, l'encouragea à vouloir s'armer à bon escient pour repousser le duc d'Albe à son arrivée. Le comte d'Aiguemont au contraire le paya de tant de batailles gaignées par son action, et des promesses de grands dons qu'il avoit avec lettres du roi pleines de familiarité. Le prince, faisant brider ses chevaux pour se retirer à Breda, fit à leur dialogue une telle fin : « Ma consolation sera d'avoir voulu assister ma patrie et mes amis d'advis et d'affection. Il plaist à Dieu qu'ils soyent aveugles; vous vous souviendrez de ce que je vous dénonce : c'est que vos testes donneront le bransle à toutes les meilleures du pays, pour estre plantées en trophées, et vos corps serviront de planche pour faire passer les ennemis à la ruine du pays. » Cela achevé avec embrassades et larmes de part et d'autre, ce ne fut plus que prises, punitions ou fuites.

Vallenciennes se rend après quelque mauvais commencement de brèche[2], et là, outre ceux que nous

---

1. Antoine van Straelen, seigneur de Merxem et de Dambrugge, bourgmestre d'Anvers. Il fut arrêté plus tard, le même jour que le comte d'Egmont.

2. La ville de Valenciennes se rendit le 23 mars 1567 (*Mém. de Pontus Payen*, t. I, p. 319 et suiv.). Détails sur la répression diri-

avons nommez entre les martyrs des réformés, périrent quelques deux cents hommes par divers moyens. Noërcarmes, sans combat, fait quitter Saint-Amant et Cambrai[1], avec l'exécution de ceux que nous avons nommez ailleurs. Voilà partout l'exercice osté aux réformez, les temples rasez, et avec un peu plus de peine Brederode chassé d'Amsterdam[2], qui quitte ses fortifications de Viane[3] aux comtes de Mègue et Arenbergue[4], et depuis à Haremberg[5] et qui, retiré à Emde[6], meurt du desplaisir des choses advenues[7]. Ceux d'Hasselt[8] endurèrent siège, brèche et quelque assaut, et puis se rendirent avec dures

gée par Noircarmes et ses successeurs (Le Boucq, *Hist. des troubles de Valenciennes*, p. 23 et suiv.).

1. Ce ne fut pas Cambrai que prit Noircarmes, d'après de Thou; mais le Cateau-Cambrésis, petite ville près de Cambrai (liv. XLI, 1740, t. III, p. 742).

2. Brederode, voyant que les bourgeois d'Amsterdam n'étaient pas décidés à soutenir vigoureusement un siège, s'enfuit le 25 avril 1567 et se retira en Allemagne. M. Gachard a publié, à la fin du t. II de la *Correspondance de Guillaume le Taciturne*, de nombreuses pièces sur la prise d'Amsterdam et la domination de Brederode.

3. Viane, ville de Hollande sur le Leck près d'Utrecht, appartenait au comte de Brederode.

4. Jean de Ligne, comte d'Aremberg, chevalier de la Toison d'or au mois de janvier 1546, avait été nommé par Philippe II gouverneur et capitaine général de la Frise.

5. Cette phrase est incompréhensible. Il faut la rétablir ainsi : « ... de Viane aux comtes de Megue et Arembergue, et qui, retiré à Emden, meurt à Haremberg (Hardenberg, château fort dans l'Over-Yssell) du desplaisir des choses advenues. »

6. Embden, capitale du comté d'Ostfrise (Hanovre).

7. Brederode mourut le 18 février 1568 (Groen van Prinsterer, t. I, p. 176).

8. Hasselt, ville de l'Over-Yssell.

conditions. Ceux d'Eutburg se rendirent sans estre forcez[1]. La duchesse, ayant fait entrer ses forces dans Anvers en forme d'armée[2], abattu les temples nouveaux et fait exécuter quelque peu d'habitans, plusieurs autres s'enfuyrent, et, s'estans joints à quelques troupes, où commandoyent les barons de Battembourg[3], frères, tout cela fut investi et pris par les bandes du comte d'Aramberg, plusieurs menez à la mort, et entr'autres les deux comtes.

Voilà la pluspart des mouvements qui avoyent fait délibérer d'envoyer le duc d'Albe, partie advenus à l'acheminement et durant l'advancement de l'armée. Les députez, qui à tant de fois estoyent allez porter les complainctes du pays à Madrit, furent mis prisonniers la pluspart. Le marquis de Berg, après avoir reproché ses grands services, mourut en prison, ou de regret ou de poison[4]. Montigni, pour avoir parlé au prince pour ses subjects, eut la teste tranchée[5].

1. L'édition originale porte *Cologne*; celle de 1626 porte *Eutburg*. Ne serait-ce pas Betburg dans le duché de Juliers?

2. Les troupes de la duchesse de Parme entrèrent à Anvers le 26 avril 1567 et la duchesse elle-même le 28 (*Correspondance de Philippe II*, t. I, p. 533).

3. Théodore, baron de Battembourg, et Guillaume de Bronchorst furent faits prisonniers quelques jours après par la trahison d'un batelier, livrés au duc d'Albe et décapités à Bruxelles dans les premiers jours de juin 1567 (*Mémoires de Pontus Payen*, t. I, p. 343).

4. Le marquis de Berghes, malade depuis son arrivée en Espagne, mourut le 21 mai 1567 et échappa ainsi au supplice qui lui était réservé (*Correspondance de Philippe II*, t. I, p. 537).

5. Philippe II dissimula avec Montigny jusqu'à l'arrestation des comtes d'Egmont et de Hornes. Aussitôt qu'il eut reçu cette nouvelle, le 19 septembre 1567, le roi le fit arrêter et fit saisir ses papiers. Le 4 mars 1570, le duc d'Albe rendit contre lui un arrêt

Nous avons conté ces choses durant le séjour de l'armée à Theonville, où le duc ayant receu Barlemont et Noërcarmes de la part de la duchesse, avec déclaration comment toutes choses estoyent pacifiques en toutes les terres du roi Philippe, le duc partage toutes ses bandes aux principales places du pays. Lui, ne retenant auprès de soi que le terce de Sicile, marche à Bruxelles[1], où il prend le logis du comte de Culembourg[2]. Aussi tost qu'arrivé, il va faire la révérence à la duchesse, logée au palais, lui donne lettres escrites de la main du roi, qui lui annonçoyent comment le duc d'Albe avoit quelques charges et commissions, lesquelles elle désira sçavoir, pource que ce qu'il lui communiquoit n'estoit rien encores. Il adjousta le commandement qu'il avoit de quelques exécutions. Elle, désirant qu'elles fussent spécifiées, n'eut qu'un sousris et une excuse sur la mauvaise mémoire[3]. C'est sur cela que ceste princesse envoya demander son congé sans se monstrer blessée[4].

La première action du duc fut de respondre à

de mort sur le simple vu de ces pièces. L'arrêt fut exécuté secrètement le 15 octobre 1570 (*Correspondance de Philippe II*, t. II, p. 123, 152, 155 et 162). Voyez un mémoire de M. Gachard publié dans le *Bulletin de l'Académie royale de Belgique*, t. XIX.

1. Le duc d'Albe entra à Bruxelles le 22 août 1567 (*Correspondance de Philippe II*, t. I, p. 567).

2. Cet hôtel était situé rue des Petits-Carmes (*Mémoires de Pontus Payen*, t. I, p. 200, note 16).

3. M. Gachard a publié, dans la *Correspondance de Philippe II*, t. I, p. 566, une curieuse relation de l'entrevue de la duchesse de Parme et du duc d'Albe.

4. La duchesse de Parme demanda son congé au roi qui le lui accorda par lettres du 5 octobre (*Correspondance de Marguerite de Parme*, t. II, p. xxxviii). Elle quitta Bruxelles le 30 décembre 1567.

toutes les requestes envoyées en Espagne par des édicts très rigoureux, surtout à l'establissement de l'inquisition, sans aucun adoucissement ni des termes ni des choses. Le comte d'Aiguemont, à la première fois qu'il fit la révérence au duc, faillit à s'espouvanter, sur ce que l'Espagnol tournant la teste à ses gens dit (le comte l'oyant) : « Voici un grand hérétique. » Mais cela fut enduit à la sauce d'un ris et d'une embrassade. Or, après plusieurs veuës, pour attraper tout ensemble, le duc manda les comtes d'Aiguemont et d'Horne à Bruxelles pour affaire d'importance, et puis fit mettre la main sur le collet de ces deux[1]; le premier respondant, au commandement de bailler l'espée, qu'il l'avoit si heureusement mise en besongne pour son roi, l'autre avec un soupir prononça ces paroles : « Il faut que je tienne compagnie à celui de qui j'ai suivi le conseil. » Le duc, qui en mesme temps avoit saisi les principaux d'Anvers et autres d'ailleurs, mande à la duchesse que c'estoit là le secret, duquel il s'estoit resouvenu. Le comte d'Hostrate, qui estoit mandé, eut meilleur nez et se sauva, comme aussi le comte de Mansfeld[2], qui depuis vint en France au service du roi (celui qui mourut de joye pour une vic-

1. Arrestation des comtes d'Egmont et de Hornes, 9 septembre 1567. Voir le curieux récit des *Mémoires de Pontus Payen*, t. II, p. 27. Brantôme (t. II, p. 154) a ajouté des détails nouveaux.
2. Charles de Mansfeld avait signé le compromis des nobles et s'était rattaché au parti espagnol. Le jour de l'arrestation des comtes d'Egmont et de Hornes, il écrivit à Philippe II pour le supplier de venir en personne, porta plainte contre le duc d'Albe au nom du conseil de la Toison d'or et s'enfuit secrètement avec son fils (*Correspondance de Philippe II*, t. I, p. 574 et suiv. jusqu'à 607).

toire obtenuë sur les Turcs). Toutes choses changées au conseil et administration des Pays-Bas, tout plein de supplices, la citadelle d'Anvers commencée[1] et pour quelque temps un silence de tous remuements, durant lequel le duc d'Albe offrit secours selon les promesses de Bayonne, et sa personne mesme pour l'amener en France, de quoi il fut sagement remercié; mais on accepta le comte d'Aramberg avec mil cinq cents chevaux et deux mille hommes de pied, moitié Espagnols, moitié Flamans[2].

Le duc s'employa puis après à faire déclarer criminels de lèze majesté le prince d'Orange, les comtes Ludovic, d'Hostrate, barons de Brederode et de Cullembourg; et eux n'oublièrent pas à payer d'escrits de mesme estoffe[3], mais plus exprès que les précédents. Voilà pour la Flandre, que nous lairrons sur ce poinct, faisants une pose en ce qui n'a mérité que le nom de trouble et ce qui s'appellera guerre proprement, au temps que la duchesse esquiva par son adieu des Pays-Bas et son retour à Parme.

L'Escosse nous demande[4], où estans rappelez les

---

[1]. D'Aubigné commet ici une petite erreur. La citadelle d'Anvers avait été commencée au mois de mai précédent pendant le séjour de la régente à Anvers (Groen van Prinsterer, t. III, p. 79).

[2]. Le comte d'Aremberg vint en France pendant la troisième guerre civile, à la fin de 1568.

[3]. Voir les détails donnés par Bavay, *Procès du comte d'Egmont*, in-8°.

[4]. Le récit qui suit, essentiellement malveillant pour la reine d'Écosse, a été emprunté par d'Aubigné à de Thou, qui lui-même avait suivi les pamphlets odieux de Georges Buchanan, *De Maria regina Scotorum*, 1571, et *Rerum Scoticarum historia*, 1582.

Stuarts père et fils[1], la beauté du jeune, le désir du pays, le consentement de la roine d'Angleterre, qui estoit contente de ne voir point de princes estrangers, mais un sien povre parent[2] près d'elle, toutes ces choses conjoignent par mariage[3] un comte estimé le plus beau de la terre et bientost après le plus malheureux. La roine Marie avoit emmené de France un Piémontois nommé Riz[4], chantre, jouëur de lut et fils d'un violon de Thurin ; cestui-ci print telle part aux bonnes grâces de sa maistresse qu'elle résolut de le pousser aux plus hauts degrez, commença de le faire secrétaire, de là son conseiller, et lui donna tant de marques qu'il se vid en peu de temps courtisé et servi de ceux qui le hayssoyent. Cestui-ci, autant eslevé par dessus sa condition qu'elle avoit surpassé le mérite, fit sentir au roi nouveau qu'il estoit cause du mariage. Presque toute la cour ployoit sous ce Riz[5]. Il n'y eut que le comte de Moray[6] qui aima mieux quitter. Cela donna moyen à la roine d'appeler d'exil les comtes de

1. Mathieu Stuart, comte de Lennox, et Henri Darnley, son fils.
2. Henri Stuart, comte Darnley, était petit-fils d'une sœur de Henri VIII, qui avait épousé, en secondes noces, un Douglas, dont elle avait eu la comtesse de Lennox, mère de Darnley.
3. Henri Darnley, rappelé d'exil, était rentré, le 16 février 1565, en Écosse, et avait épousé Marie Stuart le 29 juillet suivant.
4. David Riccio, de Turin, fils d'un maître de chapelle, avait été chambellan du marquis de Morette, ambassadeur de Savoie en Écosse. Il avait plu à Marie Stuart par son talent de musicien et était resté attaché à la maison de la reine.
5. Riccio fut nommé secrétaire de la reine pour les dépêches. Bientôt, poussé par la faveur, il devint secrétaire d'État et l'arbitre de la politique de l'Écosse.
6. Jacques Stuart, comte de Murray, fils naturel de Jacques V, et frère de Marie Stuart.

Bothvel, de Suderlant et de Hunteley[1]. Il y eut plusieurs oppositions au mariage[2], qui n'estoit pas encores parfaict pour divers respects qui seroyent longs à dire. Enfin, comme on disputoit lequel estoit le plus juste que le royaume donnast un mari à sa roine, ou la roine à tout le peuple un roi à son plaisir, le mariage fut parfaict; en partie par les menées de Riz, Henri Stuard déclaré centième roi[3].

Ces choses passées en l'absence du duc de Chastelleraud, des comtes d'Argail, de Moray, de Lencarne, de Rotuse[4] et autres grands seigneurs, qui furent exilez pour n'avoir pas voulu comparoistre, ceux-ci, après quelque eslévation dissipée par leurs différents advis, furent déclarez bannis; et la cour estant vuide des principaux, Riz commença à persuader la roine pour mettre dans les meilleures forteresses d'Escosse des estrangers, et surtout des Italiens, ses compatriotes, lesquels il faisoit couler des terces de Flandre en Escosse. De plus, le cachet principal, où le nom de la Roine estoit devant celui du Roi, fut mis entre les mains de Riz; lui mesme honoré de la table de la Roine avec cinq ou six qu'elle y appella au commencement et qu'elle en sçeut bien oster, quand ils eurent

---

1. Jacques Hepburn, comte de Bothwell. — Jean Gordon, comte de Suderland. — Georges Gordon, comte de Huntley.

2. Allusion aux trames secrètes ourdies contre Marie Stuart par la reine d'Angleterre, dont Knox, Randolph et tout le parti presbytérien étaient les instruments.

3. Darnley serait même le 107e roi, à compter de Fergus, qui, suivant les traditions fabuleuses de l'Écosse, aurait débarqué aux Iles-Britanniques 130 ans avant J.-C.

4. Jacques Hamilton, duc de Châtelleraut. — Gilespick, comte d'Argyll. — Alexandre, comte de Glencairn. — André, comte de Rothes.

servi de couverture à la nouveauté. Il arriva que le Roi, desjà adverti, revenant de dehors à l'improviste, ouvrit avec son passe-par-tout toutes les portes qui alloyent à la chambre de la Roine, laquelle il trouva fermée par derrière; et quoi qu'il l'appelast, il ne lui fut ouvert que Riz n'eust moyen de passer par ailleurs. Ce fut la fin de sa douceur, car, ayant communiqué l'affaire au comte de Lenox son père, il fut résolu de perdre Riz. A cela fut appellé le comte de Morton[1]. Cestui-ci, chargé de se pourmener en l'antichambre avec plusieurs amis préparez, le Roi, cinquiesme[2], va par les portes de derrière trouver la Roine soupant avec Riz et une dame[3]. La Roine, se voyant surprise, se jette au col de Riz, mais le Roi l'embrasse, et le compagnon estant tiré en l'antichambre, où estoit le comte de Morton, le Glaz, bastard d'Anguse[4], lui donna le premier coup de la mort, qui fut suivi de plusieurs autres[5]. Les comtes de Huntelay et de Bothvel voulurent bransler, mais ils furent arrestez, et le Roi parla par la fenestre au peuple qui se vouloit esmouvoir. La Roine ne laissa point, quoi qu'elle se vist comme prisonnière, de demander justice de Riz, pressant son mari de désavouer sa mort; et de plus fit enterrer le corps de ce misérable dans le sépulchre des Princes. A tous ceux à qui elle rendoit compte de son amitié envers lui, elle n'oublioit jamais ces clauses, que ces-

---

1. Jacques Douglas, comte de Morton.
2. ... *cinquième,* c'est-à-dire lui cinquième.
3. La comtesse d'Argyll, fille naturelle de Jacques IV et sœur du comte de Murray.
4. Jacques Douglas, bâtard du comte d'Angus.
5. Assassinat de Riccio, 9 mars 1566.

358   HISTOIRE UNIVERSELLE.

tui-là seul lui devoit sa grandeur; les autres la tenoyent d'ailleurs, ayans chacun leurs desseins; et lui n'espousant que les volontez de sa maistresse.

Peu de temps après, la roine accoucha à Edimbourg de Jaques maintenant régnant[1]. Le comte Bothvel prit la place de Riz. Et le roi, bien tost après empoisonné et guerri[2], fut mené en litière à Édimbourg. Là estant logé par le comte de Bothvel près les murailles entre deux temples, la roine, pour faire valoir une feinte réconciliation, y fit porter son lict royal, lequel fut changé en un de moindre prix le soir de l'exécution. La nuict, une foule de gens, qui avoyent les clefs de la chambre, y entrent, estranglent ce prince et son valet de chambre. Les uns veulent que le corps ait esté emporté en un jardin avant que mettre le feu à la poudre qui fit sauter la maison, les autres que le corps ait esté emporté par la poudre, ce qui a plus d'apparence[3]. La roine le vint contempler mort sans contenance ni de joye ni de douleur, empescha la pompe funèbre qu'on lui préparoit et le fit emporter auprès du sépulchre de Riz.

Ce fut à chaque ennemi d'accuser son ennemi de ceste mort, qui eut esté plus douteuse sans l'imprudence et l'impudence des exécuteurs; car ce prince s'estoit rendu tellement adorateur de la roine qu'il ruina tous ceux qui osèrent lui donner advis de l'entreprise, les déferoit à sa femme, la prioit de les faire mourir avec tel ardeur qu'il augmentoit bien souvent

1. Naissance de Jacques Ier, 19 juin 1566.
2. Darnley n'avait pas été empoisonné, mais seulement malade de la petite vérole.
3. Assassinat de Darnley, 9 février 1567.

leurs rapports. On dit que ceste mort fut commandée de Rome, mais plus particulièrement conseillée par le cardinal de Lorraine. Sur tous, en fut accusé le comte Bothvel, duquel les amours avec la roine parurent aussi tost : premièrement au soin qu'elle eut de le faire justifier, de quoi il obtint une sentence douteuse, et puis par le don de l'escurie et des plus excellens meubles royaux dont sortit le bon mot d'un tailleur, accommodant au comte une robe de nuict du feu roi : « Il est raisonnable, dit-il, que les despouilles du mort soyent au bourreau. » Pour plus grande descharge au comte, les parents du roi mort furent adjournez aux estats assignez auparavant en apvril, où ils n'osèrent se trouver[1]. Tost après la roine se fit enlever par Bothvel en allant à Sterlin[2], comme contraincte à lui promettre mariage; et puis reprint sa liberté à Édimbourg, où elle incita et força quelques ecclésiastiques de proclamer ses annonces, quoi qu'ils remonstrassent que le comte avoit répudié sa première femme et depuis espousé une seconde, les deux vivantes[3]. Elle mesprisa tout cela pour servir au temps qu'elle pourroit avoir une dispense du pape. Et puis on envoya aux princes de France et d'ailleurs une apologie construite de beau langage et de belles couleurs.

1. Acquittement de Bothwell par un tribunal spécial sous la présidence du comte d'Argyll, 12 avril 1567.
2. Marie Stuart se fit enlever par Bothwell le 24 avril 1567 en revenant de Stirling où elle faisait élever son fils.
3. L'une de ces femmes, et la seule que Bothwell eût réellement épousée, était Jane Gordon, sœur du comte de Huntley. Le divorce fut prononcé par la cour d'Édimbourg le 3 mai 1567 et par l'archevêque le 7 (Gauthier, *Hist. de Marie Stuart*, t. II, p. 49).

L'ambassadeur de France[1], quoi que serviteur des Lorrains, refusa d'honorer telles nopces de sa présence[2]. Tout le pays crioit, escrivoit libelles et chansons sur les amours de la roine et sur la vie de son ami; ce qui fut cause de faire publier forces défenses de non parler en mal ni de l'un ni de l'autre et faire planter potences pour effrayer et punir les délinquans. Les grands du pays et une partie du peuple ne se payèrent pas de cela, mais firent union ensemble[3], à laquelle la roine en opposa une autre qui fut signée en ces termes : « Qu'ils deffendroyent la roine et le comte Bothvel et maintiendroyent leurs actions. »

Les confédérez du pays se saisirent d'Édimbourg. Les deux partis font armées qui se rencontrent auprès d'Alket[4]. Bothvel, à la teste dès siens bien empanaché, demanda à combattre le premier qui voudroit l'accuser pour la mort du roi comme il l'avoit aussi demandé par cartels affichez. Le comte de Moray, qui l'avoit desjà accepté, se présenta comme aussi quelques autres. Sur le délai de Bothvel, qui ne les trouvoyt pas d'assez bonne maison, l'ar-

---

1. Philibert du Croc, né en Auvergne vers 1515, secrétaire d'Antoine de Noailles pendant son ambassade à Londres, échanson de Marie Stuart en 1560, ambassadeur de France en Écosse de 1565 à 1567 et de 1571 à 1572, mourut en 1585. M. Teulet, dans *Relations politiques de la France avec l'Écosse,* le prince Labanof, dans *Lettres de Marie Stuart,* ont publié sa correspondance diplomatique.

2. Le mariage de Marie Stuart et de Bothwell fut célébré à Holyrood, le 15 mai 1567, à quatre heures du matin, d'après le rite protestant (*Mémoires de Melvil,* 1694, t. I, p. 293).

3. Cette ligue s'organisa vers le mois de mars 1567 (Gauthier, *Hist. de Marie Stuart,* t. II, p. 15).

4. Bataille de Carberry Hill, 15 juin 1567.

mée se met aux murmures et à considérer l'horreur du faict qu'ils deffendoyent, si bien que la royne voyant les volontez altérées, hors mis celles des meurtriers, après avoir essayé par raisons, par prières et puis par larmes à pousser les siens au combat, ayant sçeu d'ailleurs le comte Bothvel s'estre sauvé, fit ouvrir quelque parlement et s'en court de caprice à la teste des confédérez ; où estant receue avec quelque respect et ayant reproché à quelques uns ses biensfaits, elle perce jusques en la bataille. Là, elle fait rencontre d'un grand estendar eslevé sur deux picques où estoit peinct au naturel le roi mort et à ses pieds l'enfant emmaillotté qui tendoit ses menottes au ciel comme demandant vengeance. Cest aspect lui fit pallir la conscience et ternir le teint ; joint que les pleurs et la sueur s'estoyent infectées de poussière ; outre cela, que chevauchant en homme, sa robe troussée sur les genoux ; tout cela défavorisant ceste beauté, par laquelle elle plaidoit mieux sa cause aux yeux qu'aux oreilles ; la voilà receue avec desdain, reproches, injures et menaces, prise et menée prisonnière à Édimbourg et de là dans une tour au lac de Levin[1].

De mesme temps fut pris un coffret d'argent que Bothvel faisoit sauver de Édimbourg, plein de lettres escrites de la main de la roine, lesquelles lui firent le procès. Entr'autres y en avoit qui dépeignoyent les

---

[1]. Marie Stuart fut transférée au château de Lochleven, sur les bords du lac de ce nom. Ce château appartenait à William Douglas, dont la mère, née de l'illustre maison de Marr, avait été la maîtresse de Jacques V et mère du comte de Murray. La vieille lady Douglas se prétendait la seule femme légitime de Jacques V et ne cessa de traiter Marie en bâtarde.

soubmissions, les larmes, les baisements de pieds par lesquelles ce misérable roi l'adoroit et vouloit, disoit-elle, faire tomber des mains qu'il baisoit la vengeance et la résolution[1]. Elle ne voulut jamais distinguer sa cause d'avec celle de Bothvel, consentit pourtant à nommer le comte de Moray, son frère bastard absent, pour la régence[2], qui fut esleu vice-

---

1. D'Aubigné touche ici à la question controversée des lettres de Marie Stuart à Bothwell. D'après les accusateurs de la reine d'Écosse, la cassette contenait le *band* pour l'assassinat de Darnley, huit lettres galantes de Marie à Bothwell qui prouvaient sa complicité dans le meurtre, deux projets de contrat de mariage et des sonnets amoureux écrits de sa main. Le *band* fut brûlé immédiatement par les seigneurs compromis dans le crime. Les lettres et les autres pièces, après avoir servi au procès de Marie Stuart, furent recherchées plus tard sur les ordres de Jacques Ier, devenu roi d'Angleterre, et détruites par respect pour la mémoire de la reine. Il ne resta au dossier du procès qu'une traduction des lettres en langue écossaise (elles étaient primitivement écrites en français) qui fut plus tard reproduite en latin, puis en anglais et en français. L'authenticité de ces lettres est très controversée. Chalmers, William Tytler, Withaker, Goodall, Lingard et le prince Labanoff les déclarent apocryphes. De Thou, Hume, Robertson, Sharon Turner, Hallam, Malcolm, Laing, Raumer les admettent avec plus ou moins de confiance. La discussion se continue avec acharnement parmi les contemporains. Au moment où nous mettons sous presse, M. Martin Philippson publie dans la *Revue historique* (juillet 1887) une savante étude qui met à néant la fable des lettres de Marie Stuart à Bothwell. Ces lettres ont été publiées par M. Teulet postérieurement au *Recueil de Lettres de Marie Stuart* du prince Labanoff, t. VIII, p. 3 et suiv. Quant à la cassette, elle subsiste encore dans le trésor de la maison d'Hamilton. Elle est en argent et porte une F surmontée d'une couronne royale. C'était un présent de François II à Marie Stuart.

2. Le 24 juillet 1567, Marie Stuart, brutalement contrainte, abdiqua en faveur de son fils et nomma régent le comte de Murray. Le jeune prince fut reconnu roi et sacré à Stirling.

roi, confirmé par les estats du pays, par lesquels aussi la roine fut condamnée à demeurer prisonnière. Le comte de Morton, à ses dépens, fit poursuivre, jusques en Novergue, Bothvel, qui, là recogneu pour avoir trompé une fille de bonne maison sous promesse de mariage, fut pris, perdit le sens et mourut désespéré[1].

Nous laissons cest homme péri et la roine prisonnière, pour revenir du Septentrion par Irlande, ditte Hibernie, où il y avoit une race venue autresfois du roi du lieu portant pour tiltre *Onéale*[2]; desquels un nommé Jean[3], ayant exclu son père et son frère par la faveur du peuple, se fit eslire roi du pays, se révoltant entièrement de l'obéyssance des Anglois, mit ensemble quatre mille hommes de pied et mille chevaux, avec quoi il assiégea, mais en vain, Dondalk où il y avoit garnison angloise. Sidnei[4], lors vice-roi, ayant surpris ceste armée, la rompit. Trois ans durant, ce nouveau roi, tantost quittant la campagne, tantost la reprenant, se ruina à la fin à un second siège de

---

1. Bothwell, d'abord réfugié à Dunbar, puis poursuivi par les lairds écossais jusqu'aux îles Shetland, s'enfuit en Danemarck et échoua en Norvège. Il fut emprisonné au château de Malmoë et y mourut. M. Teulet a publié des documents sur les dernières années de cet aventurier (*Lettres de Marie Stuart*, t. VIII, p. 151, 190, 201, etc.).

2. Les seigneurs de la maison d'Oneal, issus des anciens rois d'Ulster, s'étaient emparés du nord de l'Irlande au milieu du XVe siècle.

3. Jean, fils de Cone Oneal, surnommé Bacco, créé comte de Tir-Oen par Henri VIII en 1544.

4. Henri Sidney, grand échanson d'Édouard VI, ambassadeur en France et en Écosse, chevalier de la Jarretière, gouverneur d'Irlande, mort à Worcester en 1586.

Dundalk, où il fut deffaict avec peu de combat et contraint de s'enfuir à des brigands en des montagnes qu'autresfois il avoit deffaict. Ceux-ci, ayant fait semblant d'avoir oublié les playes receues par lui, le receurent d'assez bonne grâce. Mais, ayant relevé quelque querelle en beuvant, ils prindrent quelque occasion de se jetter sur lui, le mettant en pièces lui et les siens[1]. Tout le trouble ayant duré cinq années, son nepveu, Hugon Oneale[2], calla la voile en se préparant aux choses que nous verrons ci-après.

Chapitre XXII.

Troisiesme paix des guerres civiles.

Nous voilà revenus aux affaires de France, où la paix[3], tousjours traictée tant que la guerre dura, fut différente[4] de l'autre, en ce que les restrictions apportées par l'édict de Roussillon furent ostées touchant les libertez des presches et mesmement la liberté de ceux de Provence plus exprimée; comme aussi clause expresse pour empescher la recerche des cas d'hostilité; et encores plus expressément ordonné aux cours

---

1. Assassinat de Jean Oneal par les pirates écossais, juin 1567.
2. Hugues Oneal, fils de Mathieu Oneal, comte de Dunganon.
3. Édit de pacification du 23 mars 1568, dit de Longjumeau. Cette pièce a été imprimée par Fontanon, t. IV, p. 289 et suiv., et réimprimée par le comte Delaborde (*Coligny*, t. II, p. 624).
4. Var. de l'édit. de 1616 : « ... *tant que la guerre dura*, fut enfin conclue, y ayans tous les autres failli, par les labeurs de Biron et de Malassise; dont les bons compagnons, parce que Biron estoit boitteux, l'appellèrent, la paix boitteuse et mal-assise. *Elle fut différente...* »

de Parlement de tenir la main aux publications et puis aux désarmements. Dont advint que les bandes catholiques, ne prenans point l'exemple des réformez pour rompre leurs troupes, quelques gens de guerre se r'allièrent jusques au nombre de trois mille à la frontière d'Artois sous Coqueville[1], et mesme se saisirent de Sainct-Valeri[2] ; où, après qu'ils eurent fait quelques courses sur les bandes qui se levoyent pour le duc d'Alve, le mareschal de Cossé eut charge de les aller deffaire, ce qu'il fit. Car les ayant chassez de la campagne et réduits dans Sainct-Valeri, il les eut à discrétion, traicta assez doucement les François, fit mourir les Flamans qui s'estoyent joints à eux. Coqueville pris eut depuis la teste tranchée[3], désadvoué par le prince de Condé, lequel de vrai ne l'avoit point esmeu, mais estoit pourtant sur le point de le fortifier, quand il fut pris, sur les divers armements qui se commencèrent partout un mois après la paix.

FIN DU QUATRIESME LIVRE.

1. François de Cocqueville avait pris part à la conjuration d'Amboise. En 1568, aidé des capitaines Vaillant et Saint-Amand, il assembla 600 arquebusiers et 200 chevaux, s'empara de Doulens, en fut chassé et pilla l'abbaye de Dammartin. Pris à Saint-Valéry, il fut conduit à Abbeville et décapité (Brantôme, t. IV, p. 87).
2. Saint-Valéry, à l'embouchure de la Somme.
3. Voyez La Popelinière, liv. XIV, f. 55.

TABLE DES CHAPITRES

	Pages
Au lecteur	1

Livre Troisième.

Chapitres		
I.	Des occasions de s'esmouvoir données aux réformez.	3
II.	Délibérations et résolutions des princes réformez pour la prise des armes	9
III.	Prise d'armes de plusieurs villes et entre autres d'Orléans, avec expéditions pour la guerre	13
IV.	Les esmotions de Languedoc et de Guienne, notamment de Thoulouse	23
V.	Diverses entrevues et parlements, avec la disposition des deux armées.	33
VI.	Troubles, deffaictes et massacres en divers lieux; prise et reprise de Poictiers et autres affaires de Xainctonge et de la Rochelle	41
VII.	Divers exploicts de guerre en Lyonnois, Dauphiné, Provence et Languedoc, avec les premiers exploicts du baron des Adrets.	47
VIII.	Suite des mesmes choses aux mesmes païs	64
IX.	Exploicts du baron des Adrets.	70
X.	Siège et prise de Bourges; deffaicte des poudres; siège et prise de Rouan et autres affaires de Normandie	75
XI.	Plusieurs sièges de Guienne; deffaicte de Duras et acheminement de force vers Orléans	90
XII.	Acheminement des reistres et autres forces de diverses parts au siège de Paris	97
XIII.	Plan et lèvement du siège de Paris, et acheminement vers Dreux	102
XIV.	Bataille de Dreux	108
XV.	Conséquences de la bataille.	114
XVI.	Acheminement au siège d'Orléans et affaires de Normandie	121

	TABLE DES CHAPITRES.	
XVII.	Nouvelles de Gascogne receues à Orléans	127
XVIII.	Estat de Languedoc, Provence, Daulphiné et Lyonnois vers la fin de la guerre	132
XIX.	Progrez de Normandie et d'ailleurs durant le siège d'Orléans	139
XX.	Mort du duc de Guise et affaires d'Allemagne	141
XXI.	Liaison des négoces avec les voisins	148
XXII.	De l'Orient	163
XXIII.	Du Midi	167
XXIV.	De l'Occident	172
XXV.	Du Septentrion	177
XXVI.	Retour de l'armée après la paix conclue	183

Livre Quatrième.

I.	Conséquences de la paix	193
II.	Siège et prise du Havre de Grâce	197
III.	Majorité du roi. Infractions diverses de l'édict	202
IV.	Commencement du voyage de Bayonne	209
V.	Peur du cardinal à Paris. Magnificences notables. Entrevue des cours françoise et espagnole. Plainctes	214
VI.	Amorses de la prise des armes en divers lieux	223
VII.	Commencement des secondes guerres, par l'entreprise de Meaux	229
VIII.	Amas de forces d'une part et d'autre, avec divers exploits	237
IX.	Bataille de Sainct-Denis	241
X.	Suite de la Bataille. Mort du connestable et négociation des deux partis	248
XI.	La Rochelle saisie. Réception des forces de Guienne Prise de quelques places commodes au passage. Acheminement de l'armée et négociations de paix	252
XII.	Autres acheminements à la grande armée. Charge de Poncenat, prise de plusieurs bicocques d'une part et d'autre	257
XIII.	Ordre et exploits de Montluc en Guyenne. Deffaicte de Sainct-Sorlin. Revanche de Poncenat	264
XIV.	Les vicomtes, unis à ceux d'Orléans, assiègent et prennent Blois, joignent l'armée et avec elle les reistres. Tout s'achemine en Beauce au siège de Chartres	274

XV.	Réception des reistres et acheminement à Chartres	280
XVI.	Siège de Chartres	283
XVII.	Liaison des affaires de France aux quatre voisines.	288
XVIII.	D'Orient	296
XIX.	Du Midi	306
XX.	De l'Occident	327
XXI.	Du Septentrion	332
XXII.	Troisiesme paix des guerres civiles	364

Nogent-le-Rotrou, imprimerie DAUPELEY-GOUVERNEUR.

www.ingramcontent.com/pod-product-compliance
Lightning Source LLC
Chambersburg PA
CBHW050545170426
43201CB00011B/1575